Felix Schultz (Hrsg.)
ZEICHEN DER ZEIT

ZEICHEN DER ZEIT

Zur gegenwärtigen Weltlage

Herausgegeben von Felix Schultz,
Forschungszentrum ZEITGESCHEHEN
an der Freien Akademie Sammatz

VERLAG AM GOETHEANUM

Einbandgestaltung von Gabriela de Carvalho

Die Autoren verantworten ihre Beiträge selbst.
Satz: Utesch Satztechnik GmbH, Hamburg
Druck und Bindung: Freiburger Graphische Betriebe, Freiburg i. Br.
ISBN 3-7235-0918-5

Inhalt

Vorwort

Am 23. Dezember 1995 starb Felix Schultz, Herausgeber und maßgeblicher Mitautor des vorliegenden Buches, bei einem Verkehrsunfall. Die Arbeit an diesem Buch beschäftigte ihn bis in seine letzten Lebenstage. Durch den unerwarteten Tod wird diese Arbeit nun zu seinem Vermächtnis.

1966 in Marburg geboren und aufgewachsen in der Nähe von Flensburg, studierte Felix Schultz später Anglistik und Slawistik an der Freien Universität in Berlin. 1990 übersiedelte er nach Sammatz, wo er an der dortigen Freien Akademie nach einigen Jahren des Studiums als Dozent und Vortragsredner sowie als Publizist und Herausgeber arbeitete.

In Leben und Wirken hat sich Felix Schultz als Michaelschüler verstanden. Folgende Worte, die er für eine Michaeli-Betrachtung des Jahres 1993 schrieb, seien hier vorangestellt:

«Michael will, daß sich die Menschen aus Dumpfheit, Abstraktion und totem Denken befreien. Verlebendigt, spiritualisiert euer Denken, ruft er uns zu, wie auch immer eure Kultur in den Abgrund zieht, seid ihr doch göttlichen Ursprungs, Unsterbliche, die immer von neuem durch Tod und neue Geburt gehen. Ihr müßt es nur sehen wollen, um dann in der Wirklichkeit leben und mit den Göttern für die Welt und die Menschen arbeiten zu können! Michael will, daß man mit aller Schärfe die unbedingte Realität des Geistes ins Auge faßt.

Für das Gebiet der Dichtkunst hat dieses das Petersburger Universalgenie Daniil Charms in einem Brief vom 16. Oktober 1933 auf den Punkt gebracht: ‹Das sind nicht mehr einfach Wörter und Gedanken, aufs Papier gedruckt, sondern eine ebenso reale Sache wie das Tintenfaß aus Kristallglas, das vor mir auf dem Tisch steht. Es hat den Anschein, als könne man das Gedicht, das zu einer Sache geworden ist, vom Papier nehmen und aus dem Fenster werfen, und das Fenster geht dabei zu Bruch. Das ist, was Wörter vermögen!› Diese Empfindung der unbedingten Sieghaftigkeit des Geistes ist heute Bedingung für die Verbindung mit Michael.

Waren die alten Mysterien gottgegeben, so werden die neuen Mysterien, die Michael-Mysterien, auf freien und selbstlosen Menschentaten begründet sein. Durch unser tägliches Leben, unsere Erziehung, unsere Ernährung sind wir jedoch noch ‹bis in die Knochen› Materialisten – auch wenn wir bereits geistige Gedanken zu denken vermögen. Wir können diesen Egoismus nicht abschaffen und von heute auf morgen mit Stumpf und Stiel ausrotten; dazu sitzt er meist viel zu tief. Selbstlosigkeit entsteht nur da, wo wir den Egoismus schrittweise erweitern mit dem Ziel, daß er in weiterer Zukunft den ganzen Kosmos umspannt. Er *metamorphosiert* sich hierbei zu dem wichtigsten, was der Mensch der gesamten Weltentwicklung zu geben hat: zur Liebe.

Mit dieser Haltung kommen wir zu dem verwandelten Opfer, das unserer Zeit angemessen ist: dem Michaelopfer, dem Sonnenopfer. Wir werden keine Tiere mehr opfern, keine Substanzen, sondern lernen, die Gedanken, unsere Taten Michael darzubringen. Wir werden lernen, unsere Gedanken selbstlos in die Welt zu strahlen, sie nicht mehr als unser Eigentum festzuhalten, sondern – wie wir aus dem Geist geboren wurden – sie dem Geist zurückzugeben, damit er sie beurteilen und in Gerechtigkeit der kosmischen Ordnung einzufügen vermag. In dieser Tätigkeit begegnen wir Michael als dem Götterboten, der vermittelnd zwischen Erdenwelt und Geistwelt seine zukunfttragende Aufgabe erfüllt.

Das kann uns die gemeinschaftliche Stimmung zum Feiern neuer, weithin ausstrahlender Michael-Festlichkeiten geben – die hoffnungsvolle Erwartung, daß Menschen und Götter wiederum auf neue Art werden zusammenarbeiten können.»

Sammatz, im März 1996 *Malte Diekmann*

FELIX SCHULTZ/JOHANN-MICHAEL GINTHER

Anthroposophie und Zeitgeschehen

Einleitung

Mit dem vorliegenden Band möchten wir eine Anzahl von Artikeln und einen Vortrag vorlegen, die im Laufe der Jahre aus der Forschung am Zeitgeschehen an der Freien Akademie Sammatz entstanden sind. In ihrer Form als Sammlung verschiedener kürzerer Beiträge ist die Publikation als ein vorläufiges Arbeitsergebnis zu verstehen, das weder Anspruch auf Vollständigkeit noch auf Perfektion erhebt, sondern in erster Linie den Blick von verschiedenen Seiten auf einige zentrale Phänomene lenken möchte. Das Hauptaugenmerk wurde dabei angesichts der heutigen Weltlage vor allem auf drei geographische Bereiche gerichtet, die miteinander in Beziehung und Wechselwirkung stehen: Mitteleuropa, die USA sowie Rußland und den Kaukasus.

In der Arbeit der Freien Akademie Sammatz war von Anfang an ein Leitmotiv, neben der allgemein-anthroposophischen Studien- und Forschungsarbeit auch einen wachen Blick auf die aktuellen Entwicklungen im sozialen Leben, in Politik, Wirtschaft, Kultur heranzubilden und zu schulen. Daß Anthroposophie und Zeitgeschehen zusammengehören, sich gegenseitig beleuchten und ineinanderwirken, hat sich uns an vielen Beispielen gezeigt. Versucht man sie voneinander zu trennen, entsteht in der einen oder anderen Weise letztlich Weltfremdheit.

Rudolf Steiner hat die Menschen, zu denen er gesprochen hat, in steter Wiederholung darauf hingewiesen,

«... daß der Anthroposoph in einer gewissen Weise sich beteiligen müsse an dem Wachen über die Zeichen der Zeit. Es geschieht in der Weltentwickelung gar manches; dem Menschen, insbesondere dem

Menschen unseres Zeitalters obliegt es, sich wirkliches Verständnis zu verschaffen von dem, was in der Weltentwickelung, in die er selbst hineingestellt worden ist, geschieht.»[1]

Gerade auch im Zusammenhang mit der Bewegung für die Dreigliederung des sozialen Organismus hat Rudolf Steiner immer wieder auf denselben Sachverhalt aufmerksam gemacht. Am 3. März 1920 spricht er beispielsweise mit großem Nachdruck über diejenigen Menschen, die Anthroposophie als ein Mittel verstehen, eine mystische Innerlichkeit herzustellen, dabei aber kein Verständnis oder gar Interesse dafür aufzubringen vermögen, daß die Impulse der Geisteswissenschaft fruchtbar werden für konkrete soziale Gestaltungen des öffentlichen Lebens:

«Aber diese *Innerlichkeit hat nur einen Wert, wenn sie heraustritt ins Leben*. Ich möchte wissen, ob sie einen Wert hat, wenn jetzt in der Zeit, wo alles drängt, wo die Welt in Flammen steht, der Mensch nicht den Weg findet, mitzusprechen in den öffentlichen Angelegenheiten. *Die Wirklichkeit der Anthroposophie* ist dasjenige, das in das Leben übergeht.»[2]

Was Rudolf Steiner hier so feurig als die Verpflichtung des verantwortlich in der Anthroposophie stehenden Menschen vertritt, sich für die Welt zu interessieren und in ihr zu wirken, hat auch umgekehrt seine Gültigkeit: *Die Wirklichkeit des Lebens*, dessen, was uns in der Welt begegnet, ist erschöpfend nur mit den Erkenntnismitteln der Anthroposophie zu begreifen.

Versuchen wir also im weiteren, einzutreten in diese Wirklichkeit, Aspekte zu verstehen von einer Welt, die in stärkerer Weise noch als 1920 in Flammen steht – mit dem Ziel, aus dem Erkennen der Tatsachen und der ihnen zugrunde liegenden okkulten Wirksamkeiten Funken der Zukunftszuversicht und

1 Rudolf Steiner, Zürich, 9.10. 1918. GA 182.

2 Rudolf Steiner in einem Vortrag vom 3. März 1920, in: Roman Boos (Hrsg.), Landwirtrschaft und Bodenrecht. Neuordnung des Bodenrechts als soziale Forderung der Gegenwart, Stuttgart 1957, S.77.

des Enthusiasmus zu schlagen, die für das tatkräftige Wirken einer zeitgenössischen Spiritualität in der Welt unerläßlich sind.

Bei einer Betrachtung der eigentümlichen Grundsignatur des 20. Jahrhunderts wird man nicht umhinkommen, sich mit demjenigen auseinanderzusetzen, was im allgemeinen als «das Böse» bezeichnet wird. Es zu ignorieren, würde bedeuten, sich jede Verständnismöglichkeit der Zeitphänomene dieses Jahrhunderts zu nehmen. In diesem Zusammenhang soll das Böse allerdings nicht in der gängigen seelisch-moralischen Art angeschaut werden, sondern vielmehr von einem medizinisch-therapeutischen Standpunkt aus: in Begriffen von «gesund» und «krank» anstatt von «gut» und «böse».

So kann man verstehen, daß Rudolf Steiner bereits im April 1914 von der Durchsetzung der Zivilisation mit geistigen Geschwüren gesprochen hat, von einer allgemeinen Kulturerkrankung, einer geistigen Karzinombildung. Der Beginn des akuten Stadiums dieser Menschheitskrankheit fällt zusammen mit dem Ausbruch des Ersten Weltkriegs im August 1914.[3] Und über diesen macht Rudolf Steiner an anderer Stelle einmal in einem Nebensatz eine sehr zentrale Andeutung: «*... es war weder ein Ausbruch, es war etwas ganz anderes, noch war es ein Weltkrieg: es war etwas ganz anderes, was noch lange nicht zu Ende ist ...*»[4].

Worum es sich dabei nun handelt, ist für das Verständnis unserer Zeit von wesentlicher Bedeutung, denn, daß der sogenannte Erste Weltkrieg nur ein Vorspiel sein sollte für das, was man gewohnt ist, den Zweiten Weltkrieg zu nennen, daß er die direkte Gundlage gegeben hat für die Ausbreitung des nationalsozialistischen Giftes in Deutschland, ist ja mittlerweile bekannt. Weiterhin kann man jedoch auch nach 1945 nicht davon sprechen, daß in Europa Friede eingekehrt sei; nicht ohne Grund nennt man die Zeit bis 1989 den *Kalten*

3 Siehe: Rudolf Steiner, Dornach, 11.11. 1923. GA 230.
4 Rudolf Steiner, Dornach, 14.12. 1919. GA 194.

Krieg. Nach dem Fall der Mauer, der das Ende dieser Epoche markiert, stehen die Hoffnung und die Freude der Jahre 1989/90 in Verbindung mit Politikern wie Michail Gorbatschow und Eduard Schewardnadse und der durch diese in Reichweite gelangten deutschen Einheit. Nur zwei Jahre darauf ist die Stimmung völlig umgeschlagen: In der Zeitung liest man von bestialischen Menschenrechtsverletzungen, von Folter, Internierungslagern, «ethnischen Säuberungen», Massenvergewaltigungen und so weiter allein in Bosnien – von Hunderttausende von Menschen erfassenden Katastrophen wie in Somalia ganz zu schweigen. Wie ein Schwelbrand zieht sich ein Kriegsgürtel von Afghanistan, Tadschikistan, Berg-Karabach, Georgien, Kurdistan, Moldawien bis ins ehemalige Jugoslawien von Asien nach Europa herein. Spätestens hier wird deutlich, daß dasjenige, was 1914 begonnen hat, auch heute – da die geistigen Geschwüre ungehindert weiterwuchern konnten – «noch lange nicht zu Ende ist» …

Dem existentiellen Grundempfinden, das das ganze Jahrhundert hindurch zu erleben war und ist, hat einmal ein französischer Dichter Ausdruck verliehen, der während der Okkupation Frankreichs während des Zweiten Weltkrieges im Widerstand gegen die Nazis gekämpft hat. René Char, den sein Freund Camus einmal als «unseren größten lebenden Dichter» bezeichnet hat, schreibt in seinen Aufzeichnungen aus den Jahren 1943 bis 1945:

> «Dieser Krieg wird über alle platonischen Waffenstillstände hinaus fortdauern. Die Implantation der politischen Begriffe wird weitergehen, kontradiktorisch, inmitten von Konvulsionen und unter dem Deckmantel einer ihrer Rechte sicheren Scheinheiligkeit. Man lächele nicht. Sondern tue alle Skepsis und Resignation ab und bereite seine sterbliche Seele darauf vor, es intra muros mit Dämonen aufzunehmen, kalt und Mikroben gleich.»[5]

5 René Char, *Hypnos. Aufzeichnungen aus dem Maquis (1943–1945)*. Deutsch von Paul Celan, Frankfurt a. M. 1990, S. 11.

Mit klarem Seelenblick hat Char das Wesentliche in knappen Worten umrissen: Mit den Dämonen des Krieges hat es heute jeder Mensch aufzunehmen – und zwar «intra muros»: innerhalb der Mauern der eigenen Seele. Die einzelne Menschenseele ist heute Kriegsschauplatz. Wird der Kampf dort nicht aufgenommen, so verlagert sich das Geschehen nach außen; immer grausamere Kriege werden die Menschheit erschüttern. Zum Ersten Weltkrieg bemerkt der österreichische Anthroposoph Ludwig Polzer-Hoditz einmal zusammenfassend in diesem Sinne:

«Aus der Anthroposophie hatten diejenigen, welche hören wollten, gelernt, daß es sich nicht um einen Kampf zwischen Menschen handelte, sondern daß dasjenige, was sich im Kriege und nach dem sogenannten Frieden weiter noch abspielte, ein Kampf geistiger Wesen in Menschenseelen war. Die Seelen der einzelnen Menschen waren zum Kriegsschauplatz geworden. Die Gruppen aber, welche kämpften, waren alle von Mächten der Finsternis beherrscht, und gerade weil dämonische Mächte in den sich bekämpfenden Gruppen gegeneinanderstanden, war der Kampf auf der Erde so erbittert und wird bis heute immer erbitterter. Die geistigen Lichtwesen müssen zunächst in den *einzelnen* Menschenseelen siegen, bevor sich diese zu einer geistigen Gemeinschaft verbinden können, die dann dem staatlich privilegierten Massenmorden ein Ende bereiten kann. Mit anderen Worten: nur echter geistiger Individualismus, der sich in einem freien Geistesleben entwickeln kann, wird ohne Zwang und Herrschaft zu einer spirituellen Neukultur führen können, niemals mehr das alte Herdenleben.»[6]

In umfassender Weise ist die Menschheit mit dem Anbruch des 20. Jahrhunderts in die volle Verantwortung für ihr Tun gestellt. Wenn die geistigen Möglichkeiten, die seither vorhanden sind, nicht radikal ergriffen und ins Leben gebracht werden, so hat das nicht die Konsequenz, daß nichts geschieht; sie schlagen dann in ihr blutiges Gegenbild um. Im Juni 1919

6 Ludwig Polzer-Hoditz, *Erinnerungen an Rudolf Steiner,* Dornach 1985, S. 106.

spricht Rudolf Steiner von den Imaginationen, die aus der geistigen Welt an die Menschen herankommen. Werden sie nicht schöpferisch ergriffen, so verwandeln sie sich

«... wegen unserer mangelnden produktiven Phantasiekraft in allerlei gespenstige Bilder über die Zusammenhänge der Welt, mit denen wir die wirklichen Weltzusammenhänge verleumden. [...] Und auch die Inspirationen verwandeln sich, und zwar zu wilden animalischen Emotionen, die sich im Blut ausleben wollen. Sehen Sie hin auf das Blut, das heute fließt, sehen Sie hin, wenn die Menschen an die Wand gestellt und erschossen werden: das sind die Inspirationen, die an die Menschen kommen wollen mit dem guten Willen der geistigen Welt, die von den Menschen gehaßt wird, und die sich daher in wilde, animalische Triebe verwandeln.»[7]

Hier ist es in die Verantwortung jedes Menschen gestellt, den Krieg in der eigenen Seele aufzunehmen, um sich dafür bereitzumachen, gesundend in der Welt zu wirken.

Differenzieren wir im weiteren das Bild von der Signatur des Jahrhunderts, dann gelangen wir auch zu dem «guten Willen der geistigen Welt», der angesichts der auf den ersten Blick so hoffnungslosen Realitäten besonders ins Auge gefaßt werden muß.

Das 20. Jahrhundert – auf dem physischen Plan eine weitreichende Vernichtungsarbeit: Umweltzerstörung, zwei Weltkriege, Hunger in der 3. Welt – offenbart sich im Geistigen als der mächtige Anbruch des Lichten Zeitalters: Seit 1899 ist das 5000 Jahre währende Finstere Zeitalter, das Kali Yuga, abgelaufen. Seit 1879 ist *Michael*, der Sonnenerzengel, Zeitgeist. Schon seit Urzeiten mit der kosmischen Intelligenz und der Freiheit der Menschheit verbunden, löst er die Monden-Impulse des bis dahin regierenden Erzengels Gabriel ab, die die Aufgabe hatten, den Christus-Impuls in das Geistige des Erbstroms, der Sexualität, des Blutes, des Nationalen zu tragen. Da ist der Strom der geistigen Entwicklungskräfte nunmehr

7 Rudolf Steiner, Stuttgart, 22.6. 1919. GA 192.

nicht zu finden. Michael wirkt im Rein-Geistigen, wo er dem Christus den Weg bereitet. Der Sturz der ahrimanischen Geister der Finsternis aus der geistigen Welt in die physische war 1879 abgeschlossen[8]; er ging der irdischen Michael-Herrschaft unmittelbar voran. Dort, wo in Menschenköpfen und Menschenherzen *diesen* Geistern Raum gegeben wird, wirken sie verheerend.

Während die *Christus*-Wesenheit, die sich seit dem Mysterium von Golgatha untrennbar mit den Menschen und mit der Erde verbunden hat, sich in der ätherischen Welt für Menschen zu offenbaren beginnt – nach Angaben Rudolf Steiners vor allem ab den Jahren 1933, 1935, 1937[9] –, kulminieren die dämonischen Mächte im Nationalsozialismus. 1935 führte der Ausschluß Ita Wegmans und anderer führender Mitglieder zur Spaltung der Anthroposophischen Gesellschaft, deren in dieser Situation so dringend benötigte Kulturwirksamkeit damit in den großen Zusammenhängen verhindert ist.

Am Jahrhundertende wird der Christus Herr des Karma[10]. Gleichzeitig stehen wir um die Jahreszahl 1998 in einem Einschlag der *Soradt*-Wesenheit, des Tieres 666, wie es in der Apokalypse des Johannes genannt wird, das sich erneut in der Menschheitsentwicklung offenbaren wird. 66 Jahre zuvor begann dieser ahrimanische Sonnendämon auf der Stufe eines Erzengels mit dem Nationalsozialismus seine unbedingte Vernichtungskraft in diesem Jahrhundert zu entfalten. Unter dem Zeichen des verdrehten Sonnenkreuzes, der Swastika, stieg 1933 das Tier – wie es Rudolf Steiner im September 1924 in seinen Vorträgen für die Priester der Christengemeinschaft bereits vorausgesagt hat – aus dem Abgrund, um zahlreiche Menschen von sich besessen zu machen. Rudolf Steiner spricht von den Soradt-Menschen, die mit blindem Haß und

8 Siehe: Rudolf Steiner, *Die spirituellen Hintergründe der äußeren Welt. Der Sturz der Geister der Finsternis*. GA 177.

9 Siehe: Rudolf Steiner, Karlsruhe, 25.1.1910. GA 118.

10 Siehe: Rudolf Steiner, Karlsruhe, 14.10.1911. GA 131.

Zerstörungswut die Ausrottung aller Geistigkeit auf der Erde anstreben werden. Man wird sie an ihren Tierantlitzen und -kräften erkennen.

Heute versucht Soradt erneut, sich vor das Erscheinen des Christus im Ätherischen zu schieben und die Menschenseelen in Angst und Schrecken an die Vernichtung des Physischen zu bannen. In vielen «Krisenherden» bereitet er den Raum und das Klima für die nahe bevorstehende Inkarnation *Ahrimans*[11], der in einer chaotisierten Welt als großer «Friedensstifter» auftreten wird. Die Vorbereitungen für dieses Ereignis laufen seit geraumer Zeit; sie sind ein Schlüssel zum Verständnis so mancher Kulturphänomene, wie weiter unten noch dargestellt werden wird. Hier sei nur eins angeführt:

«Unter den fortwährenden Kriegs- und anderen Nöten der nächsten Menschenzukunft wird der menschliche Geist gerade sehr erfinderisch werden auf dem Gebiete des physischen Lebens. Und durch dieses Erfinderisch-Werden auf dem Gebiete des physischen Lebens, das nicht in irgendeiner Weise abgewendet werden kann durch dieses oder jenes Verhalten – es wird eintreten wie eine Notwendigkeit –, durch dieses wird möglich werden eine solche menschliche leibliche Individualität, daß in ihr sich Ahriman wird verkörpern können.»[12]

Im Jahr 1919 spricht Rudolf Steiner in einer Begrifflichkeit, wie sie damals zur Verfügung stand, über die notwendige technische Präparation der physisch-ätherischen Leibesgrundlage der Inkarnation Ahrimans. Über dieses «Erfinderisch-Werden auf dem Gebiete des physischen Lebens», was seinerzeit noch sehr abenteuerlich angemutet haben muß, kann man heute jeden Tag unter dem Stichwort Gentechnik in der Zeitung lesen. Auf denselben Bereich deutet ein Hinweis Rudolf Stei-

11 Zur «demnächstigen» Inkarnation Ahrimans siehe u.a.: Rudolf Steiner, Dornach, 1. und 15.11.1919. GA 191, sowie: Bern, 4.11.1919. GA 193. Des weiteren ist auch die prophetische Vorausschau, die Wladimir Solowjew von diesem Ereignis in seiner «Kurzen Erzählung vom Antichrist» im Jahre 1900 niedergeschrieben hat, sehr zu empfehlen.

12 Rudolf Steiner, 4.11.1919. GA 193.

ners, daß um die Wende des Jahrtausends ein großer Aufschwung der materialistischen Medizin einsetzen könnte, die dabei allerdings in ein wüstes Fahrwasser geraten würde:

«Man wird instinktiv Einsichten bekommen in die Heilkraft gewisser Substanzen und gewisser Verrichtungen, und man wird ungeheuren Schaden anrichten dadurch, aber man wird den Schaden nützlich nennen. Man wird das Kranke gesund nennen, denn man wird sehen, daß man da in eine gewisse Verrichtung hineinkommt, die einem dann gefallen wird.»[13]

Hinter einer gleißenden Fassade des Humanismus, der Wohltätigkeit und des Fortschritts wird Ahriman – der Herr der Angst, «kalt und Mikroben gleich», um auf die Worte René Chars zurückzugreifen – im Westen in die Menschheitszivilisation eintreten «... ehe auch nur ein Teil des dritten Jahrtausends der nachchristlichen Zeit abgelaufen sein wird»[14]. Das ist etwas, was nicht zu verhindern ist, was unweigerlich auf uns zukommt. Was wir jedoch tun können, ist die Dinge zu erkennen, um handlungsfähig zu sein, wenn sie sich vollziehen, und Ahriman dadurch schließlich Kraft abzutrotzen. Wie heute aller gemütshafter Glaube und alle abstrakte Geistigkeit angesichts der zwingenden «Realitäten» der Sachzwänge wie Rauch verschwinden, so wird Ahriman in einer großartigen Glückskultur die letzten Reste instinktiver Moralität und Geistigkeit abschaffen. Er wird Steine zu Brot machen und damit noch die letzten Skeptiker zu überzeugen versuchen. Seiner Illusion, Lüge und Täuschung ist nur eine denkend durchdrungene und wesenhaft erlebte Geisteswissenschaft gewachsen. In den nächsten Jahren wird es vor allem darum gehen, das wache Bewußtsein aufrecht und das «Herz warm» zu halten, wie es Ita Wegman einmal ausdrückte. Die Waffen für den Geisteskampf gab uns Rudolf Steiner mit der Anthroposophie in die Hand.

13 siehe Anm. 1.
14 Rudolf Steiner, 1. 11. 1919. GA 191

Zum Jahrhundertende müssen wir mit Katastrophen, mit der physischen Vernichtung Mitteleuropas rechnen. Und doch müssen wir wissen, daß das nur eine *hilflose Reaktion* der Widersachermächte auf das Michael-Christus-Wirken unserer Zeit ist. Wenn wir uns mit *dieser* Realität verbinden können, die unter allen Umständen die bestimmende ist, gewinnen wir einen Stand in der Zeit.

Das bedeutet allerdings eine Entscheidung aus dem freien Wesenskern des Menschen, eine Stellungnahme für den Christus, für Michael und die kosmische Weltordnung. Um mit Michael wirksam zusammenarbeiten zu können, seine ausgestreckte Hand ergreifend, müssen wir ihm unsere mutvollen Taten entgegenbringen. Abwarten, Zögerlichkeit, Zaghaftigkeit, Resignation führen zur An-Archie, zu dem, was sich heute im Physischen automatisch einstellt, wenn man nicht in vollem Bewußtsein die Brücke zwischen Himmel und Erde schlägt. Durch unsere Taten können wir Michael den Boden bereiten. Die Folgen dieser Taten zu bewerten, bleibt der Welt überlassen. Hier herrscht Vielfalt, Nuancierung. Im Bereich der Absichten gibt es diese Vielfalt nicht. Im Moralischen herrscht das Prinzip der Polarität. Wer nicht für den Christus ist, ist gegen ihn. Für den, der sich dieser Ebene verschließt, wird es unmöglich, noch Sinn im Zeitgeschehen zu finden.

Hiermit seien die okkulten Richtkräfte unserer Gegenwart im Groben angedeutet. In ihrem Spannungsfeld steht heute jeder Mensch, der in irgendeiner Weise tatkräftig in der Welt wirkt. Auf die Entscheidung, die diesem Wirken zugrunde liegt, kommt es an. In den folgenden Beiträgen wird in mannigfaltiger Weise und in ganz verschiedenen Ausprägungen diese Signatur zutage treten – es ist die der *Entscheidungszeit*.

I.
MITTELEUROPA

HANS-WILLI HAUB

Deutschland vor dem historischen Gewissen

Fünf Thesen zur Zeitlage

Mag es angehen, daß der deutsche Staat keineswegs als ein «wiedervereinigter» neuer, sondern vielmehr ein durch «Beitritt» der «Neuen Bundesländer» vergrößerter alter, ohne umfassende Selbstbesinnung auf die Bühne der Weltpolitik tritt, ohne Ziel und Inhalt, ohne gründliche Formulierung der eigenen Identität? – Nein, es kann nicht angehen, zumindest nicht ohne mittel- und langfristig erheblichen Schaden anzurichten, indem wir es unterlassen, «*uns eine aus dem Wesensinhalt der deutschen Volkheit entspringende Aufgabe zu stellen*», wie es Rudolf Steiner im März 1919 in seinem vielbeachteten Aufruf «An das deutsche Volk und an die Kulturwelt!» forderte. Vom Finden oder Nichtfinden dieser unserer gemeinsamen Aufgabe wird es abhängen, ob wir nicht nur erfolgreich, sondern auch segensreich in der Welt stehen.

Rudolf Steiner charakterisierte im gleichen Aufruf die Gründe für die damalige Weltkriegskatastrophe mit folgenden Worten:

«So war das Reich in den Weltzusammenhang hineingestellt ohne wesenhafte, seinen Bestand rechtfertigende Zielsetzung. Der Verlauf der Kriegskatastrophe hat dieses in trauriger Weise geoffenbart. Bis zum Ausbruche derselben hatte die außerdeutsche Welt in dem Verhalten des Reiches nichts sehen können, was ihr die Meinung hätte erwecken können: die Verwalter dieses Reiches erfüllen eine weltgeschichtliche Sendung, die nicht hinweggefegt werden darf.»[15]

15 Siehe: Rudolf Steiner, *Die Kernpunkte der sozialen Frage in den Lebensnotwendigkeiten der Gegenwart und Zukunft*, Dornach 1919, GA 23, Anhang.

Da sich an dieser Analyse nichts, aber auch gar nichts geändert hat, die Situation durch eine zweite Weltkriegskatastrophe vielmehr noch wesentlich verschärft ist, darf unser Weg als Deutsche keine Handbreit am historischen Gewissen vorbeigehen, ohne akut Gefahr zu laufen, erneut hinweggefegt zu werden.

Brisant wird die Sache vor allem doch dadurch, daß allerorten erlebt wird, daß der deutschen Frage innerhalb der Zeitgeistentwicklung der Weltereignisse eine schicksalhafte Bedeutung zukommt. Wir sind nie «neutral», wir sind entweder der «Fluch» oder der «Segen» der Welt[16] ...

Wir sollten Abstand von jenem sinnlosen Nachahmungstrieb nehmen, uns nach westlichem Muster einen Logenplatz im Gleichgewicht der Kräfte sichern zu wollen, sondern anfangen mit etwas wirklich Neuem, was nur wir allein in den Völkerdialog einbringen können. Und das ist folgendes: Überführung des Völkerprinzips in das menschheitliche, völkerverständigende, kosmopolitische Prinzip. Dies ist gleichbedeutend damit, daß nicht das Blut, sondern die Seelen- und Geistverwandschaft zum konstituierenden Prinzip der Deutschen werde (als Gegenbild siehe die Asylbewerberfrage). Das heißt, anzuknüpfen an jene idealistischen Vorboten unserer Geisteskultur wie Goethe, Schiller, Novalis und andere; anzuknüpfen an jene Anthroposophie, welche Rudolf Steiner als das real uns verbindende Weltengeistige beschrieben hat; anzuknüpfen – und nichts anderes ist damit gemeint – an uns selbst, die wir als *Anthropos* das ausarbeiten, was Spezialwissen und -tätigkeit durch uns selbst – als Menschen – zusammenfügt.

Uns fällt als deutsches Volk die Aufgabe zu – und da berühren sich die individuellen Aufgaben jedes einzelnen mit unserer gemeinsamen Aufgabe –, auf internationaler Ebene die im Menschen selber wurzelnden völkerverbindenden Prinzipien der gegenseitigen Verständigung auszuarbeiten: neues Denken statt «Neuer Weltordnung», individuelle Verantwortlich-

16 Siehe: Rudolf Steiner, Stuttgart, 22.6. 1919. GA 192.

keit statt europäischer Normung, menschentragende Geisteswissenschaft statt materialistischem Aberglauben.

Lernen wir unseren Volksgeist zu befragen, dann werden wir feststellen, daß er in unerhörtem Maße auf die Selbstbestimmung jedes einzelnen hinwirkt, nicht auf die Volksgattung. Gleichzeitig wirkt sein Zerrbild – oder besser gesagt: Zerr-Wesen, ein dämonischer Gegen-Volksgeist – immer da, wo wir unser Individuelles zugunsten allgemeiner Richtlinien, Machtimpulse und so weiter auslöschen. Unser wahrer Volksgeist wirkt mehr durch Ratschläge, Lehren für die erkennende Seele, Inspirationen der Wege zur anthroposophischen Geisteswissenschaft. Mit anthroposophischer Geisteswissenschaft ist kein bestimmtes Weltanschauungsgebäude unter vielen möglichen anderen gemeint, sondern die stetig sich fortentwickelnde Methode, seelische und geistige Weltgebiete ebenso betreten zu lernen, wie die sinnlich sichtbaren.

Fünf solche Lehren möchte ich an dieser Stelle – ohne dabei Anspruch auf Vollständigkeit erheben zu wollen – beschreiben:

1. Überwindung der Meinung, daß der Einzelmensch angesichts der großen Weltzusammenhänge machtlos, somit der Wert der menschlichen Individualität für das Ganze nur gering zu bemessen sei. Jeder Mensch ist bedeutend, unaustauschbar und unverzichtbar im Weltzusammenhang. Dies mündet ein in die Lehre von Reinkarnation und Karma, der wiederholten Verkörperung des unzerstörbaren Wesenskernes in Raum und Zeit mit seinem unverwechselbaren, selbsterworbenen Schicksal. Nach dieser «vergeistigten Evolutionslehre» ist jedes Ich seine eigene Gattung, ungeboren und unsterblich, ein Weltbürger von Ewigkeit zu Ewigkeit.
2. Betreten des inneren Weges, der Entwicklung des höheren Menschen im Menschen durch Selbsterziehung mitten im Leben. Die eigene Seele als den Schauplatz erleben, auf dem der Fortgang der Weltentwicklung alleine stattfinden kann.

Durch Seelenkämpfe den eigenen Seelenraum erobern; das heißt, die Leitplanken des Lebens zugunsten der inneren Führung aufgeben. Verantwortung nicht gegenüber Normen und Werten, sondern sich selbst gegenüber hegen: ruhig wollen, als ob man bereits gestorben wäre; das heißt, aus dem Weltgebiet heraus leben, aus dem wir stammen, und das dennoch zu gerade dieser Welt werden soll. Das ist das Auffinden der Friedenssphäre in der eigenen Seele. Das bedeutet nach außen:

3. Überwindung des kriegerischen oder aggressiven Wesens als Mittel der Konfliktaustragung. Wendung des Kampfes nach innen, nach dem Motto des «ehernen Königs» in Goethes «Märchen»: «Das Schwert in der Linken, die Rechte frei». Seligkeit der Erde einpflanzen! Kampffreie Zonen schaffen, entdämonisierte Schutzgebiete – himmlische Immunitäten. Daraus folgt:
4. Überwindung alles Nationalen. An dessen Stelle tritt die Begründung des Prinzips der Wahlverwandtschaft und Seelenkultur über alle Grenzen hinweg. Dies bedeutet anzuerkennen, daß die primäre Aufgabe Deutschlands weder im Politischen noch im Wirtschaftlichen, sondern im freien Geistesleben und der daraus sich webenden Rechtsauffassung liegt. Kurz: uns auf die Führungsetage einer völkerverständigenden Integrationsbewegung zu begeben. Oberste Richtlinie dabei ist eine weltumspannende Pädagogik des *«ethischen Individualismus»* in Kunst, Wissenschaft und Religion. Das heißt:
5. Überwindung der materialistischen Naturauffassung als allgemeingültige Weltanschauung und Anerkennung der Tatsache der Weltgestaltung aus dem Geist. *«Anthroposophie ist ein Erkenntnisweg, der das Geistige im Menschen zum Geistigen im Weltall führen möchte.»*[17] Dies führt zu einem erweiterten Verständnis des Sozialen, welches den Dialog zwischen Naturwesen, Menschen und weltschöpferischen Gei-

17 Rudolf Steiner, Anthroposophischen Leitsätze, GA 26, Leitsatz Nr. 1

stern einleitet. Dieser Dialog ist eine konsequente Fortführung des Ökologiegedankens, der Berücksichtigung der Tatsache, daß «wir nicht allein sind auf der Welt». Dieser Tatsache durch Bewußtseinsschulung zum Durchbruch zu verhelfen, ist gleichbedeutend mit der anfänglichen Einrichtung neuer Mysterien, einer Mysterienkultur auf dem Boden einer entsprechenden Mysterienwissenschaft, wodurch eine Harmonie der sozialen Form mit dem Geist der Natur angeregt wird. Die Arbeit der Toten – unserer unsichtbaren Menschenbrüder – an der Erde soll erkannt und mitgetragen werden.

Gegenwärtig mag es erscheinen, als ob mit solchen Postulaten eher das Leben auf einem fremden Planeten – vielleicht dem Mars – beschrieben wäre, als eine am ideellen Quellpunkt Deutschland zu verwirklichende irdische Angelegenheit. Mag sein. Für mich heißt das aber nichts anderes, als daß wir als Deutsche ebensoweit von unserer eigenen Wirklichkeit entfernt leben, wie wenn wir nicht auf der Erde, sondern auf dem Mars leben würden. Dann würde es eben darum gehen, sich auf die Reise zu machen in Richtung Erde …

Erstveröffentlichung: In: «Pressespiegel ZEITGESCHEHEN», Nr. 15/4, 1992.

FELIX SCHULTZ

Mitteleuropäische Skizzen

Wer oder was ist ein Deutscher? Mit der Beantwortung dieser einfachen Frage steht und fällt viel, offenbart sich doch deutlich, daß die nationale Identität Deutschlands, dasjenige, was die Menschen, die in diesem Land leben, miteinander verbindet, spätestens seit 1989 restlos zusammengebrochen ist. Vorher gab es noch die Ersatzidentitäten der «Verlierer des Zweiten Weltkriegs», des gespaltenen Volkes, dessen Existenz als der exponiertesten Betroffenen des Kalten Krieges von den Machtblöcken der USA und UdSSR und deren Ideologien gespeist wurde. Dem zugrunde lagen Aufstieg und Fall des Nationalsozialismus, des pervertierten «deutschen Wesens» zwischen 1933 und 1945. Nach 1989 wurde also deutlich, daß die deutschen Ersatzidentitäten ihre Tragekraft verloren haben. Nach dem Zusammenbruch des Ostblocks blieb die Ideologie des Westens als bestimmender Faktor der deutschen Wiedervereinigung. Im Kräftefeld der polaren Wirkungen von Ost und West geschah 1990 kein Neuanfang – die Mitte blieb inaktiv. Das läßt verstehen, wie das wiedervereinigte Deutschland auf dem Weg zur Integration in das internationale Gefüge zu seinem Schlachtruf kam: *«Normalität!»* Das vereinte Deutschland soll endlich normal werden; ein europäisches Land wie die anderen auch. Es soll Machtpolitik betreiben, seine militärischen Mittel als Instrument der Außenpolitik begreifen, soll auch Truppenkontingente auf UN-Einsätze schicken – tut es auch. Deutschland ist auch ein ganz normales Mitglied des westlichen Bündnisses und der EG: Richard von Weizsäcker freut sich beispielsweise[18], daß sich niemand mehr vor einem Deutschland zu fürch-

18 In: «Frankfurter Allgemeine Zeitung» vom 2.5. 1992.

ten brauche, das «durch die feste Verankerung in Europa von seiner gefährlichen Mittellage befreit» worden sei. Wie dieser nicht sonderlich vertrauenerweckende geopolitische Kunstgriff zustande gekommen ist, wird nicht verraten. Wie dem auch sei: Deutschlands geographische Lage *ist* die Mittellage im Herzen Europas, in Mitteleuropa – daran läßt sich nicht rütteln. Daß da noch die «Europäische Gemeinschaft» ist, die ihr wirtschaftlich-bürokratisches Unionsprojekt «Europa» nennt – wie zu ihrer Gründerzeit, als der eiserne Vorhang noch das Ende der Welt war –, ändert auch nichts an den Tatsachen. So unzweifelhaft Deutschlands geographische Lage ist, so sicher ist es, daß es seine besondere Aufgabe hat, die es von der aller anderen Völker unterscheidet. Und die wird es auch weiterhin haben, auch wenn noch so sehr auf Normalität gepocht wird. Das beschworene Mittelmaß ist schließlich nichts anderes als das Gegenbild einer wirklichen mitteleuropäischen Tugend: der des «rechten Maßes».

Zurück zur Eingangsfrage: Das bundesdeutsche Staatsbürgerschaftsrecht beantwortet sie in aller Deutlichkeit: Derjenige ist als Deutscher anzusehen, der deutsche Vorfahren aufzuweisen hat. Es herrscht – für viele unbegreiflich – in Deutschland das *ius sanguis*: die nationale Definition über Blutsbanden. Es gibt zwar die Möglichkeit der Einbürgerung, die jedoch verwaltungsmäßig äußerst restriktiv gehandhabt wird. Es mag den unvoreingenommenen Beobachter erstaunen, daß es gerade in Deutschland ein solches Gesetz geben kann – im Gegensatz zu vielen anderen Staaten, in denen das *ius soli* gilt, das heißt: Wer im Land geboren wurde, ist Staatsbürger. In allen anderen Bereichen ist in Deutschland ein starkes Bewußtsein dafür vorhanden, daß man sich in der Identitätsfrage – im Unterschied zu Engländern oder Franzosen – in keiner Weise auf Traditionen stellen kann. Das ist schon begrifflich seit dem Naziterror, der auch die deutsche Sprache okkupierte, ein Ding der Unmöglichkeit. Das Prinzip der Wahlverwandtschaften – als Gegensatz zu dem Blutsrecht des Sippenwesens, das spätestens seit dem Anbruch dieses Jahrhunderts ausgespielt hat – bleibt auf das Geistesleben beschränkt; im Rechtsleben wird dieser Tatsache keine Rechnung getragen.

Die folgende Antwort auf die deutsche Identitätsfrage baut hingegen in aller Radikalität auf die Wahlverwandtschaften: Zu Beginn des 19. Jahrhunderts exponiert sich Johann Gottlieb Fichte in seiner 7. Rede «an die Deutsche Nation» im Zusammenhang mit der eingangs gestellten Frage mit aller Klarheit:

«Der eigentliche Unterscheidungsgrund liegt darin, ob man an ein absolut Erstes und Ursprüngliches im Menschen selber, an Freiheit, an unendliche Verbesserlichkeit, an ewiges Fortschreiten unseres Geschlechts glaube, oder ob man an alles dieses nicht glaube, ja wohl deutlich einzusehen und zu begreifen vermeine, daß das Gegenteil von diesem allen stattfinde. Alle, die entweder selbst schöpferisch und hervorbringend das Neue leben, oder die, falls ihnen dies nicht zuteil geworden wäre, das Nichtige wenigstens entschieden fallen lassen und aufmerkend dastehen, ob irgendwo der Fluß des ursprünglichen Lebens sie ergreifen werde, oder die, falls sie auch nicht so weit wären, die Freiheit wenigstens ahnden und sie nicht hassen oder vor ihr erschrecken, sondern sie lieben: alle diese sind ursprüngliche Menschen, sie sind, wenn sie als Volk betrachtet werden, ein Urvolk, das Volk schlechtweg, Deutsche.»

In der (damals noch prophetischen) Schau des Zeitalters der Freiheit nimmt sich Fichte letztere, um den Begriff «Deutsche» zu *setzen*. Diese entschiedene Ich-Geste mag nun manchen abstoßen: «Da kann ja jeder kommen ...», hört man da murmeln. Es kommt aber erfahrungsgemäß nicht jeder, und die, die da kommen, werden bald feststellen, daß sie, wenn sie wirklich Menschen auf dem Weg zur Freiheit sind, eine gemeinsame Sprache sprechen. Und so fährt Fichte fort:

«Alle, die sich darein ergeben ein Zweites zu sein und Abgestammtes und die deutlich sich also kennen und begreifen, sind es in der Tat und werden es immer mehr durch diesen ihren Glauben, sie sind ein Anhang zum Leben, das vor ihnen oder neben ihnen aus eigenem Triebe sich regte, ein vom Felsen zurücktönender Nachhall einer schon verstummten Stimme, sie sind als Volk betrachtet außerhalb des Urvolks und für dasselbe Fremde und Ausländer.

[…] was an Geistigkeit und Freiheit dieser Geistigkeit glaubt und die ewige Fortbildung dieser Geistigkeit durch Freiheit will, das, wo es auch geboren sei und in welcher Sprache es rede, ist unsers Geschlechts, es gehört uns an, und es wird sich zu uns tun. Was an Stillstand, Rückgang und Zirkeltanz glaubt oder gar eine tote Natur an das Ruder der Weltregierung setzt, dieses, wo es auch geboren sei und welche Sprache es rede, ist undeutsch und fremd für uns, und es ist zu wünschen, daß es je eher je lieber sich gänzlich von uns abtrenne.»

Wen an dieser Stelle bei Ausdrücken wie «undeutsch» und so weiter das Gefühl beschleicht, daß man es hier wohl doch mit einer nationalistischen Konzeption zu tun hat, der möge die Worte Fichtes noch einmal lesen. Man wird sehen, daß Fichtes Deutschland-Begriff in keiner Weise als «völkisch» aufzufassen ist: «… wo es auch geboren sei und in welcher Sprache es rede …». Seine «Deutsche Nation» ist eine durch und durch kosmopolitische Angelegenheit.

«Deutschland ist nichts, aber jeder einzelne Deutsche ist viel, und doch bilden sich letztere das Gegenteil ein. Verpflanzt und zerstreut wie die Juden in alle Welt müssen die Deutschen werden, um die Masse des Guten ganz und zum Heile aller Nationen zu entwickeln, das in ihnen liegt» (Goethe im Gespräch mit Riemer). – Deutsche Diaspora als Alternative zu den irrtümlichen Vorstellungen und fatalen Projekten von Deutscher Nation, und zwar nicht, um das Wirken von «deutschen» Impulsen endgültig zu *beenden*, sondern überhaupt erst zu *ermöglichen*. Denn diese Impulse liegen in einzelnen Menschen, sie sind vollständig individueller Natur und unterscheiden sich von Grund auf von dem, was die Welt bis dato von den verschiedenen Konstrukten der Deutschen Nation auf politischem und wirtschaftlichen Felde zu sehen und zu spüren bekommen hat. So gesehen ist «Deutsche Nation» ein wesenloses Ding, eigentlich ein Widerspruch in sich: *«Deutschland ist nichts»*. Deutschland ist nur als ein Individuell-Geistiges im einzelnen Menschen vorzufinden. Kehren wir an dieser Stelle zurück zu Fichtes Entwurf einer Charakterisierung der Deutschen, so wird deutlich, daß die deutsche Diaspora von diesem Standpunkt aus betrachtet *Realität* ist. Fichtes wahlverwandte Ich-Menschen, die er als «Deutsche» bezeichnet, sind über die ganze Welt verstreut, gehören den verschiedensten Nationalitäten an und sprechen die verschiedensten Sprachen. Sie wissen nicht voneinander und sind nicht organisiert, und doch bilden sie ein Netzwerk von Menschen, die sich von der an der Oberfläche der Entwicklung waltenden Finsternis nicht täuschen und in Resignation stürzen lassen, sondern *wissen*, daß im Innern der Welt und ihrer selbst (aller Menschen) ein Licht erstrahlt, das letztlich doch sieghaft aus der Finsternis hervorgehen wird. Im Unterschied zu allen anderen Lichtquellen, Göttern und Idolen offenbart es sich ausschließlich in *freien Menschentaten*. Diesem Licht kann man nun die unterschiedlichsten Namen geben. In unserem Kulturkreis bezeichnet man es als den Christus.

Deutsche Diaspora kann man also als das kosmopolitische Christentum begreifen. Wie jene von allem Nationalen, so ist dieses von allem Konfessionellen befreit.

«Zur Nation euch zu bilden, ihr hoffet es, Deutsche, vergebens;/Bildet, ihr könnt es, dafür freier zu Menschen euch aus» (Goethe/Schiller). – Die Mission Mitteleuropas: wirkliche Menschenbildung. Ein Bildungsprinzip, das sich durchaus plastisch, künstlerisch verstanden wissen will. Joseph Beuys bemerkte einmal: Der Mensch «muß richtig gebildet werden. Er muß regelrecht von einer Ecke zur anderen durchgeknetet werden.» Dieses Prinzip hat seinen grundlegenden Ansatz beim steten Vollzug des «Erkenne dich selbst», dem Mysterienmotto, das über der Pforte des Orakels von Delphi zu lesen stand.

Menschenbildung ist Tempeldienst.

In Mitteleuropa herrschen besondere Gesetze, die vielleicht nicht so offensichtlich sind wie das der Schwerkraft, aber nicht minder zuverlässig ihre Wirksamkeit entfalten. Eines dieser

Gesetze ist: Mittelmaß, Durchschnittlichkeit, Normalität – mit anderen Worten: das Unterlassen von verschärfter eigener geistiger Aktivität – führen seit dem Beginn des 20. Jahrhunderts unweigerlich in die Katastrophe. Das sah seinerzeit schon Friedrich Nietzsche, der anläßlich der Reichsgründung die Worte prägte: «Exstirpation des deutschen Geistes zugunsten des deutschen Reiches».

Die Ideen- und Ratlosigkeit unseres mittelmäßigen, der Stagnationsära angepaßten Kulturlebens angesichts des Umbruchs von 1989, des Rechtsrucks in den Parlamenten und der Gewalt auf den Straßen sprechen die Sprache von Weimar – eine Sprache des Verstummens vor der Katastrophe, der Unterlassung aus geistiger Unbeweglichkeit. Wie damals die von der Obersten Heeresleitung angeordnete parlamentarische Demokratie vermag auch heute die von den Alliierten nach 1945 bestimmte Staatsform und das Selbstverständnis als «Handelsnation Deutschland» innerhalb der westlichen Wertegemeinschaft keine deutsche Identität zu ersetzen. Demokratie, Marktwirtschaft und Menschenrechte sind keine Ideale, die Menschen in Deutschland miteinander verbinden könnten, und das Gerede von «Verfassungs- und Staatspatriotismus» offenbart nur das totale Vakuum in der Identitätssuche. Es gibt eine Lösungsmöglichkeit für dieses Problem, die ebenso einfach klingt, wie sie unmöglich erscheint; im «ältesten Systemprogramm des deutschen Idealismus» ist sie von den jungen Schelling, Hölderlin und Hegel 1796/97 formuliert:

«Die Idee der Menschheit voran, will ich zeigen, daß es keine Idee vom *Staat* gibt, weil der Staat etwas *Mechanisches* ist, so wenig als es eine Idee von einer *Maschine* gibt. Nur was Gegenstand der *Freiheit* ist, heißt *Idee*. Wir müssen also über den Staat hinaus! – Denn jeder Staat muß freie Menschen als mechanisches Räderwerk behandeln; und das soll er nicht; also soll er *aufhören*.»

Zu einem vergleichbaren Ergebnis kommt knapp hundert Jahre später auch ein *west*europäischer Geist: Oscar Wilde in seinem Essay «Der Sozialismus und die Seele des Menschen»:

«Es liegt in der Natur der Sache, daß der Staat das Regieren ganz und gar sein lassen muß. Er muß es sein lassen, denn, wie ein weiser Mann einst viele Jahrhunderte vor Christus gesagt hat, so etwas, wie die Menschheit in Ruhe lassen, gibt es; aber so etwas, wie die Menschheit regieren, gibt es nicht. *Alle Arten, regieren zu wollen, sind verkehrt.* Der Despotismus ist ungerecht gegen jedermann, den Despoten inbegriffen, der wahrscheinlich für Besseres bestimmt war. Oligarchien sind ungerecht gegen die vielen, und Ochlokratien sind ungerecht gegen die wenigen. Große Hoffnungen setzte man einst auf die Demokratie; aber Demokratie bedeutet lediglich, daß das Volk durch das Volk für das Volk niedergeknüppelt wird. Man ist dahintergekommen. Ich muß sagen, daß es hohe Zeit war, denn jede autoritäre Gewalt ist ganz entwürdigend. Sie entwürdigt die, die sie ausüben, und ebenso die, über die sie ausgeübt wird. Wenn sie gewalttätig, roh und grausam verfährt, bringt sie eine gute Wirkung hervor, indem sie den Geist der Rebellion und des Individualismus erzeugt oder wenigstens hervorruft, der ihr ein Ende machen wird. Wenn sie in einer gewissen freundlichen Weise verfährt und Belohnungen und Preise verleiht, ist sie schrecklich entsittlichend. Die Menschen merken dann den schrecklichen Druck, der auf ihnen lastet, weniger und gehen in einer Art gemeinen Behagens durchs Leben und wie gehätschelte Haustiere, und sie merken nie, daß sie anderer Leute Gedanken denken, daß sie nach anderer Leute Normen leben, daß sie wahrhaftig anderer Leute abgelegte Kleider tragen und nie einen einzigen Augenblick lang sie selbst sind. ... ‹Wer frei sein will›, sagt ein großer Denker, ‹muß Dissident sein.› Die Autorität aber, die die Menschen dazu bringt, sich zu nivellieren und anzupassen, erzeugt unter uns eine sehr rohe Art satter Barbarei.»

– «Satte Barbarei»: Das «Volk der Dichter und Denker» (wie es vor nur 200 Jahren noch genannt wurde) wird heute einzig und allein vom Konsum zusammengehalten. Man trifft sich auf der Bank, im Supermarkt, in Restaurants, im Kino. Fiele dieser äußere, auf einen übermäßigen Wohlstand gegründete Zusammenhang plötzlich weg, dann gäbe es keinen Grund mehr, warum die Menschen nicht übereinander herfallen sollten.

«Unseliges Volk, es wird nicht gut ausgehen mit ihm, denn es will sich selbst nicht verstehen, und jedes Mißverstehen seiner selbst erregt nicht das Gelächter allein, erregt den Haß der Welt und bringt es in äußerste Gefahr» (Goethe zu Riemer). –

Deutschland schwebt in «äußerster Gefahr», denn es hat sich selbst verloren. Das offenbart sich in dreierlei Weise: in dem lauen Ruf nach Normalität und in der polaren Alternative von: «Ich bin stolz …» und «Ich schäme mich, ein Deutscher zu sein». Wer der Meinung ist, Deutscher zu *sein*, hat schon aufgehört einer zu sein, denn das Prinzip der Menschenbildung ist ein dynamisches, ein Entwicklungsprinzip, das keine Stagnation kennt. Das ist das Geheimnis der Mitte zwischen den Polaritäten (Erstarrung: falscher Stolz – Verflüchtigung: falsche Scham); ein Prinzip, das man auch als Herzensprinzip verstehen kann, insofern es keinerlei Stillstand duldet: Individualität kann sich nur im *Werden* entwickeln, nicht in festgefügten Zuständen. Rudolf Steiner hat dieses Phänomen einmal so zusammengefaßt: «Deutscher kann man niemals sein, man kann Deutscher immer nur werden»[19].

Aber – was denn werden? Goethe zu Riemer: «Was gilt's, das Schicksal wird sie schlagen, weil sie sich selbst verraten und nicht sein wollen, was sie sind … Denn Deutschtum ist Freiheit, Bildung, Allseitigkeit und Liebe, daß sie es nicht wissen, ändert nichts daran.»

Erstveröffentlichung in: «Pressespiegel ZEITGESCHEHEN», Nr. 24/10, 1994.

19 Rudolf Steiner, Berlin, 29.10. 1914. GA 157

JOHANN-MICHAEL GINTHER

Michael und der deutsche Volksgeist – Eine Imagination bei Fercher von Steinwand

Zu allen Zeiten gab es bei manchen Menschen ein Empfinden vom Zusammenhang ihrer Völker mit der geistigen Welt. Dadurch daß diese Menschen ihr Denken und Fühlen so ausdehnen konnten, daß sie in ihrem persönlichen Seelenleben Freude und Leid, Aufgaben und Gefährdungen des ganzen Volkes mitempfanden, stellten sie eine Verbindung her zu dessen inspirierendem Genius. Sie begegneten im Schauen dem Volksgeist, empfingen seine Direktiven und wurden seine Repräsentanten auf Erden. In den alten, mysteriengeleiteten Kulturen benannte man deshalb den Einweihungsgrad, durch den solches erfahren werden konnte, mit dem Namen des jeweiligen Volkes; man wurde zum «Vater» des Volkes, zum «Ägypter», «Perser» und so weiter.

Ein Kreis von Individualitäten, die diese Stufe erreicht haben, wacht stets auf Erden über die Schicksale eines Volkes; er bildet eine *«Weiße Loge»*: ein Instrument und Wahrnehmungsorgan für die fortschreitenden Impulse des Volksgeistes.

Mit dem Zurückgehen der spirituellen Kulturen trennten sich immer mehr Verantwortung und Führung in den äußeren Ereignissen von der höheren Verantwortung vor den geistigen Entwicklungsnotwendigkeiten des Volkes. Immer unsichtbarer wurden demzufolge die «Meister» im Lauf der Entwicklung. In Entscheidungszeiten erschienen sie noch hier und dort, um in das äußere Geschehen einzugreifen, ohne jedoch ihre geistigen Hintergründe offenbaren zu können. Immer mehr wirkten sie in völliger Zurückgezogenheit, als unscheinbare, einfache Menschen. Das alte Prinzip der *Führung* wandelte sich hin zum anderen, die Errungenschaft der Freiheit achtenden Prinzip der *Bildung*. Auf den verschlungenen Wegen der Volksbildung brachten die Weißen Logen Europas so auch in den letzten Jahrhunderten noch Impulse unter die Menschen, die die Verbindung zu einer erlebten geistigen Realität wenigstens in dünnen Fäden aufrecht erhielten.

Solche Menschen gibt es bis in unsere Tage. Einen «Lenker der Weißen Loge der Deutschen» nannte Rudolf Steiner – unter Umständen, auf die wir noch zurückkommen werden – den 1902 verstorbenen *Fercher von Steinwand*.

Befaßt man sich mit Leben und Werk des aus Kärnten stammenden, in Wien lebenden Dichters, begegnet einem tatsächlich die aus der Unscheinbarkeit hervorblitzende Geistgewalt der Loge, aber auch die tragische, im öffentlichen Leben beinahe zur Wirkungslosigkeit verurteilte Situation eines Sehenden im seelenblind machenden 19. Jahrhundert.

Es ist nicht leicht zu ermessen, worauf mit dem Ausdruck «Lenker der Weißen Loge» gewiesen wird. Selbst in den Zeiten der Veröffentlichung der Geisteswissenschaft durch Rudolf Steiner bleibt dieser hohe Bereich des spirituellen Lebens fast ganz verhüllt. Nach außen hin jedenfalls macht die geistige Kompetenz, die in Steiners Worten anklingt, Fercher vor allem zum Warner und bitteren Kritiker der Geistlosigkeit seiner Landsleute und seiner Zeit.

Unter dem unscheinbaren Titel «Zur Schließung des Oldenburger Theaters» findet sich in seinen Werken ein Gedicht, in dem in besonderer Intensität eine eigentliche übersinnliche Wahrnehmung, eine Imagination des deutschen Volksgeistes selbst geschildert ist:

«Tief in die Felsenweich' der Alpen drückend
Die Riesensporne deiner Herrschermacht,
Das greise Haupt dir majestätisch schmückend
Mit baltenwogiger Smaragdentracht:
So liegst du, Deutschland, zwischen Nationen
Und ihre Leidenschaften hingebannt,
Liegst mitten im Getreibe aller Zonen –
Ein weiser, sonniglächelnder Gigant.

Dem Denker scheinst du, von dem süßen Lichte
Der milderen Natur beseelt, gefeit;
Aus deinen Gliedern schuf uns die Geschichte
das Kunstgehäuse der Unsterblichkeit. –
Nach deinem Auge aber forscht der Sänger
Mit Ahnungen voll Andacht und voll Weh,
Er, der Gefühle kühner Perlenfänger,
Er sucht das Götterauge der Idee!

Still schaut er, wie sie auf- und niederspringen,
Des Lebens Pulsungen in diesem Meer;
Er sieht es hin- und widerringen,
Der Blicke diamantnes Gnomenheer. –
Da glüht ein heil'ger Wink zu ihm hernieder,
Wie wenn dem Betenden die Gottheit naht,
Aus seinem Strahle rinnen goldne Lieder,
Auf seinen Schwingen thront der Geist der Tat.

Den innern Sinn bezwingt sein Lichtentfalten
Mit so beseligender Übermacht,
Als sprächen alle himmlischen Gewalten
Teutonischer Natur aus seiner Pracht.
Es dämmern auf in seinen Strahlenschranken,
Zur Schlacht sich ordnend für des Geistes Recht,
Die stolzen Schwanenritter der Gedanken
Und der Gefühle purpurnes Geschlecht. [...]

Wer wie der Dichter in geweihten Träumen
Dies Zucken des Ideenaugs erspäht,
Der spürt im Busen ein unsterblich Bäumen,
Der fühlt vom deutschen Genius sich durchweht. [...]

Da reckt des Stoffes dumpfer Dämon dräuend
Die bleiernen Organe aus dem Schacht:
Weg fleucht der Wink, den neuen Götzen scheuend,
Um das Ideenauge zieht die Nacht.
Denn, weist die Zeit, zur Selbstsucht sich versteinend,
Die frommen Mittler des Gemüts vom Haus,
So wandern Göttliches und Götter weinend
Aus der entadelten Geschichte aus.»[20]

20 Fercher von Steinwand, Sämtliche Werke in 3 Bänden. Wien o.J., 1. Bd., S. 213.

Fercher von Steinwand, 1900

Durch das «Ideen-Auge», in «geweihten Träumen», so Fercher, kann der *Dichter* etwas sehen, das dem *Denker* verborgen bleibt: Letzterer blickt am Ende des 19. Jahrhunderts zurück, auf einen bereits verklingenden Höhepunkt deutscher Selbstentfaltung in der idealistischen Philosophie und in der Kunst der Klassik und Romantik – Errungenschaften, die Deutschland «Unsterblichkeit» sichern.

Der Denker kann Ruhe finden im Angesicht dieser Vollendung – doch der Seher bleibt unruhig. Für ihn ist diese Unsterblichkeit «Gehäuse», das heißt bereits Gewordenes und Erstarrtes. *Er* blickt in «Ahnungen» auf einen Kampf, der in Gegenwart und Zukunft noch auszufechten ist.

Fercher Schauungen sind bei aller künstlerischen Unmittelbarkeit immer auch exakte geisteswissenschaftliche Darstellungen: Durch das Meer der *Gedanken* hindurch taucht das Bewußtsein des Sehers ein in die ätherische Welt: «des Lebens Pulsungen» und das «diamantne Gnomenheer» zeugen davon. In diesem «Auf- und Niederwogen» gestaltet sich nun die Imagination als eine Licht-Erscheinung, die zugleich Klang und Geste ist. Es «glüht» ein «Wink», der ein «Strahl» ist, und tönt wie «goldene Lieder». In diesem wie «Schwingen» erscheinenden Lichtstrahlenkleid offenbart sich das übersinnliche Wesen, auf das das Nachdenken über Deutschland im Irdischen hinzielte: Fercher nennt dieses Wesen den «deutschen Genius».

Volksgeister sind Geistwesen aus der Hierarchie der Archangeloi. So können wir viele der Charakterisierungen Ferchers wiederfinden, wenn wir auf eine Imagination blicken, die Rudolf Steiner von einem anderen Erzengel, dem *Zeitgeist Michael* gibt: Wie Michael erscheint auch der deutsche Volksgeist in einen Lichtglanz gehüllt, der aus einer Fülle anderer Wesen besteht.[21] In der Michael-Imagination nennt Steiner sie die «hellen Ätherwelten-Wesen». Dort tragen sie «das Christus-Wort zum Menschen», schaffen also eine Verbindung

21 Siehe die «Michael-Imagination» Rudolf Steiners.

zwischen dem hierarchischen Wesen und den Menschen. Hier sind es die «Schwanenritter der Gedanken» und «der Gefühle purpurnes Geschlecht». Sie sind der «Wink», durch den der Seher zur Begegnung mit dem Genius geleitet wird. Bei diesen im fühlenden Denken lebenden Wesen mag man auch an die Angeloi denken, die als Führerwesen der einzelnen Menschen zwischen diesen und den übergreifenden Erzengel-Impulsen vermitteln.

Ein Zweifaches spricht aus Ferchers Imagination: eine Beschreibung des wahren Wesens Deutschlands und eine Prophetie über das Schicksal Deutschlands im 20. Jahrhundert.

Nicht nur in der Art seiner Erscheinung, auch in seinem Wesen ist der deutsche Genius *Michael-verwandt*: Rudolf Steiner charakterisiert den Archangelos Michael als den «Verwalter der Kosmischen Intelligenz» – der deutsche Genius und seine Scharen haben, so Fercher, die Aufgabe, für «des Geistes Recht» zu kämpfen. Zugleich ist Michael der «eigentlich geistige Held der Freiheit», der die Menschheit auf den «Bahnen des Willens» leitet, der in den Folgen der menschlichen *Taten* lebt[22] – Fercher nennt den Genius schlicht den «Geist der Tat».

Von Michael ergeht die Aufforderung an die Menschen, daß nicht mehr nur die Häupter, sondern die *Herzen* Gedanken haben sollen, daß der Mensch seiner Gedanken Hell und Dunkel *fühlen* lernen muß. Dieses neue Michael-Denken erscheint Fercher wesenhaft in den «Strahlenschranken» der «Schwanenritter der *Gedanken*» und der «*Gefühle* purpurnem Geschlecht».

Die Schauung eines eigenständigen Okkultisten belegt hier auf einmalige Weise die von Steiner mitgeteilte *enge Verwandtschaft des deutschen Volksgeistes mit der Michael-Wesenheit*, wobei Ferchers deutscher Genius geradezu wie der auf die Kul-

22 Die hier und im Anschluß angeführten Charakterisierungen Michaels gibt Rudolf Steiner in: Dornach, 13.1. 1924. GA 233a; sowie Leitsätze vom 17.8. 1924, 19.10. 1924, 16.11. 1924. GA 26.

turnation Deutschland gerichtete Repräsentant Michaels erscheint.

Die Impulse des «deutschen Geistes» schildert Fercher in seinem bekannten Gedicht «Kyffhäusers Gäste» folgendermaßen:

> «Was aus den Rätseln dieser Erde sprießt,
> Was Herzen findet, was die Geister meistert,
> Was ewig sprechend aus den Sternen fließt
> Und einen untäuschbaren Gott erschließt;
> Was scheinbar sich aus Gott und Welt verloren
> Und doch um uns in tausend Strömen schießt:
> Das ist dem deutschen Geist urmächtig eingeboren,
> Das klar herauszusagen, hat er bewußt geschworen!»[23]

Deutschlands Aufgabe besteht also darin, einer zeitgemäßen, das Geistige miteinbeziehenden Weltauffassung den Boden zu bereiten – eine Aufgabe, die nie an den engen Grenzen des Nationalen haltmachen kann. Sie ist Menschheitsdienst. Von «eigensüchtigen» Intentionen des Volksgeistes, etwa im Sinne einer Verherrlichung oder Erhöhung der eigenen Nation, kann keine Rede sein.

Solches muß anderswo geschaut werden: Ferchers «innerer Sinn» bleibt nicht auf die Wahrnehmung des deutschen Volksgeistes beschränkt. Er sieht ihn einverwoben in den Zeitenlauf und erlebt zugleich den Ungeist, der sich gegen das Aufnehmen der wahren Volksgeistimpulse erhebt: Das «Ideenauge», eben noch enthusiasmiert vom Wahrnehmen und Erkennen des Genius, verdunkelt sich durch das Auftauchen einer dämonischen Wesenheit. So wie wir den deutschen Genius aus der Michael-Kraft wirkend fanden, so erscheint diese Wesenheit verwandt mit der Kraft, die wir als den *Geist des Materialismus* bezeichnen können. Dieses Wesen, das dumpf im Stoff und in der Schwere lebt, kann zwar den Genius selbst nicht angreifen, wohl aber die Menschen, deren Heil davon ab-

23 Fercher von Steinwand, a.a.O., S. 165.

hängt, ihren Inspirator zu schauen oder zumindest fühlend zu ahnen. Die Empfindsamkeit der Menschen für die geistige Welt erlahmt, ihr Fühlen kehrt sich in sich – und bewirkt «Selbstsucht», Verhärtung der Gemüter: «*... um das Ideenauge zieht die Nacht*».

Eine ungeheure Konsequenz leitet Fercher aus diesem geistig-seelischen Geschehen ab: Die vom Geistempfinden verlassenen Menschen beginnen, die «frommen Mittler des Gemütes» – gleichermaßen die übermenschlichen Boten wie auch die ihnen verpflichteten, sehenden Menschen – *abzuweisen*. Verführt vom Geist der Schwere lehnen sie sich gegen die positive spirituelle Impulsierung des Sozialen auf. Die Folge: «Götter» und «Göttliches» wandern aus der «entadelten Geschichte» aus!

Den Zusammenhang mit dem Abgrund, in den Deutschlands Geschichte nach der Reichsgründung und erst recht in der Ära des Nationalsozialismus marschiert ist, ist nicht zu übersehen. Abstrakter Idealismus und die Sehnsucht nach «etwas Höherem» marschierten damals in der ersten Reihe mit. Doch dieses scheinbar «Höhere» barg in sich die Versuchung, aus dem deutschen Volkszusammenhang heraus radikal *gegen* die kosmopolitischen Zeitgeistimpulse zu wirken. Der seelische «Adel», der des nationalen Denkens Hell oder Dunkel hätte fühlen können, der hätte erkennen können, was hinter *dieser* Art von «Tatkraft» wirkte, war längst ausgetrieben.

Heten Wilkens hat in einem bedeutenden, 1978 veröffentlichten Aufsatz über Fercher von Steinwand das bereits eingangs zitierte Wort vom «Lenker der Weißen Loge» überliefert und auf die Umstände hingewiesen, in denen es von Rudolf Steiner ausgesprochen worden war:

«Am 15. Mai 1922 wurde in München – während eines Vortrages – von Nationalsozialisten ein Attentatsversuch auf Rudolf Steiner unternommen. Der Angegriffene konnte durch einen dunklen Gang auf eine rückwärtige Seitenstraße hinausgeleitet werden. Auf diesem

Wege sprach Rudolf Steiner völlig ruhig einige Sätze über Fercher von Steinwand. Die Begleiter hatten zu diesem Namen keinen Zugang. Einer der hinausgeleitenden jüngeren Mitglieder der Anthroposophischen Gesellschaft erinnerte sich der Wendung: ... *Fercher, dieser Lenker der Weißen Loge der Deutschen* [...] Im Kern der Attentats-Situation steht der Name Fercher von Steinwand ...»[24]

Vermittelt durch Rudolf Steiner, stehen wir hier noch einmal vor Fercher und seiner Schauung der deutschen Menschen zwischen Genius und Dämon ihres Volkes. Zu seiner Zeit steht Fercher da als der große, in seiner Klarsichtigkeit einsame Warner vor den politischen Verführern, derer sich der Dämon des Stoffes im folgenden zwanzigsten Jahrhundert bedienen würde.

Wenden wir uns deshalb etwas intensiver der Situation zu, in der Steiner Fercher erwähnte. Nach dem Ersten Weltkrieg, nur wenige Jahrzehnte nach der Niederschrift des Gedichtes, tobte der im 19. Jahrhundert von Fercher geschaute Kampf «um des Geistes Recht» bereits in aller Schärfe in Politik und Geistesleben des vom Krieg zerrütteten Deutschland. Während sich kommunistische und reaktionäre Ideologen auf ihre Weise die Auflösung zunutze machen wollten, stellte Rudolf Steiner – nur scheinbar auf derselben Ebene – einen gänzlich neuen Gesellschaftsimpuls in die Auseinandersetzung und kämpfte für seine Verwirklichung mit allen nur verfügbaren Mitteln. Obwohl von zahllosen Anhängern umgeben und unterstützt, stand Steiner im Entscheidenden – ähnlich wie Fercher – alleine da. Viel zu wenig erkannten damals auch die dazu Fähigen, daß mit den handfesten Forderungen und Aktivitäten des *«Bundes für soziale Dreigliederung»* nicht einfach Politik gemacht, sondern ein wesentlicher Impuls des esoterischen Christentums für das 20. Jahrhundert verwirklicht werden sollte. Erst rückblickend führt Rudolf Steiner 1923 aus:

«Man möchte sagen, als von dem Dreigliederungsimpuls im sozialen Leben gesprochen worden ist, da war das gewissermaßen eine Prü-

24 Heten Wilkens, *Das Verhängnis*. In: «Die Drei», Nr. 3, 1978.

fung, ob der Michael-Gedanke schon so stark ist, daß gefühlt werden kann, wie ein solcher Impuls unmittelbar aus den zeitgestaltenden Kräften herausquillt. Es war eine Prüfung der Menschenseele, ob der Michael-Gedanke in einer Anzahl von Menschen stark genug ist. Nun, die Prüfung hat ein negatives Resultat ergeben. Der Michael-Gedanke ist noch nicht stark genug in auch nur einer kleinen Anzahl von Menschen, um wirklich in seiner ganzen zeitgestaltenden Kraft und Kräftigkeit empfunden zu werden.»[25]

Zwei Schilderungen von Rudolf Steiners Vortragstätigkeit in der Zeit vor dem Attentat (1921/1922), die sich mit einiger Wahrscheinlichkeit sogar auf dasselbe Ereignis beziehen, können uns einen Eindruck vermitteln von der Art des Kampfes, den Steiner zu führen hatte. Der führende Anthroposoph und Mitbegründer der Christengemeinschaft, Friedrich Rittelmeyer, berichtet:

«Ein Berliner Konzertbüro hatte ihn zu einer großen Vortragsreise durch Deutschland verpflichtet. Damals hätte Rudolf Steiner der Mann des Tages werden können – wenn er gewollt hätte. Aber es kam anders. Ich habe die Berliner Versammlung in der Philharmonie miterlebt. Der große Saal voll bis auf den letzten Platz. Draußen rissen sich die Menschen um die Eintrittskarten und zahlten Preise angeblich bis zu hundert Mark. Alles in gespanntester Erwartung. Im Unbewußten wartete man auf den Propheten der Zeit. Rudolf Steiner erschien und erzählte der atemlos lauschenden Menge über eine Stunde unerbittlich und gründlich von Imagination, Inspiration, Intuition. Immer wieder fragte ich mich: Hat je ein Mensch die Gelegenheit, der Menschenmasse zu imponieren, so souverän aus der Hand gegeben? […] Für wen redete er eigentlich? Ich rechnete mir während des Vortrages damals aus, wie viele Menschen jetzt einigermaßen zu folgen fähig und geneigt sind. Die Anthroposophen abgerechnet, schätzte ich fünf bis zehn. Für diese redete er, vollkommen bewußt. Geradezu grausam unterdrückte er alles, was ihn hätte zur Sensation des Tages machen können. Kein Flackerschein des Imponieren-Wollens huschte über die Versammlung hin. Den zehn, vielleicht zwanzig Menschen hoffte er durch den sachlichen Ernst, durch

25 Rudolf Steiner, Dornach, 2.4. 1923. GA 223.

Rudolf Steiner, 1920

die ausführliche Gründlichkeit, mit der er über Gebiete sprach, die den meisten Menschen fremd sind, das geistige Interesse wachzurufen.»[26]

Einen diese Schilderung ergänzenden, inneren Aspekt schildert die mit Rudolf Steiner ebenfalls eng vertraute Anthroposophin Anna Samweber. Sie beschreibt in ihren Erinnerungen ebenfalls einen 1921/22 vom Konzertbüro Wolff und Sachs organisierten Philharmonievortrag in Berlin:

«Der Saal war übervoll. Die letzten Karten wurden zu Schwarzmarktpreisen an den Mann gebracht. In solchen Vorträgen bei Großveranstaltungen sprach Rudolf Steiner oft sehr anspruchsvoll, machte keine Konzessionen an populär-sensationelle Erwartungen. So auch an diesem Abend. Er sprach mit großer Stimmkraft und kämpfte sich durch.

Nach Schluß des Vortrages begab ich mich mit Rudolf Steiner unverzüglich ins Künstlerzimmer. Er schloß die Tür hinter uns, drehte den Schlüssel und sagte: … Niemanden rufen! … Dann sank er wie entseelt zu Boden. Ich erschrak zutiefst und dachte: das ist das Ende. Uralt, vom Tode gezeichnet erschien sein Antlitz. Minuten lag er so da, die mir viel länger vorkamen. Plötzlich begann er sich zu regen, erhob sich aus eigener Kraft, und dann sagte er zu mir … Ich habe mit Dämonen gekämpft. Ich habe sie bezwungen …»[27]

Mit letzter Konsequenz tat Rudolf Steiner das von einem geistigen Gesichtspunkt aus betrachtet einzig Mögliche: Wenn das Böse seine «bleiernen Organe» aus den Tiefen in die Geschichte emporstreckt und die Reste einer naturhaften Geistverbundenheit vernichtet oder manipuliert, dann mußte ein *Weg* gezeigt werden, auf dem aus Einsicht und eigener Kraft eine rechtmäßige Verbindung wiedergefunden werden konnte. Dieser moderne Weg ist bezeichnet durch die Erkenntnisstufen der Imagination, Inspiration und Intuition. Der «Prophet der Zeit», so hofften die Menschen, würde *Lösungen* brin-

26 Friedrich Rittelmeyer, *Meine Lebensbegegnung mit Rudolf Steiner*, Stuttgart 1983. S. 141 f.

27 Anna Samweber, *Aus meinem Leben*. Basel 1982. S. 42 f

gen – doch er brachte eine *Methode*. Denn wer Lösungen verspricht, ohne neue Wege zeigen zu können, ist das Gegenteil eines Propheten unserer Zeit. Schärfer als hier, gegen das aufziehende Dunkel des Faschismus, kann sich die Signatur der *Freiheit* und der *Prüfung* kaum abzeichnen. Die Menschen des 20. Jahrhunderts müssen schauend denken lernen; ihr blinder «guter Wille» allein führt sie unweigerlich in die Fänge ihrer Vernichter.

Scheinbar aus «Gott und Welt verloren», so mag Steiners Sprechen manchem vorgekommen sein, während Rudolf Steiner selbst bis an die Grenze seiner Kräfte darum rang, «die Geister zu meistern», und versuchte, so viele Menschen wie möglich dazu anzuregen, dasselbe zu tun ...

Zu dieser Zeit hatte Adolf Hitler sein Wirken bereits begonnen. *Er* mißbrauchte die Sprache wie kein Zweiter, er verfiel den Geistern, deren Kraft er nicht meistern konnte oder wollte. Nach dem Attentatsversuch der Nationalsozialisten vom 15. Mai 1922 konnte Rudolf Steiner in Deutschland keine öffentlichen Vorträge mehr halten. Der führende Repräsentant der «frommen Mittler des Gemüts» wurde «vom Haus gewiesen». Elf Jahre später führte Hitler das deutsche Volk ins «Dritte Reich». Zuwenig Menschen hatten den im Sinne Michaels und des deutschen Volksgeistes ertönenden Geistesruf der Anthroposophie aufnehmen können. Damit brach die schwarze Seelenfinsternis auch äußerlich herein.

JOHANN-MICHAEL GINTHER

«Doch der Genius hält die Fackel hoch!»

«Ohne eine wirkliche geistige Revolution
sind alle politischen Erhebungen
doch immer wieder dazu verurteilt,
zusammenzubrechen.»

Rudolf Steiner[28]

Verfolgt man den Weg Europas seit dem Umbruch von 1989, so kann einem bewußt werden, wie sehr Europas Geschichte eine Falle zu werden droht, die am Ende dieses Jahrhunderts eine menschenwürdige Ordnung des Zusammenlebens beinahe unmöglich macht. «Jugoslawien» oder «Kaukasus» sind nur die bekannten Krisenherde, die für eine ganze Tendenz stehen, die Europas Entwicklung in Zukunft bekommen könnte. Wie viele blutige Auseinandersetzungen der Gegenwart führen wir ganz selbstverständlich auf fünfzig oder hundert Jahre alte Verletzungen und Ressentiments zurück? Vor wenigen Jahren war es uns ebenso selbstverständlich, daß die heute Verfeindeten mehr oder weniger einträchtig miteinander auskamen. Nun drohen sich Jahrhunderte gemeinsamer Vergangenheit als Trennendes überall dem aufrechten Gang der europäischen Menschen ins 21. Jahrhundert zu widersetzen. Zukunft? – Es ist, als stolperte Europa hinein in einen dunklen, von unzähligen Fallstricken durchzogenen Raum, ohne Licht und Ahnung von den zu meisternden Verhältnissen.

28 In: Ludwig Polzer-Hoditz, *Erinnerungen an Rudolf Steiner,* Dornach 1985, S. 113.

Einer dieser Fallstricke ist der *Nationalismus*. Durch Nachrichten und Bilder vom Horror der «ethnischen Säuberungen» im bosnischen Bürgerkrieg wird er der Öffentlichkeit täglich ins Bewußtsein gerufen. Doch Bosnien ist kein Einzelfall. Konflikte zwischen politisch formierten ethnischen oder religiösen Minderheiten und den Machtansprüchen des Einheitsstaates schwelen in vielen Ländern Osteuropas beziehungsweise Eurasiens.

Heilmittel des Westens gegen das nach dem Zerfall des Sowjetreiches aufziehende nationale Chaos des Ostens sollte eine «*Neue Weltordnung*» sein, basierend auf den universellen Werten von Demokratie, Menschenrechten und freier Marktwirtschaft. Diese überall – vor allem in der Ex-UdSSR – einzuführen, schien die letzte Aufgabe der verbliebenen Weltmacht USA. Nach dem «Sieg des Kapitalismus», dem «Ende der Geschichte», wie es der US-Politologe Francis Fukuyama 1989 verkündet hatte, sollten die USA Motor und Polizist der Ordnung «von Vancouver bis Wladiwostok» werden.

Doch diese Ordnung war nicht in einem Zuge herzustellen. Die Geschichte ging weiter und brachte mehr und mehr Unordnung hervor. 1993 entwarf ein anderer Amerikaner, Samuel Huntington, in einem Aufsatz der amerikanischen Zeitschrift «Foreign Affairs» sein den geänderten Verhältnissen angepaßtes Szenario eines zukünftigen «clash of civilizations»: Wo Fukuyama zuvor dem Trennenden der Vergangenheit (Nationen, Ideologien) die nun erreichte Synthese (Neue Weltordnung) entgegengesetzt hatte, kehrt Huntington zurück zur *Unverträglichkeit der verschiedenen Zivilisationen* selbst, die nicht zusammenleben können, weil sie auf unterschiedliche und unvereinbare Wertvorstellungen zurückgreifen. Diese Werte stammen vor allem aus dem Wirken oder Nachwirken der großen Religionsbekenntnisse wie dem Islam, dem Konfuzianismus, den verschiedenen Ausprägungen des Christentums.

Obwohl primär auf den Konflikt Islam gegen westliche Welt

abhebend, liegt der springende Punkt in Huntingtons Zukunftsbild anderswo: Rußland, als Zentrum der christlich-orthodoxen Kultur, hat *keine* mit Europa und den USA gemeinsame Zivilisation, es rangiert wie die islamische, konfuzianische etc. Welt als «the rest» neben «the west». Der Atlantik trennt, was die Zivilisationen angeht, Europa nicht von Amerika. Der wahre Abgrund tut sich auf zwischen dem katholisch/protestantisch geprägten *Euroamerika* und dem orthodoxen *Eurasien*, zwischen Polen und Rußland, zwischen Kroatien und Serbien. Mit neuen Kriegen «der Zivilisationen» wird gerechnet: Auf dem Gebiet Bosniens, so ließe sich aus diesem Denkmodell folgern, hat bereits einer begonnen.

Nach der internationalistischen Abstraktion der «Neuen Weltordnung», die alle kulturellen Differenzen zugunsten einer gemeinsamen Finanz- und Konsumordnung einebnen wollte, greift der «Clash of Civilizations» tiefer: aus dem kollektiven historisch-religiösen Bewußtsein werden die Bilder gehoben, mit denen Politik gemacht werden soll: Man spricht von *kultureller Identität* – was tatsächlich entsteht, sind *neue Fallstricke*, denn die Bilder, die diese Identität stiften sollen, sind *alt*. Vor Jahrhunderten waren sie zeitgemäße geistige Impulse. Damals drückte sich Menschheitsentwicklung in ihren Rivalitäten und Kämpfen aus. Heute sind sie nichts anderes als intellektuelle und ideologische Simulationen, die den Blick auf die wirklichen Kultur-Individualitäten Europas und ihr sinnvolles Miteinander verstellen. Die Möglichkeit einer Selbständigkeit der europäischen Mitte *zwischen* Westeuropa/USA und dem orthodoxen Osten wird von Huntington beispielsweise nicht einmal erwogen.

Diese Mitte gibt es nicht mehr. Sie hat ihre zivilisatorische Mission durch die militärischen und moralischen Niederlagen in den Weltkriegen an die angelsächsische Welt verloren. Diese stillschweigende Voraussetzung in Huntingtons These ist kein Einzelfall; sie kann geradezu eine Grundüberzeugung des angelsächsischen Herrschaftsdenkens genannt werden.

In unmißverständlicher Klarheit formuliert sie beispielsweise der US-Historiker und «Insider» Carroll Quigley 1966 in seinem Werk «Tragedy and Hope»: Auch er geht aus von der inneren Differenz Europas, die durch die griechisch-oströmische und die lateinisch-katholische Missionierung entstanden ist und im 11. Jahrhundert zum Schisma der orthodoxen und katholischen Kirche führte. Der letzte Versuch einer europäischen Synthese, was für Quigley bezeichnenderweise gleichbedeutend ist mit *Reichsbildung*, war der Nationalsozialismus (!) und der von ihm angezettelte Zweite Weltkrieg. Dessen Ausgang beweist, daß die trennenden Faktoren in Europa stärker sind als die einenden. Das Sowjetimperium betrachtet Quigley als imperiale Ausprägung des orthodoxen Kulturraumes. Diesem Raum schlägt er, um den Verlauf des eisernen Vorhanges plausibel zu machen, Ostmitteleuropa großzügig zu, obwohl es mit dem orthodoxen Christentum nie etwas zu tun gehabt hatte. Wo gehobelt wird, fallen eben Späne.

Ebenso konsequent sieht er auf der anderen Seite ein einheitliches, römisch-christlich geprägtes Westeuropa/Nordamerika. Der (west-)europäische Reichsanspruch geht über an die Vereinigten Staaten.

Doch der Eiserne Vorhang des Kalten Krieges, der hier als Konsequenz der Geschichte verkauft wird, brachte in Wirklichkeit etwas gänzlich Neues. Er hat Mitteleuropa, von der DDR einmal abgesehen, in eine deutschsprachige und eine slawisch-magyarische Hälfte gespalten, wie es in dieser Schärfe zuvor nie der Fall gewesen ist. Er befestigte und bekräftigte die gewaltsamen Grenz- und Bevölkerungsverschiebungen des Zweiten Weltkrieges – und machte sich damit in gewissem Sinne zum Vollstrecker von Hitlers nationalistischer, gegen Mitteleuropas Misch- und Durchdringungsräume gerichteter Politik. Die ethnischen Einheiten («Rassen» und ihre «Lebensräume»), deren faktische Durchdringung Hitlers kranke Psyche so beunruhigt hatte, sind nach dem Krieg tatsächlich getrennt. Das lebendige Mitteleuropa dagegen ist geographisch gespalten und geistig entscheidend geschwächt.

Der Hauptgegenstand von Quigleys Geschichtsphilosophie des Eisernen Vorhanges wurde 1989 demontiert. Seitdem wächst Mitteleuropa – äußerlich betrachtet – wieder zusammen. Doch, entkräftet und ohne Bewußtsein seiner kulturellen Identität, kommt es nicht zur Besinnung.

Wer vom Fall der Mauer eine Renaissance Mitteleuropas erwartete, muß heute feststellen: Im Großen fehlte die Kraft, Eigenes überhaupt zu wollen und durchzusetzen. Es hätte aus dem vereinten Bemühen der *Kultur*nationen geschöpft werden müssen, deren Lebensbedingungen unerforscht geblieben und deren Zielsetzungen nicht in politische Kategorien übersetzt worden sind. Deutschland duckte sich in den Schatten der EU-Integration, um seine ganz «private» Wiedervereinigung zu verdauen. Die Ostmitteleuropäer, eingeklemmt zwischen dem russischen Bruder hinter sich und dem Wirtschaftsparadies vor sich, wurden von der Gewalt der Verhältnisse in die Arme der EU und der Militärmacht USA getrieben.

Doch die Kapitulation vor den «Segnungen» der westlichen Warenwelt, inklusive Nato und katholischer Kirche, ist kein auf Dauer gangbarer Weg für die deutschsprachigen und slawischen Nationen Europas. Denn er führt notwendig in eine Konfrontation mit Rußland und dem eurasischen Raum. Das Gegenteil des von Huntington prophezeiten Zivilisationsantagonismus muß nach 1989 erstrebt werden: die *heilende Überbrückung* der kulturhistorisch vorhandenen, aber für niemanden wünschbaren Teilung Europas in eine westliche und eine östliche Zivilisation.

Die anonyme, kontinentübergreifende Dynamik des «siegreichen Kapitalismus» bewirkt, daß die individuell empfindenden Menschen in Mitteleuropa von dieser ihrer vorrangigen Aufgabe *abgelenkt* werden.

Die Ablenkung von diesem Ziel läßt sich insbesondere im Verstummen der mitteleuropäischsten Stimmen des alten Ostblocks mitverfolgen: Führende Denker wie Konrad und Havel haben angesichts der ökonomisch-politischen Realitäten nach 1989 vorerst vom brisanten Ideal eines «dritten», «antipolitischen» Weges zwischen Ost und West abgelassen und sich in die Gebiete des Pragmatismus und des apolitischen, moralischen Humanismus zurückgezogen.

Weshalb aber wird die *Vertiefung* der Spaltung Europas heute vom Westen vorhergesagt? Weil sie den Interessen des Westens dient, und zwar als notwendiger Zwischenschritt auf dem Weg zur ökonomisch-militärischen Hegemonie, wie sie im Begriff der «Neuen Weltordnung» anklingt.

Denn das *Streben nach globaler Kontrolle* – nach «Sicherheit» in US-amerikanischer Perspektive – rückt vielleicht zeitweise in den Hintergrund der offiziellen Agenda; beendet wird es in absehbarer Zukunft sicherlich nicht. Wenn sich die Menschen in Mittel- und Osteuropa diesem Streben nicht konstruktiv entgegenstellen, tragen sie ein weiteres Mal dazu bei, in synthetische Verhältnisse hineingetrieben zu werden, die Europas innere Gestalt vollständig negieren. Das heißt jedoch – der Nationalsozialismus sollte es gelehrt haben –, mit dem Abgrund der Zivilisation zu spielen.

Die Theorie vom Clash of Civilizations muß verstanden werden als ideologisches Make-up eines unberechtigten Herrschaftsanspruchs. Die Unwahrhaftigkeit, mit der sie operiert, kann auch benannt werden: Sie suggeriert nämlich, daß Zivilisationen, und nicht Individuen, als Subjekte der Geschichte auftreten. Doch im 20. Jahrhundert ist niemand mehr aus sich heraus Sklave seiner Zivilisation. Zivilisationen, die die einzelnen Menschen zu ihren Bestandteilen degradieren, müßten sich vielleicht bekämpfen. Was *sie* nicht können, das können *einzelne Menschen*: nämlich miteinander kommunizieren. Huntington doziert von der *Herde*: von der Manipulationsmasse der Medien, vom Stimmvieh der Politiker, vom Kollektivismus der Angst – vor dem Fremden, vor Armut, vor Krieg. *Er selbst* würde es sicherlich weit von sich weisen, mit einem Moslem, einem Orthodoxen und so weiter nicht ebenso kultiviert umgehen zu können, wie mit jedem Angehörigen seiner «eigenen» Zivilisation.

Wenn einzelne sich verbinden und innovativ wirksam werden können, dann kommt es nicht zum Zusammenstoß der Kulturen, sondern zu ihrer Durchdringung und Weiterentwicklung. Dann hat Europa Zukunft.

Mitteleuropa darf sich seinen Ideenraum nicht rauben lassen. Es gehört zur politischen Kultur des Westens, daß elitäre einzelne aus ihrem Verständnis der Kollektive handeln. Sie tun es im Bewußtsein, für ihre Nation Früchte daraus zu ziehen. Mitteleuropas einzige Chance liegt darin, daß auf seinem Gebiet *Individuen* zu einer Erkenntnis der Völkerschicksale und -aufgaben kommen können *und daß aus solcher Erkenntnis offen individuell, vorbildhaft gehandelt wird*. Seit dem Zusammenbruch Mitteleuropas nach dem Ersten Weltkrieg gibt es keine im traditionellen Sinne nationalen Kategorien mehr, an die sich Mitteleuropas Völker halten könnten. Der einzelne ist nun selbst zur Kategorie geworden.

Über-individuell, als Synthese von Individualitäten verstanden, kann der Volksgedanke allerdings wieder eine konstruktive Bedeutung erhalten. Dann bezeichnet er aber etwas ganz anderes als der traditionelle, gewissermaßen *unter*-individuelle, auf genetische und milieubedingte Determination zielende Volksbegriff. Daß die Völkerschicksale *erkannt* werden müssen, bedeutet, daß sie nicht mehr bestimmend *wirken*: Sie müssen erst von einzelnen *gesucht* werden, um wirken zu können. *Die Individualisierung ist die wahre Volksaufgabe, die eigentliche Mission Mitteleuropas.*

Von einem solchen Volksbegriff ausgehend, schreibt Rudolf Steiner in einem Brief an Helmuth von Moltke:

«Menschen können aus einer Inkarnation *scheinbar*, bevor sie erreicht haben, was ihnen vorgezeichnet ist, hinweggenommen werden, weil sie in andern Inkarnationen wieder kommen; Völker verlieren aber die Bedingungen ihrer Mission nicht, bevor diese erfüllt ist.»[29]

29 Helmuth von Moltke 1848–1916. Dokumente zu seinem Leben und Wirken, hrsg. v. Thomas Meyer, Basel 1993, Bd. 2, S. 57.

Wenn wir diese Aussage ernst nehmen, müssen wir sagen: Die Aussichtslosigkeit der Verhältnisse, angesichts derer viele Intellekuelle resignieren und in Zynismus verfallen, ist eine Illusion. Mitteleuropas Licht ist nicht erloschen. Es leuchtet sofort, wenn es in freien Menschen lebendig wird. Ein Vergehen ist es jedoch, wenn hier die Menschen denken, die äußeren Verhältnisse hätten die Macht, das Individuum in seiner Initiative zu beherrschen. «Zivilisationen», Verteidigungsbündnisse, Wirtschaftsblöcke sind solche äußeren Verhältnisse; in ihren Kategorien darf planen, wer Sicherheitsrisiken an den Grenzen seines Imperiums abschätzt. Mitteleuropa, und darin die Deutschen selbst, dürfen sich diesem Denken nicht beugen. Heute scheint der freie Schritt vom Individuellen zum Überindividuellen fast ungangbar. Zu sehr hat das «Dritte Reich» den Idealismus der Deutschen verseucht. Doch es gibt ein wirklich freies «Reich»; das ist das Reich des Geistes. Um dessen Anerkennung kann und muß auch heute gekämpft werden, wenn Deutschlands Schicksal nicht für immer mit dem Namen «Hitler» verbunden bleiben soll.

«Dieses Schicksal des deutschen Volkes ist mit den tiefsten und erhabensten Zielen der menschlichen Weltentwicklung verbunden. Die Fäden gerade eines solchen Völkerschicksals sind nicht einfach. Sie müssen sich oft verwirren. Der Schicksalsweg geht durch Prüfungen. Durch Prüfungen, die an den Abgrund der Weltgeheimnisse führen. An den Abgrund, wo die große Frage ... Sein oder Nicht-Sein ... an die Seele herantritt. Aber an dem Abgrund steht für das deutsche Volk nicht ein Genius mit gesenkter, sondern mit hoch erhobener Fackel. Was auch kommen mag, der Weg zum Lichte wird gefunden werden. Und Hindernisse und Schwierigkeiten werden nur die Bedeutung haben, daß die Kräfte wachsen werden, um den Weg zu finden, um dem Genius zu folgen.»[30]

30 Ebenda, S. 93 f.

Leninismus

Von Nationalismus und Zivilisationskonflikten ist gegenwärtig viel die Rede. Erstaunlich wenig spricht man seit einiger Zeit von einem der verhängnisvollsten Fallstricke unseres Jahrhunderts: vom *Bolschewismus*.

Vor siebzig Jahren, am 21. Januar 1924, starb *Wladimir Iljitsch Uljanow*, genannt «*Lenin*». Sein Lebenswerk, das «sozialistische Experiment», beherrschte vor kurzem noch ganz Osteuropa. Heute ist der Bolschewismus glatt und unauffällig aus dem europäischen Gefahrenbewußtsein verschwunden, existent höchstens noch als nostalgische Ideologie der bürokratischen oder militärischen Reaktion des Ostens.

Um so wichtiger ist es, den Impuls Lenins einmal in seiner geistigen Wirksamkeit zu betrachten; diese ist siebzig Jahre nach seinem Tod nicht so abwesend, wie es die Diskussion vermuten lassen könnte.

Wenn man nach dieser Wirksamkeit des Leninismus sucht, lohnt es sich, Lenin selbst ins Auge zu fassen: Nach einem Leben, das in fanatischer Konsequenz der Vorbereitung der kommunistischen Revolution in Rußland verschrieben war und seinem Auftreten auf der Bühne der Geschichte im Jahre 1917, wirkte er sieben Jahre als absoluter Führer dieser Revolution. Im Jahre 1922 erlitt er einen ersten Schlaganfall, von dem er sich bis zu seinem Tode nicht mehr erholte.

Erst kürzlich freigegebene Photographien aus Lenins letzten Tagen schockieren durch den sprühenden, dämonischen Wahnsinn, der aus den Augen dieses Kranken strahlt. Man kann sich anhand dieser Bilder zur Frage gedrängt fühlen, wie weit zu diesem Zeitpunkt überhaupt noch eine menschliche Individualität im Leibe Lenins anwesend war. Trotz seiner Krankheit arbeitete Lenin in seinen letzten Jahren an der «Neuen ökonomischen Politik», also an genau den Gedanken, die Jahrzehnte später für seinen Nachfolger Gorbatschow zum Ausgangspunkt der Perestroika wurden.

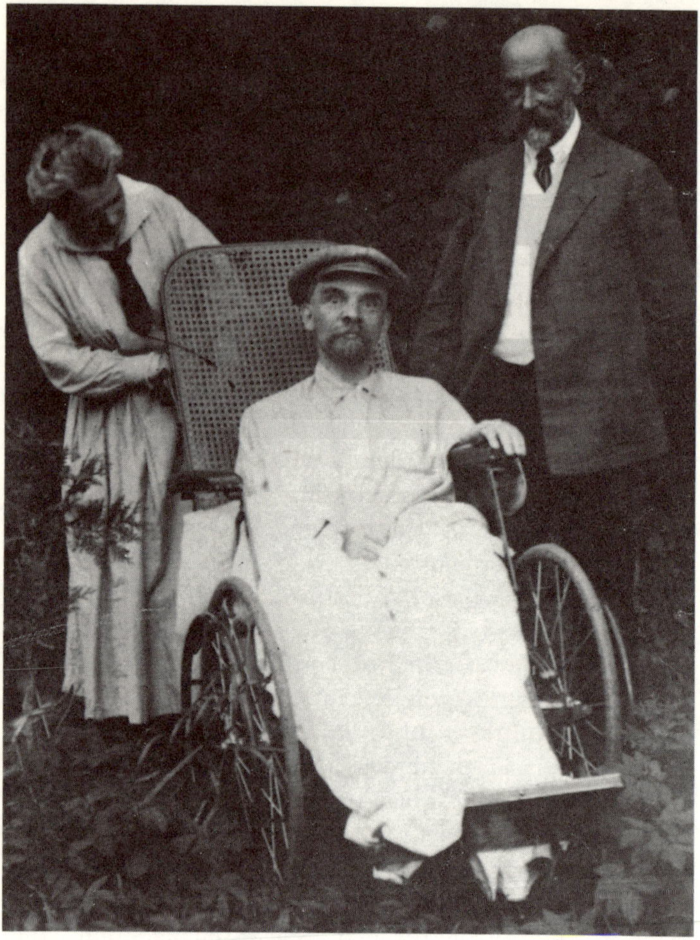

Wladimir Iljitsch Lenin, 1923

«Die Werke Lenins und seine sozialistischen Ideale blieben für uns eine unerschöpfliche Quelle kreativen dialektischen Denkens, theoretischen Reichtums und politischen Scharfsinns. Gerade sein Vorbild ist uns ein unsterbliches Beispiel für hohe moralische Stärke, umfassende Bildung und selbstlose Hingabe an die Sache des Volkes und des Sozialismus. Lenin lebt weiter in den Köpfen und Herzen von Millionen von Menschen. [...] Die Rückbesinnung auf Lenin hat Partei und Gesellschaft in ihren Versuchen außerordentlich beflügelt, Erklärungen und Antworten auf die neu aufgeworfenen Fragen zu finden. Dabei haben die Werke aus Lenins letzten Lebensjahren besondere Aufmerksamkeit auf sich gezogen. [...] Heute haben wir ein tieferes Verständnis für Lenins Spätwerke, die im wesentlichen sein politisches Vermächtnis enthalten, und wir begreifen besser, warum diese Werke erschienen. Lenin, damals ein schwerkranker Mann, war in tiefer Sorge um die Zukunft des Sozialismus. Er sah die lauernden Gefahren, die das neue System bedrohten. Auch wir müssen diese Sorge verstehen lernen.»[31]

Diese Sätze Gorbatschows beinhalten sein eigentliches politisches Credo und dürfen nicht als Konzession an sein kommunistisches Umfeld mißverstanden werden. Perestroika ist nach den Worten ihres Initiators: Leninismus! Das kann uns bereits um einiges näher an die Aktualität dieses Impulses heranführen.

Was wirkte tatsächlich durch jenen von Gorbatschow so hymnisch geschilderten Mann? Schärfster, instinktiver Intellekt, getragen von an der Ideologie der Klassengegensätze geschultem *Haß*. Am Ende seines Lebens erreicht das Wesenhafte dieses von Beginn an hassenden Intellekts beinahe die sinnliche Wahrnehmbarkeit. Dieses Wesen kann als Lenins «Inspirator» bezeichnet werden; der Leninismus ist sein Vermächtnis. Am Menschen Uljanow – an der Wirkung dieses Intellektes auf seinen Träger – führte dieses Wesen vor, was es mit dem Menschen *an sich* zu tun beabsichtigt: Ich-verlöschend, entseelend, bis in die Degeneration der Physis so zu wirken, daß *der Mensch als Faktor im Weltzusammenhang* zum Verschwinden gebracht wird.

31 Michail Gorbatschow, *Perestroika*, München 1989, S. 27 ff.

Dieses Wesen ist alt. Es ist gewissermaßen ein Fremdling in unserer Welt. Es muß zerstören, weil es sich zur Weltentwicklung verhindernd stellen *muß*, seit sie in ihre eigentliche Mission, *die Geburt des Menschen*, eingetreten ist. Es kennt nur das *Tier*, das Eingefügt-Sein in die Weltkräfte des Makrokosmos, das ohne Individualisierung und ohne Freiheit auskommt. «Determination» ist sein Begriff. Seine Spur erscheint da wieder, wo der Mensch in seinem geistigen Vermögen radikal an die ökonomischen Verhältnisse, an die Naturgrundlage gekettet wird. Diese Wesensart scheint vor dem Verstand harmloser, als sie ist: Der Mensch ist in der Tiersphäre kein Tier – er wird zur Bestie. Es ist kein Zufall, daß bereits unter Lenin, unter der Ägide dieses Wesens, mit der systematischen Folter und Hinrichtungspraxis des Bolschewismus begonnen wurde; daß zugleich mit der Roten Armee eine regelrechte Schule der Angst geschaffen wurde, in der bis heute jedes Jahr mit unheimlicher Präzision eine sehr hohe Zahl junger Rekruten verschwinden, zu Tode schikaniert und bestialisch ermordet werden. Leninismus zielt in seiner seelischen Wirksamkeit auf das *Verblassen des Menschlichen*, auf das *Erschaffen von intelligenten Bestien*.

So wirkt er weiter. Nach dem Fall der materialistischen Imagination «Ostblock» entweicht er als atmosphärisches Gift, ist nicht mehr erfaßbar, aber dennoch präsent. Überall, wo Menschen geschwächt werden, installiert er sein Prinzip: subtil im äußerlich unveränderten Westen, unübersehbar auf den Gebieten, die jahrzehntelang vom Bolschewismus beherrscht waren. Wie eine auf das Geistige des Menschen gerichtete Immunschwäche wirkt er als Nährboden für andere, zum Beispiel nationale Konflikte.

Die Menschen ruinieren sich in den Blutbädern dieser Konflikte. Es wirkt das «Tier», die Determination durch die Gattung, die Herde. Das «Tier» kann aber nur wirken, *weil der Mensch nicht wirkt*! Das ist das Wesentliche: Die traumatischsten historischen Prägungen, die gegensätzlichsten Zivilisationsformen können selbst nichts bewirken, solange der

Mensch im Besitz seiner freien inneren Beweglichkeit ist. So gibt es einen inneren Zusammenhang zwischen siebzig Jahren Sowjetreich und nationaler Besessenheit, der sich nicht darin erschöpft, daß der Kommunismus die nationalen Spannungen des 19. Jahrhunderts lediglich eingefroren hätte und sie nun wieder auftauten. Unter der äußeren Ordnung der kommunistischen Diktatur entfaltete sich die seelisch-soziale Wirkung des Leninismus. Für sich genommen, erscheint sie nicht spektakulär; so unspektakulär allerdings wie das Psychogramm eines Massenmörders im Bosnienkrieg: ein bleicher, innerlich müder, wie von einer seelischen Staubschicht überzogener Mensch. Er mag in manchem stark sein; innerlich ist er ein Nichts. Er hätte der liebevollen Pflege bedurft; statt dessen gerät er in das Kraftfeld der geschichtsbildenden Gewalten, das die schlafenden Tiere an die Oberfläche holt – *und erweist sich als zu schwach.*

Das Wesen des Leninismus hat selbst eine besondere Affinität zum Osten. Es nutzt Kräfte, die in bestimmten Formen *asiatischer Magie* – an besondere Völker und Regionen gebunden – wirken, nun aber entfesselt und auf die Menschheit selbst angewandt. Es drängt nach Europa, das seit dem Beginn der Neuzeit zum Geburtsraum des freien Menschen geworden ist. Dabei macht es alte Ansprüche geltend: Dieses Europa, das sich im abstrakten Denken die Grundlage der menschlichen Freiheit errungen hat, ist zugleich Heimat der marxistisch-materialistischen Begrifflichkeit, derer Lenin sich bedienen konnte.

Man täusche sich nicht und meine, dieser Drang wäre mit dem Rückzug der Panzer, dem Verschwinden des Stacheldrahtes verschwunden. Lenin hat nie allein auf äußere Herrschaft gebaut. Er wußte zu gut, daß sein Krieg *im Bewußtsein* der Menschen entschieden werden mußte. Gorbatschow hat das verstanden, und man kann sagen, daß er – während hinter seinem Rücken die Sowjetgesellschaft zerfiel – wie kein zweiter *geistigen Leninismus in den Westen* getragen hat.

«Bolschewismus ist Sowjetmacht plus Elektrifizierung» – auf diese Formel hatte Lenin den Marsch des Marxismus in den Osten gebracht. Zurückkehrt nicht die Weltrevolution, sondern eine *Bewußtseinsvernebelung* – unter Strom gesetzter Verstand. Er lebt sich aus in der Versuchung, die immer drängenderen globalen Probleme ganz aus den instinktiven, aus dem Irdisch-Leiblichen entspringenden Kräften der Intellektualität bewältigen zu wollen.

Eine Woche vor Lenins Tod, am 13. Januar 1924, notierte Rudolf Steiner in einem der «Moltke-Briefe»[32] einen prophetischen Ausblick, der für unsere Gegenwart und Zukunft weisende Gültigkeit hat. In seinem Zentrum steht das Bild der «Unglücks-Raben», zu dem sich die zerstörerischen Wirkungen des vom Geistigen abgefallenen Intellektes imaginativ verdichten:

«Vom Osten wälzt sich eine schwarze Flut-Wolkenwelle gegen den Westen herüber. In dieser leben nur Erden-Impulse. Diese verschmäht der Michaelgeist. Und so wird die Menschheit führerlos sein wollen.

Die Menschen wollen alle leben von den Trümmern des neunzehnten Jahrhunderts. Das zwanzigste Jahrhundert fordert aber ein ganz anderes Verhalten. Zu dem wollen sich die Menschen nicht bequemen.

Es wandeln jetzt viele Persönlichkeiten auf der Erde, denen die Seele fehlt. Sie werden Träger dämonischer Gewalten. Wer *diese* erkennen will, der braucht die Erkenntnis des Geistes. Und diese wollen die Menschen nicht haben.

Es wird, wenn die Geist-Erkenntnis sich nicht verbreitet, eine Zeit kommen, in der schwarze Ahriman-Vögel über den Häuptern der Menschen eine Barrikade bilden werden zwischen den Menschen

32 Ein Großteil der von Thomas Meyer im Band 2 der «Dokumente» herausgegebenen Briefe sind Mitteilungen der verstorbenen Moltke-Individualität, die Rudolf Steiner zwischen 1916 und 1924 aufgezeichnet hat. Das folgende Zitat ist eine solche Mitteilung der (leibfreien) Moltke-Seele. Näheres zum Verständnis dieser ungewöhnlichen Texte findet sich in der ausführlichen Einleitung des Herausgebers.

und der geistigen Welt. Diese Unglücks-Schwarz-Raben wollen den Michael-Geistes-Schein von der Menschheit abschneiden.

Die Menschen empfinden das, was von diesen Unglücks-Schwarz-Raben ausstrahlt, wie eine Wohltat, weil sie glauben, daß dies die irdische Welt besser machen kann. Eine Hoffnung wird dadurch erzeugt, die in ihren Untergründen selbst dämonisch ist, und die viel dazu beiträgt, daß die Vögel, die sieben Meilen unter der Erde hausen sollten, über die Häupter der Menschen erhoben werden. Diese Gefahr ist eine sehr große. Die Unglücks-Schwarz-Raben haben vor, die Menschheit ganz einzuspinnen in den Materialismus und dann die Gedanken und Empfindungen selbst zur kosmischen Materialisation zu bringen, um das Menschendasein mit dieser Materialisation zu verbinden. Damit würde aber die ... größte Illusion ..., die bisher dagewesen ist, kosmisch-reale Gestalt annehmen.»[33]

Diese Worte zielen ins Zentrum unserer heutigen Bewußtseinsproblematik; sie schildern *unsere Welt*. Lenin, den Rudolf Steiner einmal als einen *«Totengräber alles geistigen Lebens»*[34] bezeichnet hat, ist eine der führenden Kräfte in der Flut Geistbegrabender Gewalten.

«Schütze die Flamme!»

Bereits 1918 notierte Rudolf Steiner, ebenfalls im Zusammenhang der Moltke-Briefe, folgende Zukunftsperspektive:

«Was sich da zunächst im Laufe des zwanzigsten Jahrhunderts als solche aurische Wolke über Europa von Osten wälzt, das wird am Ende des Jahrhunderts eine Gestalt annehmen, in welche unsere Aufgabe eingreifen soll. Es handelt sich darum, daß die Menschheit immer mehr darauf vorbereitet wird zu glauben, daß es auf dem physischen Plan allein kein Glück geben kann, wonach doch die Menschen suchen. Sie werden aufhören müssen, dieses Glück zu suchen, und erkennen müssen, daß in alles, was der Mensch auf der Erde erlebt, hineinfließen muß, was aus der geistigen Welt kommt. Erst

33 Ebenda, S. 296.

34 Rudolf Steiner, Stuttgart, 13.7. 1919. GA 192.

das irdische Erlebnis mit dem geistigen zusammen macht dasjenige aus, was auf Erden für den Menschen wünschenswert sein soll. [...] Und die Aufgabe wird mit der Erwerbung von Kräften zusammenhängen, durch die das Geist-Leibliche auch im sozialen und politischen Leben verständlich gemacht werden kann.»[35]

Diese Aufgabe zu erfüllen, ist Anthroposophie. In ihr lebt der vom Michael-Geist gewollte Impuls, die irdische Welt *aus geistiger Einsicht* «besser zu machen». Von Menschen muß eine Fackel emporgehalten werden, die der Geist-Erkenntnis leuchtet. Wenn die Iche sich daran entzünden, kann das Geist-Verlöschen nicht Platz greifen.

Von dieser Fackel der Freiheit hat jemand gesprochen, der selbst den Weg nach Asien und zurück gemacht hat, der selbst radikal und über alle Grenzen hinweg die Kommunikation mit anderen Zivilisationen gesucht hat: Eine Woche vor seinem Tod legte Joseph Beuys bei seinem letzten öffentlichen Auftreten, der berühmten «Lehmbruck-Rede», ein erschütterndes Zeugnis davon ab, aus welchen Quellen sein Lebenswerk gespeist war. Darin heißt es:

«Ich bekam also dieses Büchlein ganz zufällig, das auf irgendeinem Tisch lag zwischen anderen, ziemlich zerrupften kleinen Heftchen, in die Hand, schlug die Seite auf und sah eine Skulptur von Wilhelm Lehmbruck, und unmittelbar ging mir die Idee auf, eine Intuition also: Skulptur – mit der Skulptur ist etwas zu machen. Alles ist Skulptur – rief mir quasi dieses Bild zu. Und in dem Bild sah ich eine Fackel, sah ich eine Flamme, und ich hörte: ‹Schütze die Flamme!› [...]

Als ich an ein plastisches Gestalten dachte, das nicht nur physisches Material ergreift, sondern auch seelisches Material ergreifen kann, wurde ich zu der Idee der sozialen Plastik regelrecht getrieben. Ich halte dies auch für eine Botschaft von Wilhelm Lehmbruck, denn ich fand eines Tages in einem verstaubten Bücherschrank den sehr oft unterdrückten Aufruf von Rudolf Steiner von 1919 an das deutsche Volk und die Kulturvölker. Dort wurde ein Versuch gemacht, den sozialen Organismus auf einem völlig neuen Fundament aufzu-

35 Moltke, a.a.O., S. 187.

bauen. Nach den Erfahrungen des Krieges, an dem Lehmbruck so gelitten hatte, steht also ein Mann auf und sieht die Gründe für diesen Krieg in der Ohnmacht des Geisteslebens. Ich sah in diesem Heftchen diesen Aufruf, der eine Organisation entstehen lassen sollte, die wirksam einen neuen sozialen Organismus begründen sollte, sah unter den ersten Komiteemitgliedern den Namen Wilhelm Lehmbruck. [...]

Und ich fand, dort, es war etwas Deckungsgleiches, dort fand ich, nicht wahr, das Weiterreichen der Flamme in eine Bewegung hinein, die auch heute noch notwendig ist und die auch heute viele Menschen wahrnehmen sollten als eine Grundidee zur Erneuerung des sozialen Ganzen, die zur sozialen Skulptur führt.

Ich will die Zusammenhänge so schließen. Ich will sagen, es kommt nach den Prinzipien, die Wilhelm Lehmbruck auf den allerhöchsten Gipfel der Entwicklung der Plastik in der Moderne getrieben hat, eine Zeit, in der der Zeit- und Wärmebegriff den Raumbegriff erweitert. In diesem Weitergeben des plastischen Prinzips an einen Impuls, der den Wärme- und Zeitcharakter als plastisches Prinzip für alles Weitere zur Umgestaltung des sozialen Ganzen nimmt, mit dem wir alle gemeint sind, da hat Lehmbruck die Flamme an uns weitergegeben. Ich habe sie gesehen.

Ich habe aber auch gesehen: er ist zurückgegangen zu allen Menschen, denn in dieser Liste der Menschen, die dort unterschrieben, findet man Bergleute, Tischlermeister, Krankenschwestern, auch Universitätsprofessoren, gelegentlich einen Künstler, aber man empfindet eben einfach diese Liste als einen Ausdruck der Menschheit schlechthin, an die diese Flamme weitergereicht wurde. [...]

Ich möchte mich auf die Seite stellen, auf der Wilhelm Lehmbruck gelebt hat und gestorben ist, und wo er jeden einzelnen Menschen versehen hat mit dieser inneren Botschaft:

> ‹Schütze die Flamme,
> denn schützt man die Flamme nicht,
> ach eh man's erachtet,
> löscht leicht der Wind das Licht,
> das er entfachte.
> Brich' dann, du ganz erbärmlich Herz,
> stumm vor Schmerz.›»[36]

36 Joseph Beuys, *Wilhelm-Lehmbruck-Preis*, Duisburg 1986.

Die Flamme, von der Beuys hier spricht, sie ist nichts anderes als die anfangs erwähnte, hoch erhobene Fackel in der Hand des deutschen Volksgeistes: das Symbolum der geistigen Mission Mitteleuropas – übergegangen an jeden einzelnen Menschen. Beuys lebte vor, wie der individuelle Geist auferstehen kann, auch wenn die Kulturimpulse seines Volkes schon tot und begraben scheinen. Aus gelebtem Mitteleuropäertum, aus gelebter Anthroposophie konnte er etwas sagen, was aus dem Mund eines anderen, vielleicht eine Banalität gewesen wäre; was vor diesem Hintergrund aber die exakte Kürzestfassung einer geistgemäßen mitteleuropäischen Gesinnung ist: *«La rivoluzione siamo Noi / Die Revolution sind wir»*.

Joseph Beuys, 1971

Innere Umwandlung ist die Weltrevolution, oder, wie es Rudolf Steiner aussprach: «Nur die Flamme wird von der Flamme nicht verzehrt.»[37]

Politische und militärische Dammbauten werden den Gang «dunkler Wolken» am Jahrhundertende nicht beeinflussen können. Nur Handeln aus geistigem Erleben kann es. Lenin steht nicht vor den Toren Mitteleuropas; er geistert längst durch die Gehirne seiner Bewohner – und ist nicht der einzige unwillkommene Gast. Gehirne werden dem nichts entgegensetzen können, sondern einzig der Wille, in den Herzen die Fackel einer Kultur zu entzünden, die für die freie Entfaltung jedes einzelnen Menschenwesens leuchtet.

Erstveröffentlichung in: «Pressespiegel ZEITGESCHEHEN», Nr. 21/2, 1994. Der Artikel wurde für diese Ausgabe überarbeitet.

37 Rudolf Steiner, Arnheim, 20.7. 1924. GA 217a

FELIX SCHULTZ

Kulturprinzip und Gegnerschaft Mitteleuropas im Entwicklungsgang des 20. Jahrhunderts

«Das Mitteproblem Europas
ist ein Herzensproblem,
ein geistiges Sonnenproblem.»
Ludwig Polzer-Hoditz, 1928

Seit dem Beginn der Neuzeit – der mit dem Jahr 1413 anzusetzen ist – stehen wir in der 5. nachatlantischen Kulturepoche, der mitteleuropäischen, die noch ungefähr 1500 Jahre andauern wird. Das bedeutet, daß von Mitteleuropa ausgehend diejenigen Bewußtseinsentwicklungen sich vollziehen, diejenigen Aufgaben gelöst werden müssen, die den zukünftigen Fortgang der Menschheit in einer heilbringenden Weise ermöglichen. Das ist heute das Schicksal der Völker Mitteleuropas. Sie sind umgeben von den romanischen im Westen und im Süden und den slawischen im Osten. In der vorangehenden Kulturepoche, der 4. nachatlantischen, der griechisch-lateinischen, die von 747 v. Chr. bis 1413 währte, haben die romanischen Völker, zusammen mit dem griechischen und dem hebräischen, ihre Aufgabe erfüllt. Die slawischen Völker erwarten noch ihre Zeit, die 6. nachatlantische Kulturperiode, die nach der mitteleuropäischen in der Mitte des 4. Jahrtausends anbrechen wird. Es ist also angemessen, auf Mitteleuropa als das derzeitige Zentrum unserer Kulturentwicklung zu schauen. Im romanischen Westen und Süden liegt die Vergangenheit, im Osten die Zukunft der Menschheitsentwicklung.

Diese Darstellung aus der Geisteswissenschaft Rudolf Steiners mag dem unvoreingenommenen Leser merkwürdig anmuten, ist doch heute kaum etwas von dem geistigen Beruf Mitteleuropas im Zeitgeschehen auszumachen. Das liegt jedoch nicht zuletzt in dem Schicksal der Mitte in diesem Jahrhundert begründet, dessen Verlauf und Hintergründe man in folgenden Zusammenhängen skizzieren kann.

Zu Beginn des 20. Jahrhunderts war die angedeutete dreigliedrige Gestalt auf dem europäischen Kontinent deutlich ausgeprägt. Im Westen Europas gab und gibt es die großen *Staatsnationen*, deren Grenzen mit dem Lebensraum ihrer großteils homogenen Ethnien zusammenfallen, in der Mitte und im Osten die *Kulturnationen*, die gerade nach dem Südosten Europas hin ethnisch immer vielfältiger werden. Sie fordern ganz andere Staatsmodelle als die *Nationalstaaten* des Westens. Die Entwicklung unserer Kulturepoche geht, von den impulsiven Kräften des Westens angetrieben, die sich am reinsten im Gebiet der Wirtschaft ausleben, über den mitteleuropäischen Raum in den Osten, dessen spirituelle Zukunftskräfte erst ausgebildet werden müssen. Wohlgemerkt geht es hierbei nicht um politische Vorherrschaft, sondern um die geistige Realität des Ganges der Menschheitsentwicklung.

Die Aufgabe Mitteleuropas in diesem Prozeß ist keine vorgegebene, programmatisch fixierbare; sie ist eine selbstlose, sonnenhaft ausstrahlende, die ein dynamisches Gleichgewicht in fortwährendem Austausch zwischen Ost und West herstellt. Ein wunderbares Urbild dafür finden wir im deutschen Idealismus Herders, Schillers, Goethes, Hölderlins, Novalis', Jean Pauls, in der Philosophie Hegels, Fichtes und Schellings, in der Musik von Mozart, Beethoven, Schubert und anderen sowie in der Anthroposophie Rudolf Steiners. Gleich dem *Herzen* im menschlichen Organismus, das sich vom Ich-Träger Blut rhythmisch in ständiger Bewegung durchfließen läßt und in der Trennung und Verwandlung des venösen und arteriellen Blutes das Gleichgewicht zwischen Todes- und Lebenspol des menschlichen Organismus aufrechterhält, muß die Mitte ein Medium des ständigen Fließens sein, um den Gang der Entwicklung zu ermöglichen. Das lebendige rhythmische System der Mitte schlägt eine Brücke zwischen den Feuerkräften des Ostens, die sich im menschlichen Organismus in dem aufbauenden Stoffwechsel- und dem willenstragenden Gliedmaßensystem spiegeln, und den Formkräften des Westens, die sich in dem abbauenden Nerven-Sinnes-System offenbaren, das die leibliche Grundlage des Denkens ist. Kontinuität liegt hier einzig in der Beweglichkeit des konsequenten Wandels, durch welchen die Polaritäten sich begegnen können. Diese Andeutungen veranschaulichen vielleicht den Sinn der Worte Rudolf Steiners: «Deutscher kann man niemals *sein*, man kann Deutscher immer nur *werden*.»

Alle egoistische Machtpolitik und korrumpierte Wirtschaftsmacht bringen diesen rhythmischen Schlag ins Stokken, indem sie am Status quo von Positionen festhalten und damit den Prozeß anhalten wollen. So gewinnt es einige unfreiwillige Ironie, wenn in einer der führenden deutschen Tageszeitungen Washington als der unabdingbare «Schrittmacher des europäischen Willens» gehandelt wird; die europäische Politik bekomme «erst mit den Amerikanern [...] Hand und Fuß»[38]. Unter diesem Aspekt könnte man, wenn man wollte, die Geschichte Mitteleuropas im 20. Jahrhundert auch als die eines langen Herzinfarkts betrachten ...

Dies hat nun mit folgendem zu tun: Daß die slawischen Völker Träger der menschheitlichen Zukunftskräfte sind, ist nicht erst durch die Anthroposophie bekannt; in vielen von spirituellen Zusammenhängen wurde das gewußt; nicht zuletzt in den freimaurerischen Geheimlogen Englands, aus deren Umkreis C. G. Harrison 1893 über diese Völker sagen konnte:

«Ihre Bestimmung ist, in Zukunft aus sich selbst eine höhere Zivilisation zu entwickeln. Das russische Reich muß sterben, damit das russische Volk leben kann, und die Verwirklichung der Träume der Panslawisten wird anzeigen, daß die sechste arische Unter-Rasse [alter Ausdruck für die 6. Kulturperiode, F.S.] begonnen hat, ihr eigenes intellektuelles Leben zu leben, und nicht länger mehr in ihrer Säug-

38 Aus einem Kommentar von Günter Gillesen in der «Frankfurter Allgemeinen Zeitung» vom 31. 12. 1991.

lings-Periode steht. Wir brauchen den Gegenstand nicht weiter zu verfolgen, als daß wir es aussprechen, der Nationalcharakter werde sie befähigen, socialistische, politische und ökonomische Versuche durchzuführen, welche im westlichen Europa unzählige Schwierigkeiten bereiten würden.»[39]

Daß die slawischen Völker im 20. Jahrhundert beginnen, ein *ihrer* Geistigkeit gemäßes Leben zu entfalten, wurde dadurch zu verhindern gewußt, daß die von Harrison erwähnten «Versuche» *von außen* an ihnen durchgeführt wurden. Dies ist in der Folge bezeichnet worden als das *«Sozialistische Experiment»*.

Aus den englischen Freimaurerkreisen um den Prinzen von Wales (den späteren König Eduard VII., Großmeister mehrerer englischer und schottischer Geheimlogen, denen einflußreiche Diplomaten, Militärs, Männer der Wirtschaft und der Hochfinanz angehörten) stammt eine «Konzeption für das 20.Jahrhundert»[40]: Man plante schon damals die Gestaltung Europas nach einem dafür benötigten und angestrebten Weltkrieg und arbeitete in großen Zügen an der Verwirklichung dieses Konzeptes. Mit brutaler politischer, militärischer und wirtschaftlicher Gewalt sollte die Mitte unschädlich gemacht, ihre Geistigkeit unwirksam werden. Deutschland wollte man stark verkleinern, im Südosten einen Donau-Balkan-Bund unter westlichem Einfluß errichten, und im Osten plante man eine große «Slaven-Conföderation» auf einem weiten Raum, der frei werden sollte für ebendieses Sozialistische Experiment. Die jungen slawischen Völker sollten von den Bildungsimpulsen Mitteleuropas abgeblockt und über es hinweg in direkter Abhängigkeit zum englischen (und später amerikanischen) Westen gehalten werden. Dieses Ziel ist heute, nach Ablauf des Experiments,

39 C. G. Harrison, *Das Transcendentale Weltenall*, Leipzig 1879, S. 46.

40 Siehe: Renate Riemeck, *Mitteleuropa. Bilanz eines Jahrhunderts*, Potsdam 1990, Kap. *Der Prinz von Wales, Leo XIII. und der «neue Kurs»*. In demselben Buch ist auf S. 27 eine bereits 1888 entworfene Europakarte veröffentlicht, «in der die in den geheimen Zirkeln der englisch sprechenden Welt festgelegte Gestaltung Europas, wie sie aus einem Weltkrieg hervorgehen sollte, wiedergegeben ist».

erreicht: Die Ökonomie im Osten ist zusammengebrochen; ein gigantischer Absatzmarkt ist im Entstehen, der aus eigenen Kräften in absehbarer Zeit nicht zu sättigen sein wird, insofern also in direkter Abhängigkeit zum Westen steht.

Auf den direkten Zugriff, den der amerikanische Westen heute auf den slawischen Osten hat, kam einmal – in zumindest euphemistischer Weise – auch der frühere deutsche Bundespräsident Richard von Weizsäcker zu sprechen. Dies geschah im Rahmen einer USA-Reise, für die er sich eigentlich vorgenommen hatte, «der Weltmacht einige Wahrheiten [zu] sagen»[41]. Von seiner Rede vor dem US-Kongreß sind jedoch nur blumige Worte überliefert:

> «Zum Thema Osteuropa verglich Weizsäcker die USA mit dem Prinzen, der das Dornröschen Osteuropa wachküßt. Er hoffe, daß der Prinz des Küssens nicht müde werde, sagte er in seiner Rede. [...] ‹Dornröschen verkörpert Leben, Freiheit und das Streben nach Glück für die ganze Menschheit, wachgeküßt vom Prinzen. [...] Wir alle wissen, daß es vielleicht noch einiger Küsse bedürfen wird, um die volle Schönheit zu enthüllen, doch wir vertrauen auf des Prinzen fortwährende und unwiderstehliche Dynamik›, sagte der Bundespräsident.»[42]

Es dürfte wohl kaum möglich sein, netter über die Ausschaltung Mitteleuropas zu sprechen ... Schauen wir jedoch noch einmal auf die Zeit, in der die erwähnte «Konzeption für das 20. Jahrhundert» angelegt worden ist. 1890 findet sie in genialer Maskierung ihren Ausdruck in der Weihnachtsnummer der englischen Satirezeitschrift «The Truth», die eine entsprechende Europakarte abdruckt[43]: Unter Fernhypnose träumt der deutsche Kaiser Wilhelm II. «The Kaiser's Dream» – einen monarchistischen Alptraum, in dem es in ganz Europa keine Monarchien mehr gibt, sondern ausschließlich Republiken.

41 «Der Spiegel», 6.4. 1992.

42 «Frankfurter Rundschau», 2.5. 1992.

43 In: *Helmuth von Moltke. Dokumente zu seinem Leben und Wirken,* hrsg. von Thomas Meyer, Basel 1993, Bd. 1, S. 18.

Sogar aus dem deutschen Kaiserreich sind «deutsche Republiken» geworden! Im Osten findet man die «russische Wüste» («russian desert») eingezeichnet. Was am Ende des letzten Jahrhunderts als ein groteskes Späßchen lanciert wurde, ist mittlerweile Realität: Gerade die Verwüstung Rußlands und des gesamten slawischen Raumes wurde während siebzig Jahren geistfeindlicher bolschewistisch-sozialistischer Diktatur gründlich geleistet: kulturell, sozial, ökonomisch, ökologisch und atomar.

Verfolgen wir die Stufen der Realisierung des Konzeptes: 1914 beginnt der geplante Weltkrieg. Im Schicksalsjahr 1917 kommt der «große Westen», die USA, ins Spiel; die Monroedoktrin der Nichteinmischung wird aufgegeben und den Mittelmächten der Krieg erklärt. Lenin wird von der deutschen Regierung in dem berühmten plombierten Eisenbahnwagen aus der Schweiz via Deutschland nach Rußland gefahren, wo er die sozialistische Weltrevolution fordert und die Oktoberrevolution anführt. 1918 verkündet Woodrow Wilson seine 14 Punkte, in denen er sich, wie auch Lenin, auf die Abstraktion des «Selbstbestimmungsrechts der Völker» (Nationen) beruft. Nach vier Jahren schwerer Kämpfe wird 1922 die UdSSR gegründet. Siebzig Jahre später, 1992, ist sie aufgelöst. Wilsons Politik der Einflußnahme der USA auf Europa führt zu dem Frieden von Versailles, dessen wirklichkeitsferne Symptomkur für die soziale Krankheit Europas den Nationalsozialismus in Deutschland, die Perversion der Mitte, begünstigt.

Von 1933 bis 1945 sehen wir ein *globales Zerrbild der dreigegliederten Gestalt Europas*: Im Westen die Weltmacht USA, im Osten die bolschewistische UdSSR und in der Mitte die Nazis: alle drei streben nach der Weltherrschaft.

Mit der Zerschlagung Nazideutschlands ist das zweite Etappenziel des Jahrhunderts erreicht: *Die Welt ist zweigeteilt*. Durch den eisernen Vorhang war die Mitte sowohl lebenswirklich als auch im Bewußtsein der Menschen ausgetilgt. Im

Kalten Krieg gab es nur noch den amerikanisierten, kapitalistischen Westen und den unfreien, bolschewistischen Osten. Deutschland, das Zentrum der Mitte, spiegelte im kleinen die Gesamtsituation. Aus der kulturellen Vielfalt Europas wurde ein Dualismus von zwei extremen Machtblöcken, die beide auf ihre Art sehr wirkungsvoll den Geist bekämpften. Das bipolare Blockdenken hat sich tief in das moderne Bewußtsein eingefressen: Für alle, die in der zweiten Hälfte dieses Jahrhunderts aufgewachsen sind, ist es selbstverständlich, daß es Westdeutschland und Ostdeutschland gibt. Die Mitte ist eine Mauer. 1989 ist diese Mauer gefallen. Europa findet jedoch nicht zu seiner eigensten, ursprünglichen Vielgestaltigkeit zurück, sondern wendet sich gen Westen. Mit dem Zusammenbruch des östlichen Machtblocks ging die westliche Gesellschaftsordnung unter dem Primat des marktwirtschaftlichen Kapitalismus siegreich aus dem Kalten Krieg hervor und konnte in den Osten eingeführt werden, was der Anschluß der DDR an die BRD eindrucksvoll bewiesen hat: Im Zentrum der Mitte fand die Vereinigung im Zeichen der «westlichen Wertegemeinschaft» statt; sie ist faktisch ausschließlich eine Erweiterung Westdeutschlands, dem sich Ostdeutschland – ohne eine Änderung des Grundgesetzes oder ähnlichem – «anschließt».

In dem Zusammenhang ist es interessant zu beobachten, was im Zuge dieser Entwicklung mit dem Begriff «Mitteleuropa» geschieht. Zu Beginn des Jahrhunderts bezeichnete er sachgemäß die räumliche Mitte Europas, den deutschsprachigen Raum. Zur Zeit des Kalten Krieges war er gänzlich aus dem Sprachgebrauch verschwunden, eben weil es diese Mitte in irgendeinem relevanten Sinne nicht mehr gab. Nach 1989 tauchte die Idee der Mitte an verschiedenen Stellen wiederum auf, nicht zuletzt auch im Konzept eines «dritten Weges» zwischen den Polen des Kapitalismus und des Kommunismus. Diese Überlegungen wurden allerdings hinweggefegt, als sich Deutschland in dieser Schicksalsstunde für den Westen entschied. Folgerichtig wurde «Mitteleuropa» in den Osten verlegt – es ist heute der Sammelbegriff für die mittel*ost*europäischen Staaten Polen, Ungarn, Tschechien und die Slowakei[44]; Deutschland gehört zu Westeuropa.

Die letzte Chance der Erneuerung der Mitte wurde also vertan. Mit dem armenischen Schriftsteller Karen Swassjan kann man das Resumé ziehen:

«Was wäre unter dieser Vereinigung von BRD und DDR sonst zu verstehen, wenn nicht eine Probe auf die Vereinbarkeit von westlichem Paradies mit östlicher Hölle – ein Versuch ja, dessen erfolgreicher Verlauf die Wiederholung des Experiments in planetären Maßstäben zur Folge haben sollte.»[45]

Und das begann im Januar 1991: Der Golfkrieg bricht aus, der die Wiedervereinigungseuphorie in Deutschland schlagartig beendet. Auf einmal ist der Begriff der «Neuen Weltordnung» in aller Munde. Damals bezeichnete er das Schreckgespenst der uneingeschränkten Weltherrschaft der hochtechnisierten USA, die unter dem Deckmäntelchen der UNO je nach Interessenlage jederzeit ihre Muskeln zeigen können. Heute, angesichts der unsicheren Lage im ehemaligen Ostblock und vor allem des Krieges im ehemaligen Jugoslawien, werden die Rufe nach der UNO als schlagkräftiger Weltpolizei immer lauter. Trotz erheblicher Widerstände beteiligt sich mittlerweile auch Deutschland militärisch an dieser Weltpolizei. Die Konsolidierung des kollektivistischen Vollzugsinstruments UNO wird nur der Anfang einer globalen Herrschaft unter westlicher Vormacht sein, die sich als noch wesentlich verheerender als das Sozialistische Experiment erweisen wird. Auch wenn die «Neue Weltordnung» heute noch nicht institutionalisiert ist, arbeitet sie doch schon; ihre Kanäle funktionieren bereits – die Medienkanäle zumindest bestens. Das markiert schließ-

44 Mit einer gehörigen Portion westlichem Pragmatismus wurde dieser heute übliche Gebrauch des Begriffes «Mitteleuropa» meines Wissens erstmalig von dem damaligen EG-Kommissionspräsidenten Jacques Delors im Sommer 1992 lanciert. Siehe: Interview in «Die Zeit», 5.6. 1992.

45 Karen Swassjan, *Unterwegs nach Damaskus*, Stuttgart 1993, S. 170.

lich den dritten und vorläufig letzten großen Entwicklungsschritt des Jahrhunderts: von der dreigeteilten zur bipolaren zur *Einheitswelt (übergreifende Herrschaft des Westens).*

Dafür ist die Geschichte des Begriffes der «Neuen Weltordnung» ein bezeichnendes Symptom: Eduard Schewardnadse hat ihn im Zuge der Golfkrise 1990 als erster (nach Gorbatschows Rede vor der UNO am 7. Dezember 1988) in Umlauf gesetzt. Im Oktober desselben Jahres hat ihn Hans-Dietrich Genscher in seinen aktiven Wortschatz aufgenommen. George Bush mußte ihn nur noch aufgreifen und mit dem Zusatz «unter Führung der USA» versehen.

Wie Lenin 1917 vom Westen über die Mitte in den Osten geschleust wurde, um das Sozialistische Experiment des Westens zu starten, wandert dieser Begriff wie in einer Spiegelbewegung vom Osten über die Mitte in den Westen, um das Experiment weltumfassend unter kapitalistischen Vorzeichen und US-amerikanischer Vorherrschaft weiterzuführen. Bezeichnenderweise ist der Begriff der Neuen Weltordnung noch nicht einmal eine originäre östliche Schöpfung: ihn benutzt der britische Begründer der «Round Table Organisation» und Logenlobbyist Cecil Rhodes[46] schon am Ende des 19. Jahrhunderts.

Der rote Faden, der sich durch den geschichtlichen Entwicklungsgang Europas im 20. Jahrhundert zieht, ist die Ausschaltung der Mitte. Auf dieses Ziel richten sich die Kräfte der westlichen Geheimgesellschaften, die ihren Ausdruck in allen Bereichen des sozialen, politischen und Wirtschaftslebens finden – und *in gewisser Weise* haben sie ihr Ziel erreicht. Darüber spricht Rudolf Steiner bereits im Winter 1919, kurz nach Ende des Ersten Weltkriegs, in erschütternden Worten:

46 Siehe zu Cecil Rhodes und anderen Protagonisten des westlichen Logenwesens die hervorragende Darstellung von Amnon Reuveni, *Im Namen der «Neuen Weltordnung»*, Dornach 1994. An dieser Stelle sei auch noch auf eine andere Arbeit hingewiesen, die wesentliche Aspekte dieses Zusammenhangs beleuchtet: Thomas Meyer, *Ludwig Polzer-Hoditz. Ein Europäer,* Basel 1994.

«Man wird fragen: Wie steht es eigentlich mit dem, was sich gewandelt hat, gewandelt hat bei den sogenannten Besiegten, gewandelt hat bei den sogenannten Siegern?

Nun, die eigentlichen Sieger, das ist ja das anglo-amerikanische Wesen. Und dieses anglo-amerikanische Wesen ist [...] zur künftigen Weltherrschaft bestimmt.

Nun kann man fragen: Da das deutsche Volk ausgeschaltet sein wird von dem Miterleben der Dinge, durch welche die äußere Welt in der Zukunft beherrscht sein wird, was geht da eigentlich vor? Es fällt die Verantwortlichkeit – nicht die des Individuums natürlich –, aber die Volksverantwortlichkeit fällt ja weg, die Verantwortung für die Menschheitsereignisse. Nicht die des Individuums, aber die Volksverantwortlichkeit fällt weg bei denjenigen, die niedergetreten sind, denn das sind sie. Und sie können sich auch nicht wieder erheben. Alles das, was gesagt wird nach dieser Richtung ist Kurzsichtigkeit. [...] Umso größer wird die Verantwortung auf der anderen Seite. Dort wird die eigentliche Verantwortung liegen. Die äußere Herrschaft wird leicht zu erringen sein. Die wird errungen durch Kräfte, die nicht das eigene Verdienst sind. Wie die letzte Naturnotwendigkeit vollzieht sich dieser äußere Übergang der äußeren Herrschaft. Aber die Verantwortlichkeit wird schon etwas tief Bedeutsames für die Seelen sein. Denn die Frage steht schon im Schicksalsbuche der Menschheit niedergeschrieben: Wird sich bei denjenigen, denen die äußere Herrschaft wie durch eine äußere Notwendigkeit zufällt, eine genügend große Anzahl von Menschen finden, welche die Verantwortlichkeit fühlt, daß hineingestellt werden in diese [...] Kulmination der materialistischen Herrschaft [...] die Antriebe des spirituellen Lebens? [...] Denn diese Herrschaft des Materialismus trägt zu gleicher Zeit den Keim des Zerstörens in sich. Das Zerstören, das begonnen hat, wird nicht aufhören.»[47]

Seit dem Ende des Ersten Weltkriegs kann man also nicht mehr von der Aufgabe der mitteleuropäischen *Völker* sprechen: «Die Volksverantwortlichkeit fällt weg», sie ist auf das «anglo-amerikanische Wesen» übergegangen. Aus den voranstehenden Darstellungen ist deutlich geworden, daß die anglo-amerikanischen Völker in den großen Zusammenhängen des 20. Jahr-

47 Rudolf Steiner, Dornach, 14.12. 1919. GA 194.

hunderts keinen Sinn für das Unterstützenswerte der mitteleuropäischen Geistigkeit entwickelt haben. Daraus folgt nun allerdings nicht, daß die mitteleuropäische Kulturepoche abgelaufen ist, sondern, daß das Wirksamwerden der mitteleuropäischen Geistigkeit gegenwärtig in die Hände von einzelnen Menschen und Menschengemeinschaften gelegt ist. Das Prinzip der Mitte, die Aufgabe unserer Kulturepoche, hat durch den geschilderten Verlauf der Dinge eine Verwandlung erfahren: Sie hat sich *individualisiert* und ist damit in die Verantwortlichkeit von einzelnen Menschen überall auf der Welt gestellt.

Sobald dieses Individualprinzip in der Gegenwartskultur wirksam werden will, stößt es auf erbitterte Gegerschaft aus den bezeichneten okkulten Kreisen. In vielen Vorträgen, vor allem während der Zeit des Ersten Weltkriegs, spricht Rudolf Steiner von ihnen als den «schwarzen Brüderschaften» oder den «Brüderschaften der Linken», die sich dadurch auszeichnen, daß sie okkultes Wissen besitzen und in Anwendung bringen, es jedoch geheimhalten, was ihnen *Macht* verleiht über diejenigen Menschen, die dieses Wissen nicht haben. In solch einem Zusammenhang bemerkt Rudolf Steiner einmal:

> «Es gibt kein anderes Mittel gegen diese Dinge als das Wissen davon. Weiß man davon, so ist man schon geschützt. Weiß man es so, daß dieses Wissen ein richtiges Fürwahrhalten, ein wirkliches Glauben ist, so ist man schon geschützt.»[48]

Im Gegensatz zu den «weißen Logen», die ihr okkultes Wissen für den Fortschritt der Menschheits- und Erdenentwicklung einsetzen, muß man diese Brüderschaften, die ihr Wissen für egoistische Zwecke gebrauchen, als «schwarz» bezeichnen. In den vorangehenden Ausführungen wurden bereits gewisse

48 Rudolf Steiner, Dornach, 18.11.1917. GA 178. Im Rahmen der Vorträge dieses Zyklus – «Individuelle Geistwesen und ihr Wirken in der Seele des Menschen» – entwickelt Rudolf Steiner einige wesentliche Gesichtspunkte des okkulten Logenwirkens. Sie werden im folgenden nicht berührt werden, seien aber jedem empfohlen, der in diesem Zusammenhang weiter forschen möchte.

Zirkel der Freimaurerei sowie englische und schottische Geheimlogen erwähnt, die zu den schwarzen Brüderschaften des Westens zu rechnen sind. Daneben gibt es noch die schwarzen Brüderschaften des Ostens[49] und eine in Europa urständende Gruppierung innerhalb der katholischen Kirche, deren scharfe und wirkungsvolle Opposition zum mitteleuropäischen Kulturimpuls es berechtigt erscheinen läßt, sie in einem Atemzug mit den Brüderschaften der Linken zu nennen: den Jesuitenorden.[50] Wie diese Gruppierungen aus ihren Machtinteressen die Politik, die Wirtschaft und das Kulturleben manipulieren, soll hier nicht im einzelnen verfolgt werden. An dieser Stelle soll vielmehr versucht werden, ihr Wirken ein wenig zu konkretisieren und einige grundsätzliche Gesichtspunkte, Signaturen von okkulten Prinzipien anzuführen, an denen man dieses erkennen kann.

Ein erster Gesichtspunkt läßt sich folgendermaßen umreißen: Die Beeinflussung äußerer Ereignisse durch okkulte Machtzentren ist exoterisch oftmals gar nicht festzumachen, da viele Dinge rein geistig kommuniziert und transportiert werden. Voraussetzung hierfür ist entweder eine hohe Bewußtseinsstufe, um solch einen Verkehr bewußt zu vollziehen, oder die Anlage zum *Mediumismus*, das heißt die Fähigkeit, sich unter Herabdämpfung des wachen Ich-Bewußtseins zum Gefäß von geistigen Wesen und Wirkungen zu machen. Hierfür kann man ein prominentes Beispiel anführen: Eduard Schewardnadse. Der einstige Perestroika-Politiker und Förderer der deutschen Einheit und jetzige totalitäre Machthaber Georgiens spricht sich in einem Interview einmal recht deutlich über diese okkulte Arbeitstechnik aus:

49 Siehe: Rudolf Steiner, GA 178, sowie Sergej O. Prokofieff, *Der Osten im Lichte des Westens*, Dornach 1992.

50 Der schwarze Orden des Nationalsozialismus, die SA und SS, hat in gewisser Weise seine zerstörerische Mission sowohl in Deutschland als auch weltweit bereits erfüllt. Er wird in diesen Ausführungen nicht im näheren einbezogen.

«Frage: Soviel ich weiß, hat der Patriarch von ganz Georgien, Ilia II. [der belegtermaßen viele Jahre für den KGB gearbeitet hat, F.S.], *Ihnen diese in Ihrem Arbeitszimmer hier stehenden Ikonen geschenkt, und Sie haben sich auf seine Bitte hin taufen lassen. Sie haben einmal auf die Frage deutscher Fernsehjournalisten, ob Sie gläubig seien, geantwortet, daß Sie nicht orthodox seien, aber an gewisse überirdische Kräfte glauben …*

Schewardnadse: … Ja, ich glaube an die Existenz einer überirdischen Kraft, aber ich weiß nicht, wie ich sie nennen soll.

Frage: Haben Sie früher manchmal gebetet?

Schewardnadse: Ich wußte früher nicht, wie ich das machen sollte. Aber ich habe oft jener namenlosen Kraft stumm gedankt, wenn in meinem Leben etwas gut verlaufen oder eine Gefahr vorüber war. Ich hatte dann immer ein Gefühl der Dankbarkeit. Ich hatte das Gefühl, daß ich meinen Erfolg nicht nur meinen eigenen Kräften zu verdanken habe.

Frage: Seinerzeit haben Sie gesagt, daß Sie ab und zu jene namenlose Kraft sehr stark in sich spüren und dabei ein seltsames Empfinden in Ihren Fingerspitzen entsteht. Kann man solch eine Erfahrung als Warnung vor einer Gefahr verstehen?

Schewardnadse: Ja, vielleicht, es mag eine Warnung sein. Eine innere Stimme diktiert mir etwas, und dann fälle ich eine Entscheidung, die manchmal auch für mich unerwartet ist …»[51]

Schewardnadse berichtet also von seinen Erfahrungen mit einer bestimmten «namenlosen Kraft», die ihn bisweilen bis in die Fingerspitzen durchdringt, bisweilen als «innere Stimme» auftaucht, unter deren Diktat er Entscheidungen fällt, die manchmal auch für ihn unerwartet sind. In Abwesenheit seiner bewußten Präsenz spricht sich also durch ihn hindurch ein Wesen aus, das er nicht zu benennen vermag, dem er allerdings stumm dankt. Dies alles zeigt die oben genannten charakteristischen Merkmale eines Mediums, das sich als Instrument zur Verfügung stellt für Wesen, die durch Menschen hindurch,

51 Aus: Naira Gelaschwili, *Georgien. Ein Paradies in Trümmern,* Berlin 1993, S. 231 f.

aber allein unter Ausschaltung von deren Wachbewußtsein, ins Erdensein wirken wollen. Ahrimanische Elementarwesen sind es, die sich in einer solchen Weise durch Medien aussprechen.[52] Interessant ist, daß Schewardnadse von *einer* Kraft spricht, die durch ihn hindurchwirkt; in dieser okkulten Kraft (sprich: diesem bestimmten Wesen) dürfte auch die Ursache seiner starken «Ausstrahlung», seines großen Charismas, zu suchen sein, das ihn weltweit so populär gemacht hat und es ihm ermöglichte, von der internationalen öffentlichen Meinung toleriert, seine Gewaltherrschaft in Georgien bis heute auszuüben.

Als integralen Bestandteil dieser Gewaltherrschaft Schewardnadses findet man ein weiteres Phänomen, das im Zusammenhang des Wirkens der Brüderschaften der Linken besprochen werden muß: die *Folter*. Zu seiner Zeit als Innenminister und KP-Chef Georgiens (1972–1985) wurden unter direktem Oberbefehl Schewardnadses Menschen in den Gefängnissen gefoltert, umgebracht, hingerichtet[53], wie es in der Sowjetunion gang und gäbe war. Nach dem Putsch gegen die Regierung Gamsachurdia und der Rückkehr Schewardnadses nach Georgien Anfang 1992 wurde unter anderem das Instrument der Folter wiederum in bestialischer Form von seinen Truppen gegen Regimegegner eingesetzt.

Was ist Folter? – In jedem zweiten Land der Welt wird sie praktiziert, und zwar auch in unserer nächsten Nähe, zum Beispiel in der Türkei und auf dem Gebiet des ehemaligen Jugoslawien. Man kann sie als eine Methode bezeichnen, den Menschen an Leib und Seele zu brechen. Heute wird sie insbesondere von totalitären Regimes, Militärdiktaturen und so weiter angewandt. Oft geschieht dies, um dem Opfer unter Qualen Informationen abzupressen, die es freiwillig nicht

52 Näheres zu diesem Phänomenkomplex findet sich in dem Vortragszyklus «Das Initiatenbewußtsein» (GA 243), den Rudolf Steiner im August 1924 in Torquay (England) gehalten hat. Siehe vor allem die Vorträge vom 18. und 19.8. 1924.

53 Siehe: Michael Ledeen, *Eduard Schewardnadses blutige Vergangenheit*. In: «The Georgien Messenger», Nr. 10/91.

preisgeben würde. Doch die politische Variante erklärt noch lange nicht alle Erscheinungsformen der Folter: Alle Varianten eines persönlichen perversen Sadismus können sich in ihrer Durchführung offenbaren und ausleben, wofür die gezielten Massenvergewaltigungen in Bosnien ein widerliches Beispiel sind. Die angewandte Gewalt ist in allen ihren Erscheinungsformen allerdings keine «sinnlose», willkürliche, sondern im Gegenteil eine systematisch eingesetzte. So abgründig es klingen mag: Folter ist eine regelrechte Wissenschaft. So gibt es tatsächlich «Folterschulen», wo die Methoden und Arbeitstechniken der Folter gelehrt und gelernt werden. Eine solche Einrichtung gibt es heute erwiesenermaßen im Urwald von Guatemala.[54]

Wenn wir in dieses Gebiet ein wenig hineinleuchten, werden wir bei Rudolf Steiner fündig, der wohlweislich nur bestimmte Andeutungen gibt, aus denen jedoch klar hervorgeht, daß es sich bei dem Phänomen der Folter um «das Abc der schwarzen Magie» handelt. In dem Zyklus über die Apokalypse des Johannes heißt es dazu:

«So werden Sie am besten verstehen, daß es wirklich so ist, wenn ich Ihnen nur ganz leise Andeutungen mache darüber, wie in systematischer Weise schwarze Magie gepflogen wird [...]. Und dieses Abc [der schwarzen Magie, F.S.] besteht darin, daß ein Mensch, der der Schüler eines schwarzen Magiers wird, dazu angehalten wird, in ganz bewußter Weise das Leben zu ertöten, dem Leben vor allen

54 Siehe: *Warum foltern Menschen?* Interview mit Dr. P. Boppel. In: «Süddeutsche Zeitung», Magazin, 23.10. 1992. Zu diesem Thema ist unlängst in der Hamburger Edition ein sehr empfehlenswertes Buch erschienen, das in erschütternder Weise den mit teuflischer Perfektion funktionierenden Apparat der staatlichen Foltermaschinerie von innen beleuchtet und einen individuellen Weg zu dessen Überwindung nachzeichnet: Luz Arce, *Die Hölle. Eine Frau im chilenischen Geheimdienst. Eine Autobiographie,* Hamburg 1994. Eine weitere grundlegende Publikation zu dem Thema wurde 1990 vom Hamburger Institut für Sozialforschung herausgegeben: *Folter. Zur Analyse eines Herrschaftsmittels.*

Dingen in der Ertötung soviel Schmerz als möglich zuzufügen, und in diesem Zufügen des Schmerzes eine gewisse Befriedigung zu fühlen. Wenn die Absicht besteht, in ein Lebewesen zu stechen oder zu schneiden mit der Absicht, in dem Schmerze desselben Seligkeit zu fühlen, dann liegt darin das Abc der schwarzen Künste. Was darüber hinausgeht, kann nicht gestreift werden.»[55]

Allein in der Wortwahl – daß der schwarze Magier in dem bewußten Zufügen von Schmerz «*Seligkeit*» fühlt – ist schon genug angedeutet von der Perversion, mittels derer auf solche Weise Macht erlangt und ausgeübt wird. – «Was darüber hinausgeht, kann nicht gestreift werden». *Man kann davon ausgehen, daß dort, wo systematisch gefoltert wird, schwarze Magie betrieben wird und scharzmagische Einweihung stattfindet.* Dadurch, «daß mancherlei gerade im Laufe der letzten Jahrhunderte nach dieser Richtung gearbeitet worden ist», so Rudolf Steiner in einem Vortrag von 1924, ist mittlerweile «in der Erde eine bedenkliche Atmosphäre geschaffen worden»[56]. Eine der Folgen dieser bestialischen Praktiken ist es, daß die Seelen der Menschen, die Folter zu erleiden haben oder durch Folter den Tod finden, in ihrem Willen geschwächt werden (oder ihn gar verlieren), sich erneut auf der Erde zu inkarnieren. Rudolf Steiner sagt einmal ganz lapidar, daß die Seele des Opfers eines schwarzmagischen Mysteriendienstes «nicht mehr Lust hatte, auf die Erde zu kommen»[57].

Die okkulten Kräftewirkungen dieser schwarzmagischen Praktiken kann man sich vorstellen wie Batterien, welche die subtileren Formen der Gewalt, wie sie in Wirtschaft, Politik

55 Rudolf Steiner, Nürnberg, 30.6. 1908. GA 104.
in diesem Zusammenhang siehe z.B. auch: Rudolf Steiner, Berlin, 18.10. 1905. GA 93a.

56 Rudolf Steiner, Torquay, 18.8. 1924. GA 243.

57 Rudolf Steiner, Dornach, 24.12. 1916. GA 171. In diesem Zyklus finden sich ausführliche Erläuterungen von schwarzmagischen Verrichtungen in Verbindung mit Folter an den Beispielen der schwarzmagischen Mexikanischen Mysterien und der Vernichtung des Ordens der Tempelherren im Mittelalter.

und Kultur angewandt werden, speisen. Selbstverständlich wird alles dafür getan, in der Öffentlichkeit einen Abgrund zwischen der «sauberen» und der «schmutzigen» Gewalt zu wahren. Ihren Zusammenhang erkennt man jedoch an ihrem gemeinsamen Auftreten: Ohne CIA und dessen Wirken im «Hinterhof» Mittel- und Südamerika gäbe es keine Weltmacht USA; ohne KGB gäbe es keine Sowjetunion und auch keine Perestroika; ohne Gestapo hätte es kein «Drittes Reich» der Nationalsozialisten gegeben.

Die Menschen in Mitteleuropa sowie in der ganzen Welt, die aus Geist-Erkenntnis praktisch die Zivilisation neu gestalten wollen, stehen in der Verantwortung, über diese Machenschaften möglichst umfassend aufzuklären, um Menschlichkeit in alle Gebiete des Lebens zu tragen.

Damit sind einige Aspekte des Vorgehens der okkulten Gegnerschaft des mitteleuropäischen Kulturimpulses umrissen. Diese seien abschließend ergänzt durch einen Auszug aus einer Publikation des englischen Anthroposophen *Daniel Nicol Dunlop*, der in selbständiger und klarer Weise wesentliche Charakteristika der weißen und der schwarzen Magie unter dem Gesichtspunkt des *praktischen Okkultismus* herausarbeitet.[58]

«Sogenannte Schwarze Magie – das ist der Einsatz von magischer Kraft für egoistische Zwecke – bringt alle zur Verfügung stehenden Mittel zur Anwendung, um ihr anvisiertes Ziel zu erreichen. Viele ihrer Ergebnisse werden mit Hilfe von Naturgeistern erzielt, welche diese Magier zu gewissen Zeiten und Orten herbeirufen und dirigieren, welche die Verbindung erleichtern und Machtausübung erlauben. Die Zeiten sind für gewöhnlich solche, an denen der tödliche

58 Aus: Daniel Nicol Dunlop, *Nature-Spirits and the Spirits of the Elements. The Blavatsky Lecture*, London 1920, S. 22 ff. Übersetzung aus dem Englischen: Felix Schultz. Für den Zusammenhang, aus dem diese Passage entnommen ist, siehe: Thomas Meyer, *D.N. Dunlop – Ein Zeit- und Lebensbild*, Dornach 1987. Teil IV: *Die Begegnung mit Rudolf Steiner*, Kapitel 1: *Präludien*, S. 166–169.

Einfluß des Mondes überwiegt. Der Ort wird oft künstlich angelegt, indem er für diesen Zweck durch Riten geweiht wird. Zu dieser Art von Schwarzen Magie gehört das Ins-Dasein-Rufen eines Naturgeistes, welcher dann mit der Aufgabe ausgesandt wird, bestimmte Menschen körperlich zu verletzen oder sogar zu töten. Der Naturgeist oder das Elementarwesen[59] kann so beschaffen sein, daß es beim Angriff eine menschliche oder tierische Gestalt annimmt. Es kann auch in Gestalt einer Person erscheinen, die das Opfer kennt. Gewöhnlich wird der Angriff an trüben oder dunklen Orten unternommen, und wenn ein Mensch nicht durch sein Karma gegen solche Angriffe geschützt ist, wird er gemäß dem Plan des Magiers verletzt oder getötet werden. In dieser Weise sind schon einige mysteriöse Todesfälle vorgekommen. Wenn ein Mensch solcherart angegriffen wird, greift das gesandte Elementarwesen das menschliche Elementarwesen im Körper des Opfers[60] an. Das menschliche Elementarwesen kämpft, mit natürlichem Instinkt fühlend, was es zu bekämpfen hat, wodurch in der Seele des Opfers die Reaktion des panischen Schreckens ausgelöst wird, die in der Gegenwart und unter dem Angriff des Boten des Magiers erlebt wird. An diesem Punkt werden die Ressourcen des menschlichen Geistes aufgerufen, und das menschliche Elementarwesen wird ermutigt und erneut zum Kampf gestärkt. Schließlich kann das gesandte Elementarwesen selbst vernichtet werden. Es ist Gesetz, daß der Bezwinger eines Elementarwesens einen Zuwachs an Kraft gewinnt, welcher derjenigen entspricht, die das vernichtete Elementarwesen innehatte; auch sein Absender verliert im gleichen Maße an Kraft. Er kann dabei sogar selbst umkommen. Es sind fortgeschrittene Okkultisten, die Elementarwesen herbeirufen, erschaffen und zu solch einer Aufgabe entsenden können. Sie wissen um das Gesetz, daß sie selbst Verletzungen

59 Thomas Meyer, *D.N. Dunlop – Ein Zeit- und Lebensbild*, a.a.O., S.166: «Unter ‹Naturgeistern› versteht Dunlop in diesem Vortrag alle Elementarwesen im weiteren Sinne, unter ‹Elementarwesen› jene, die insbesondere im menschlichen Leib wirksam sind.»

60 Ebenda: «Im Anschluß an die Exposition des Themas wird das Wirken der Elementarwesen im menschlichen Leib dargestellt; diese Wesen werden vom ‹menschlichen Elementargeist› gelenkt und kontrolliert, der über das Nervensystem mit dem Leib in Zusammenhang steht.»

oder den Tod erleiden, falls das gesandte Elementarwesen seine Aufgabe nicht auszuführen vermag. Deswegen sind sie sehr vorsichtig mit dem Erschaffen und Entsenden dieser Elementarwesen und nehmen selten das Risiko auf sich, das es mit sich bringt. Wäre nicht dieses Wissen und die Angst der Schwarzmagier, so gäbe es viel mehr Anschläge durch elementares Wirken. Priester gewisser Orden setzen manchmal Elementarwesen ein, um Abtrünnige in den Schoß der Gemeinde zurückzuführen. Aber sie kennen die Risiken und hüten sich, einen gewissen Punkt zu überschreiten, da ein Fehlschlag dem Orden schaden könnte. Einer der Gründe für diese Vorsicht ist, daß der Schöpfer und sogar der bloße Vermittler eines Elementarwesens ein Teil seiner selbst in dieses hineinlegen muß, das heißt, er muß es mit einem Teil der Kräfte seines eigenen elementarischen Körpers ausstatten. Da der elementarische Bote immer durch ein unsichtbares Band mit seinem Absender verbunden ist, wird das, was dem angreifenden Elementarwesen angetan wird, an den Absender weitergeleitet.

Die Antithese zu dieser Magie ist die wahre *Weiße Magie. Sie besteht darin, das menschliche Elementarwesen darauf vorzubereiten, in einer späteren planetarischen Inkarnation die Menschenstufe zu erreichen und mit dem selbstbewußten Geist-Prinzip begabt zu werden.*

Ein Mensch, der durch seinen Geist Macht über sein menschliches Elementarwesen hat, kann – ohne Einsatz von physischen Mitteln und oft unabhängig von Raum und Zeit – das Tun der Naturgeister dahingehend lenken, jedes der Resultate zu erzielen, die der Physiker mechanisch und der Wundertäter magisch vollbringt. Dies ermöglicht ihm sein Wissen mittels der Kraft seines Willens und seiner Imagination.

Es ist falsch zu glauben, daß Amulette, Bannformeln, Zauber, Talismane, Siegel oder irgendwelche magischen Gegenstände dem Besitzer oder Begünstigten ermöglichten, seinem Karma zu entkommen. Was diese Dinge bestenfalls vermögen, ist, die Erfüllung seines Karma aufzuschieben. Tatsächlich beschleunigt sogar häufig der Besitz eines magischen Gegenstandes – ganz gegen die Erwartung seines Besitzers – die Erfüllung des Karma. Ein Mensch könnte sich Amulette und Talismane, Zauber und Siegel verschaffen, die ihn vor Gefahr schützen und mit Kraft versehen; er erlangt jedoch besseren Schutz, bessere und beständigere Kraft, als alle magischen Zauberformeln der Welt ihm zu geben vermöchten, wenn er seiner eigenen

Kraft vertraut, sich den Dingen des Lebens aufrichtig widmet, die Wahrheit spricht und sich auf die Gerechtigkeit verläßt. Aufrichtig denken, sprechen und handeln ist schwieriger als Elementarwesen zeremoniell heraufzubeschwören.

(Ver-)Fluchen ist die Handlung, eine Verbindung herzustellen, welche es Naturgeistern ermöglicht, Böses zu wirken, das den verfluchten Menschen verfolgen und überfallen kann. Ein in Form eines Fluches geschaffenes Elementarwesen besteht so lange, bis der Fluch erfüllt und seine Lebenszeit auf diesem Wege abgelaufen ist. So ist auch der Segen ein Elementarwesen, dessen Leib aus vergangenen Gedanken und Taten der gesegneten Person besteht. Das Elementarwesen kann bei einer passenden Gelegenheit geschaffen werden, wie der Abreise oder dem Sterben eines Elternteils, dem Beginn einer Reise oder einer Karriere. Menschen, die selbst leiden, traurig oder unglücklich sind, darunter besonders alte Menschen, können bei diesem Gebrauch von elementarischen Kräften einen wirkungsvollen Segen herabrufen auf jemanden, der selbstlos versucht hat, Gutes zu tun.

Für die Menschheit ist es gegenwärtig zu gefährlich, um die okkulten Gesetze zu wissen, die für Naturgeister gelten, wie auch von der Anwendung ihrer okkulten Kräfte oder wie sie sich mit physischen Gegenständen verbinden lassen. Die Gefahr liegt im Egoismus unter den Menschen, ihrem Mangel an Wissen und Selbstkontrolle. Die leitenden Intelligenzen der Erde werden die Allgemeinheit daher nicht in den Besitz von solchem gefährlichen Wissen kommen lassen. Solange der Mensch von den Begierde-Elementarwesen in ihm beherrscht wird und diese wiederum Anziehungspunkte für alle Arten und Ränge von Naturgeistern und die Hüllen von entkörperten Wesen sind, kann dem Menschen nicht getraut werden. Was würde geschehen, wenn ein einziger Mensch oder eine ganze Regierung mit Kräften umzugehen wüßte, die mindestens so hoch über den Kräften der heutigen Flugzeuge, U-Boote, Geschütze und Gasbomben stehen, wie diese menschlichen Erfindungen über einem einfachen Stock oder Stein stehen? Was würde aus der menschlichen Zivilisation werden? *Ein einziges großes Luft-Elementarwesen könnte, zusammen mit seinen ihm untergeordneten Scharen, eine ganze Armee auslöschen, eine Landschaft zerstören, Fabriken und andere große Gebäude wegfegen.* Eine förmliche Kriegserklärung wäre überflüssig, um solches Zerstörungswerk zu beginnen. Ein einziger Mensch könnte mitten in Friedenszeiten so etwas in Gang bringen, einzig und allein, um seine Willkür auszulassen oder um die Früchte seiner Terrorherrschaft zu ernten.

Es sollten Menschen von der Existenz und den Möglichkeiten dieser Kräfte wissen und von dem Nutzen, den selbstlos angewandtes okkultes Wissen der Welt bringen könnte; und sie sollten versuchen, sich zu qualifizieren, um zu Hütern dieses Wissens werden zu können. Gegenwärtig können ihnen jedoch keine Kräfte anvertraut werden, um Naturgeister hervorzurufen und zu beherrschen.»

MARKUS VAHLEFELD

Warum deutsche Innenpolitik amerikanische Außenpolitik ist

Zum Tod und Andenken Alfred Herrhausens

«Lasset vom Osten befeuern,
was durch den Westen sich gestaltet!»
Rudolf Steiner

Am 27. März 1993 wurde in Weiterstadt bei Darmstadt ein Gefängnisneubau in die Luft gesprengt. Das 250 Millionen Mark teure Objekt sollte in den nächsten Wochen fertiggestellt und bezogen werden. Der Neubau hätte dazu dienen sollen, die Frankfurter Justizvollzugsanstalt Preungesheim, die heillos überfüllt ist, zu entlasten und sie durch das zu ersetzen, was man gewohnt ist, den «humanen Strafvollzug» zu nennen. Dieses Vorhaben ist nun für die nächsten Jahre vereitelt worden. Die Detonation war so heftig, daß das riesige Gebäude zum Teil schwer beschädigt wurde.

Zum Tathergang lesen wir in der «Frankfurter Rundschau» vom Montag, dem 29. März:

«Bei dem Anschlag, der am Samstag gegen 5.10 Uhr mit mehreren Sprengsätzen verübt worden war, entstand nach ersten Schätzungen ein Schaden von 100 Millionen Mark. Menschen wurden nicht verletzt. Die vier oder fünf Täter, unter ihnen eine Frau, hatten elf Wachleute gegen 1.30 Uhr überrumpelt und gefesselt in einem Transporter weggefahren. Das Fahrzeug stellten die Täter dann einige hundert Meter entfernt außerhalb der Gefahrenzone ab. Vor der Sprengung suchten die Täter das Gebäude nach weiteren Personen ab.»

In einem ausführlicheren Artikel der gleichen Zeitung einen Tag später heißt es kommentarlos auf einmal nur noch, daß zwei private Wachmänner und ein Justizvollzugsbeamter an der Pforte die Sicherung übernommen hätten. Von elf Wachleuten ist in der «Frankfurter Rundschau» nicht mehr die Rede, während es im «Spiegel» vom 5. April heißt, daß drei Wächter und sieben Justizbedienstete, die im Neubau übernachteten, überwältigt worden seien. Und die taz vom 29. März will wissen, daß die Täter «zwei Wachleute und neun Vollzugsbeamte in ihre Gewalt» brachten. Die «Welt» vom 8. April stellt dann die auch nicht mehr überraschende Frage, ob «die Wachleute beim RAF-Anschlag betrunken» waren. Auch dieser Artikel spricht nur noch von drei Männern, die jedoch dreißig Flaschen Bier konsumiert haben sollen (wie es in Sicherheitskreisen hieß).

Nicht geklärt ist , ob «mit einem RAF-Anschlag niemand gerechnet» hätte (Überschrift in der «Frankfurter Rundschau» vom 30. März) oder ob das Attentat für Bundesanwaltschaft und Verfassungsschutz «keineswegs überraschend kam» («Spiegel»). Offen bleibt auch die Frage, warum das Gefängnis trotz mehrerer Anschläge auf Architekturbüro und Baustellenleiter des Neubaus nicht besser geschützt wurde.

In den Presseberichten zu dem Weiterstadter Anschlag herrscht Übereinstimmung nur in dem Punkt, daß das Attentat «mit der Präzision von Sprengmeistern» («Frankfurter Rundschau», 29. März) ausgeführt wurde und daß man unbedingt die RAF dafür verantwortlich machen könne.

Erinnern wir uns: Seit 1984 hat die sogenannte RAF mit einer solchen Präzision gearbeitet, daß niemand einen der mutmaßlichen Terroristen je zu Gesicht bekommen hat, geschweige denn dingfest machen konnte.[61] Die sogenannte RAF ist zu einem gesichtslosen Phantom verkommen. Daran ändert auch die Tatsache nichts, daß Fahndungsplakate mit Fotos von mutmaßlichen Terroristen aushängen und schon vier Tage nach dem Weiterstadter Anschlag in der «Frankfurter Allgemeinen Zeitung» zu lesen ist:

61 Als der Artikel verfaßt wurde, hatten sich die Vorfälle in Bad Kleinen um Birgit Hogefeld und Wolfgang Grams noch nicht ereignet. Die Merkwürdigkeiten in diesem Fall stehen dem hier Geschilderten in nichts nach, übertreffen es vielleicht. Sicher ist: Sie widerprechen dem hier Geschilderten nicht.

«Mehrere Personen, die schon seit längerer Zeit wegen des Verdachts terroristischer Verstrickungen gesucht würden, seien ... auch aktuell von besonderer Bedeutung ... Zu ihnen gehörten Wolfgang Grams, Birgit Hogefeld, Andrea Klump, Christoph Seidler sowie Barbara und Horst Ludwig Meier. Hinweise auf eine Beteiligung an dem neuen Anschlag gebe es aber noch nicht.»

Menschen, die seit mehr als fünf Jahren nicht mehr gesehen wurden, die keine Fingerabdrücke oder andere Spuren hinterlassen haben und die eher tot als lebendig scheinen, werden sofort namentlich verdächtigt. Sie sollen der «Kommandoebene» der «RAF» angehören. Ähnlich sorglos wird mit den Bekennerbriefen der «RAF» umgegangen: Wird ein Schriftstück – meist eine simple Fotokopie – mit Maschinenpistole und rotem Stern gefunden, wird es von der Bundesanwaltschaft als authentisch eingestuft. Hält man dagegen, welche Mühe sich noch ein Andreas Baader machte (um Verwechselungen vorzubeugen), den Beweis der Authentizität seiner Bekennerbriefe zu erbringen – Originaldrucke, Fingerabdrücke und ähnliches –, dann erscheint spätestens seit 1984 die Einstufung «authentisch» als leichtfertig; gerade weil seit Jahren niemand mehr weiß und wissen kann, wie authentisch die «RAF» überhaupt noch ist.

Begonnen hatte der Komplex, den man das RAF-Phantom[62] nennen könnte, mit der aus der Studentenbewegung 1967/68 hervorgegangenen Baader-Meinhof-Gruppe. Ihre Anschläge waren – verglichen mit der Präzision der folgenden Generation – geradezu dilettantisch, während die ideologische Rechtfertigung um so brillianter und geschliffener war. Die Baader-Meinhof-Gruppe kann einen an Schillers Räuber erinnern: jene verhängnisvolle Mischung aus Weltschmerz, eiskalter, dialektischer Ideologie und dem verheerenden Wunsch nach

62 Eine ausgezeichnete Darstellung findet sich in dem Buch: G. Wisnewski, W. Landgraeber, E. Sieker, *Das RAF-Phantom. Wozu Politik und Wirtschaft Terroristen brauchen,* München 1993. In den Hauptaussagen beziehe ich mich auf die Erkenntnisse dieser Publikation.

Abenteurertum – so fuhr Andreas Baader noch 1971 mit einem lila Porsche eine Einbahnstraße in entgegengesetzter Richtung und wäre deswegen fast von der Polizei gestellt worden. Es nimmt auch nicht Wunder, wenn

«... der eigentliche ‹Kampf› der Truppe um Andreas Baader und Ulrike Meinhof nur wenige Wochen dauerte. Nach dem ersten Bombenanschlag der selbsternannten Revolutionäre am 11. Mai 1972 vergingen noch genau 20 Tage, bis die Festnahmewelle begann: Am 1. Juni 1972 Andreas Baader, Jan Carl Raspe und Holger Meins. Am 7. Juni Gudrun Ensslin, am 9. Juni Brigitte Mohnhaupt, am 15. Juni Ulrike Meinhof und Gerhard Müller und am 7. Juli Irmgart Möller und Klaus Jünschke.»[63]

Die erste Generation der RAF, wollte man die Baader-Meinhof-Gruppe so nennen, war von der Polizei besser «beschützt» als so mancher Industrieller vor der dritten Generation heutzutage.

Die Terrorwelle der darauffolgenden zweiten Generation, die in den «deutschen Herbst» 1977 einmündet und mit der Ermordung des Arbeitgeberpräsidenten Schleyer und dem Tod von Andreas Baader, Ulrike Meinhof und anderen Inhaftierten nach der mißglückten Entführung der Lufthansamaschine «Landshut» in Mogadischu endet, ist deutlich geprägt von einem hohen Grad an Brutalität und Kaltblütigkeit. Banküberfälle, Entführungen und regelrechte Hinrichtungen prägen das Vorgehen dieser zweiten Generation, die in ihrem Töten wahllos erscheint. Hinter den meisten Aktionen stehen aber noch konkrete Menschen und Gesichter. Chirurgisch präzise wie die Morde an dem Vorstandssprecher der Deutschen Bank Alfred Herrhausen 1989 oder dem Treuhandchef Detlev Karsten Rohwedder 1991 sind sie nicht.

Trotz einem bedeutend besseren staatlichen Verfolgungsapparat sind die Erfolge, das heißt Festnahmen, im Zusammenhang mit der zweiten Generation nur noch spärlich und

63 Ebenda, S. 17.

mühsam. Westdeutsche Staatsschutzstellen basteln schon damals an einem RAF-Phantom. So kann sich eine Anzahl von Terroristen in die damals noch existierende DDR absetzen. Obwohl bewiesen ist, daß westdeutsche Staatsschutzstellen von ihrem Untertauchen in der DDR wissen und es vermutlich sogar mit ihrer Billigung passiert ist, werden einige der in der DDR untergetauchten Terroristen noch der Anschläge in der BRD bezichtigt. Es ist zu vermuten, daß wider besseren Wissens von seiten der Bundesanwaltschaft und des Verfassungsschutzes das Phantom einer aktiven RAF aufrecht erhalten und eine dritte Generation geschaffen werden soll. Im Notfall könne dann die RAF dazu dienen:

1. um unliebsame politische Gruppen zu verunglimpfen (die Friedensbewegung zur Zeit des Golfkrieges gehört beispielsweise dazu. So wurde am 13. Februar 1991 ein vermutlich fingierter Anschlag auf die US-Botschaft in Bonn verübt, bei dem zwar nur geringer Sachschaden entstand, der jedoch durch einen für «authentisch» gehaltenen Bekennerbrief, in dem die Ziele der Friedensbewegung verteidigt werden, letzterer großen Schaden zufügte);
2. um unliebsame Personen aus dem Wirtschaftsleben und der Politik beiseite zu schaffen und mit Hilfe des RAF-Phantoms sowohl kritische Fragen nach der Täterschaft im Keim zu ersticken, als auch durch einen gemeinsamen Gegner Solidarität zu erzwingen (so wurde auch nach dem Mord an Petra Kelly von offizieller Seite gemutmaßt, ob nicht die RAF dahinterstecke).

Jedes Jahr zeigt sich ein ähnliches Bild: ein Anschlag, mit äußerster Präzision ausgeführt, ein kurzes Bekennerschreiben mit RAF-Symbol, hektischer Betrieb in Politik und Medien, einige Tage später das ausführliche Begründungsschreiben der «RAF», und dann ist wieder Ruhe – bis zum nächsten Anschlag. In der Zwischenzeit zeitigt die Terroraktion Wirkungen, die sich im stillen vollziehen.

Nach dem Mord an Alfred Herrhausen am 30. November

1989 schwenkt der Kurs der Deutschen Bank von einem offensiven «Global Player», das heißt einem weltweit agierenden Bankunternehmen unter Herrhausen, zu einem Bankinstitut «für Herrn und Frau Müller» (Herrhausen-Nachfolger Hilmar Kopper) um und gibt damit den Einfluß, den die größte Bank Deutschlands sich gegen den Willen auch der amerikanischen Banken gerade im Osteuropageschäft erkämpft hatte, stillschweigend auf. Ein ähnlich radikaler Kurswechsel vollzieht sich auch bei der Treuhand-Anstalt nach dem Mord an ihrem Chef, Detlev Karsten Rohwedder, am 1. April 1991. Die Treuhandanstalt avanciert vom «Watschenmann der Nation» (Rohwedder kurz vor seinem Tod) zu einem innenpolitisch arrogant-aggressiven, sich aber vor allem amerikanischen Investoren anbiedernden Verwaltungsimperium mit großem Einfluß auf das, was man den Ausverkauf der DDR nennt. Hatte Rohwedder noch versucht, die ehemals Volkseigenen Betriebe erst zu sanieren und sie dann halbwegs gesund zu verkaufen, so verfolgt seine Nachfolgerin und noch zu Lebzeiten Gegenspielerin, Birgit Breuel, den entgegengesetzten Kurs: Privatisierung vor Sanierung. Das «sanfte», sozial verträgliche Vorgehen eines Rohwedder weicht einem Wirtschaftsmodell amerikanisch-kapitalistischer Prägung.

Rohwedder

Detlev Karsten Rohwedder hatte 1979 die Aufgabe übernommen, die vollkommen marode Hoesch AG zu sanieren, und durch seinen Erfolg genoß er seitdem den Ruf eines genialen Wirtschaftlers. Tatsächlich hatte er neben seinem wirtschaftlichen Fachwissen eine sehr geschickte und soziale Hand auch im Umgang mit den Arbeitnehmern und den Gewerkschaften bewiesen. Mit seinem Sanierungskurs rettete er Hoesch vor der Pleite, sicherte über 10000 Arbeitsplätze und sorgte in Zusammenarbeit mit den Betriebsräten der IG-Metall und mit Unterstützung der Bundesregierung dafür, daß niemand entlassen wurde. Im August 1990 übernahm er die Treuhand-Anstalt und galt damals als Idealbesetzung.

Aber schon kurz nach seinem Einstieg in die Treuhand stand er im Kreuzfeuer der Kritik. Rohwedder hatte nach sieben Monaten, also Februar 1991, gerade einmal 600 Unternehmen privatisiert. Sein Ziel war es nicht, der maroden Volkswirtschaft der DDR nur die Gesetze der Marktwirtschaft aufzuzwingen und Hals über Kopf das gesamte «volkseigene» Vermögen zu privatisieren, sondern sein ausgesprochenes Ziel war es, mit Hilfe der Treuhand-Anstalt als einer Verwaltungszentrale und der Bundesregierung, das heißt mit finanzieller Hilfe des Bundes, die unwirtschaftlich arbeitenden Unternehmen langsam in eine Konkurrenzfähigkeit zu führen, um sie dann als stabilisierte Unternehmen privatisieren zu können. Rohwedder sah voraus, daß eine verfrühte Privatisierung nur zum Konkurs der Betriebe oder zumindest zu Massenentlassungen führen könne. Gerade unter anglo-amerikanischen Wirtschaftlern wurde diese Vorgehensweise mit großem Widerwillen zur Kenntnis genommen. Dort unterstellte man Rohwedder, daß er die Privatisierung aus dem Grunde verzögerte, um amerikanischen und britischen Firmen und Banken die Chance eines Einstiegs in die deutsche Wirtschaft zu erschweren. Ganz konkret ging es um Fragen ökologischer Altlasten, von denen die anglo-amerikanischen Investoren forderten, daß sie politisch gelöst würden – und das heißt, mit Hilfe des Bundeshaushaltes. Außerdem erschreckte die Amerikaner Rohwedders Beharren auf den komplizierten Arbeitsschutzgesetzen und dem Einfluß der Gewerkschaften. Sie forderten von Rohwedder Ausnahmebedingungen, die sie aus der Kritik am übertriebenen Bürokratismus herleiteten.

Detlev Karsten Rohwedder wurde am Abend des 1. April 1991 von einem professionellen Killer förmlich hingerichtet. Mit dem Rücken am Fenster des ersten Stockes in seinem Düsseldorfer Haus stehend, trifft ihn ein einziger Schuß, der ihn sofort tötet. Interessanterweise schießt der Täter noch auf die ins Zimmer stürzende Frau von Rohwedder, verletzt sie leicht, und jagt noch einen dritten Schuß ins Bücherregal, so als wolle er die Professionalität des ersten Schusses vertuschen. Am Tatort hinterläßt er auffällig Spuren, aber trotz sofort eingeleiteter Großfahndung ist der Täter bis heute nicht ermittelt.

Schon im Vorfeld des Mordes geschehen ungeheure Dinge. Ein Mann wie Rohwedder genießt natürlich polizeilichen Personenschutz. Er steht wie auch Alfred Herrhausen unter der Anti-Terror-Maßnahme Konzept 106, die beispielsweise Wochenendaufenthalte im privaten Haus besonders beschützen soll. Aber nicht einmal kugelsicheres Glas befindet sich im ersten Stock des Rohwedderschen Hauses. Während er an seinem Arbeitsplatz in Berlin Sicherheitsstufe 1 genießt, kommt für ihn in Düsseldorf nur Sicherheitsstufe 2 in Betracht, obwohl er gerade dort die Wochenenden verbringt. Aber es kommt noch besser: Vollkommen unverständlicherweise ersucht das Land Nordrhein-Westfahlen die Stadt Berlin mit der Bitte, Rohwedder auch in Berlin nur die Sicherheitsstufe 2 zu gewähren. «Die Richtigkeit dieser Information vorausgesetzt, beinhaltet sie eine mittlere Sensation: Ein Bundesland mischt sich in die Sicherheitsmaßnahmen eines anderen Bundeslandes ein mit dem Ziel, den Schutz für einen Topmanager auszudünnen.»[64]

Rohwedder wird in einer Zeit ermordet, in der es in der neu vereinigten Bundesrepublik gärt. Die Ostdeutschen sind vier Monate nach der Wahl, in der sie Kanzler Kohl das Vertrauen aussprachen, von ihm und seiner Regierung enttäuscht. Die Hoffnungen, die ihnen der Kanzler in Form von Wahlversprechen machte, werden nicht erfüllt. Es beginnen auf dem Beitrittsgebiet wieder Montagsdemonstrationen, diesmal mit dem Ziel, den Unwillen über die Regierung Kohl und auch die Treuhand zum Ausdruck zu bringen. Kulminieren sollte der Protest in der Woche nach Ostern. Geplant waren Großveranstaltungen mit 150000 Menschen auf dem Alexanderplatz in

64 Ebenda, S. 249.

Berlin. Nach dem Mord an Rohwedder müssen die Demonstrationspläne geändert werden. Da die Treuhand ihren Sitz am Alexanderplatz hat, wird auf ihn als Kundgebungsort verzichtet. Vertreter aller Interessenverbände mahnen zu Ruhe und Besonnenheit. Es kommen schließlich statt 150000 nur 35000 Menschen nach Berlin. Der Mord verschafft der Republik die dringend benötigte Harmonie und Einigung.

Nachfolgerin von Detlev Karsten Rohwedder wird die dem Hamburger Geldadel entsprossene Birgit Breuel, geborene Münchmeyer, ehemals Wirtschafts- und Finanzministerin Niedersachsens. Sie ist eine Frau mit hartem Willen und viel Durchsetzungskraft, aber ihre Qualitäten als Wirtschaftlerin sind nicht herausragend, sieht man von ihren erstklassigen Beziehungen zur Topwirtschaft ab. Trotz eines Wirtschaftskonzeptes amerikanischer Prägung, in dem Entstaatlichung gefordert und Eigeninitiative gefördert werden soll, hatte sich das Land Niedersachsen in den zwölf Jahren unter Ministerin Breuel von 7,5 auf 40 Milliarden Mark verschuldet. Und das Niedersächsische Institut für Wirtschaftsforschung attestiert der Ministerin in ihrer Amtszeit eine «verheerende Bilanz».

Aber Birgit Breuel kann auf etwas anderes vertrauen als auf ihre Fähigkeiten – und das sind ihre Kontakte. Die Familie Münchmeyer ist Teil des Bankinstitutes Schröder, Münchmeyer, Hengst & Co, einer Bank, die bis vor wenigen Jahren als Juwel der Branche galt. Der Altvordere der Schröder-Bank, Baron Rudolph von Schröder, saß vor dem Zweiten Weltkrieg in der Leitung der Hamburg-Amerika-Linie, damals eine Tochterfirma der US-Investmentbank Brown Brothers Harriman, jenem Bankinstitut, das George Bushs Vater Prescot Bush leitete, und noch immer werden dem deutschen Bankhaus ausgezeichnete Kontakte zu amerikanischen Investmentbanken wie J. P. Morgan, Goldman Sachs und anderen nachgesagt.

War das anglo-amerikanische Wirtschaftswesen auf Rohwedder sehr schlecht zu sprechen, so erfüllt die neue Chefin der Treuhand seine Wünsche komplett. Gut ein Jahr nach ihrem Antritt, im Juli 1992, sind von den insgesamt 8000 DDR-Betrieben 6500 privatisiert worden. Ein im November 1991 abgestatteter Besuch der Treuhand-Chefin in den USA «müßte als kleiner Triumphzug gelten», schreibt die «Zeit» vom 22. November 1991. Das Eigentümliche an dem Vorgehen von Frau Breuel ist, daß sie dazu übergeht, Investmentbanken als Vermittler der Verkäufe und Übernahmen der DDR-Betriebe zwischenzuschalten – durchaus ein Triumph, wenn man bedenkt, daß die großen internationalen Investmentbanken fast alle amerikanische oder britische Unternehmen sind. Nur – ein Triumph für wen?

Nach Übernahme der Treuhand durch Frau Breuel werden an den Geschäften mit den ehemaligen volkseigenen Betrieben Investmentbanken wie Goldman Sachs, S.G. Warburg, First Boston, J.P. Morgan und Merill Lynch beteiligt. Zum ersten Mal in der Geschichte der Bundesrepublik Deutschland wird so Investmentbanken ein Raum für ihre Arbeit geboten. Bisher spielten Investmentbanken nach britischem und US-amerikanischem Zuschnitt im deutschen M&A-Geschäft (Fusionen und Beteiligungen) kaum eine Rolle. Seit 1991 hat sich die Wirtschaftslandschaft in Deutschland auf dem Sektor des Fusionen- und Beteiligungen-Geschäfts stark verändert. Selbst wenn heute die Hauptinvestitionen in Ostdeutschland nicht aus dem anglo-amerikanischen Raum kommen, so ist doch ein neues Wirkungsfeld geschaffen worden.

An dieser Stelle sei ein kurzer Exkurs zu Investmentbanken eingefügt: Die Größenordnung, in denen Investmentbanken zu arbeiten pflegen, ist bemerkenswert. Sie sind keine Bankhäuser, in denen man einfach ein Konto aufmachen könnte, um Gelder zu bewegen; daher sind ihre Namen der Öffentlichkeit auch nicht geläufig. Was jedoch die Haushaltsetats angeht, übertreffen sie die Kundenbanken bei weitem. Investmentbanken sind involviert in der Schuldenkrise, im Aufbau des Ostblocks und pauschal gesagt in allen Geschäften, die Länder untereinander abwickeln. Sie müssen daher beste

Kontakte zu den jeweiligen Regierungen pflegen und selbstverständlicherweise auch zu den Geheimdiensten. In den 60er und 70er Jahren haben sich die amerikanischen Investmentbanken vor allem im Zusammenhang mit der politischen Einflußnahme der US-Regierung in Süd- und Mittelamerika hervorgetan. Der Putsch in Chile und der Mord an Präsident Allende sind ein Beispiel für die Zusammenarbeit von US-Regierung, Geheimdienst und Investmentbankwesen. Investmentbanken sind also nicht von ungefähr stark daran interessiert, daß sie in der Öffentlichkeit unscheinbar bleiben.

Man kann also durchaus die These vertreten, daß die deutsche Vereinigung 1989/90 ihren wirtschaftlichen Höhepunkt mit dem Amtsantritt Frau Breuels erreicht. Die «Revolution» von 1989 findet ihren Niederschlag in dem Eintritt amerikanisch-britisch geprägter Investmentbanken in die deutsche Wirtschaft. Was Rohwedder aufzuhalten versuchte, setzt Frau Breuel mit rasanter Schnelligkeit um. Die deutsche Wirtschaft ist seither der Macht dieser Banken ausgesetzt. Das ist das eigentlich revolutionäre der Entwicklung seit 1989. Und die Investmentbanken – das weiß schon Carol Quigley in seinem Buch «Tragedy and Hope»[65] – sind die eigentlich mächtigen Banken, gegen die die Macht der anderen Bankhäuser, der «öffentlichen», verblaßt. Eine Studie über die Verquickung von Politik und dem CIA mit diesen Banken steht noch aus; am Beispiel von Brown Brothers Harriman und J.P. Morgan wird jedoch deutlich, daß sich CIA-Größen und amerikanische Politiker aus den Vorstandsetagen dieser Banken rekrutieren und sich gegenseitig die Klinke in die Hand geben.

Abschließend sei noch auf die Tatsache hingewiesen, daß die größte Investmentbank in deutscher Hand, nämlich Morgan Grenfell, eine Tochtergesellschaft der Deutschen Bank, von der Treuhand nicht mit Großaufträgen bedacht wurde.

65 Caroll Quigley, *Tragedy and Hope. A History of the World in Our Time*, New York 1966.

Morgan Grenfell ist jenes Bankhaus, das Alfred Herrhausen wenige Tage vor seinem Tod mit der Deutschen Bank fusionierte, um sich den Einfluß im Investmentbankgeschäft im Osten Europas – und das heißt auch Deutschlands – zu sichern. Seit dem Tod Alfred Herrhausens ist Morgan Grenfell «stillgelegt».

Mit seinem Kurs, zusammen mit den Arbeitnehmern, den Gewerkschaften und den marktwirtschaftlichen Realitäten ein Privatisierungskonzept zu erarbeiten, stand Detlev Karsten Rohwedder im Kreuzfeuer der öffentlichen Kritik. Seit dem Amtsantritt von Frau Breuel hat sich dies radikal verändert. Die Treuhand-Chefs haben sich aus der Öffentlichkeit zurückgezogen und fällen ihre Entscheidungen hinter geschlossenen Türen, wenn möglich ohne Arbeitnehmereinfluß. Das soll nicht heißen, daß die Treuhand nicht öffentlich kritisiert wird – für ihre Entscheidungsfindung spielt dies allerdings keine Rolle mehr. Ganz explizit räumt Frau Breuel den Machteliten ihre geschlossenen Räume ein. Symptomatisch dafür ist ihre Amerikareise 1991, auf der sie mit ihrer Treuhanddelegation statt mit einer Linienmaschine an Bord eines Firmenjets einer amerikanischen Investmentbank einfliegt. Seit dem Amtsantritt von Frau Breuel hat sich die Treuhand-Anstalt in die Grauzone des wirtschaftlichen Beziehungsgeflechts hineinmanövriert – unter Ausschluß der Öffentlichkeit.

Wer war Alfred Herrhausen?

> *«Wir brauchen Berichterstattung und Kommentierung der Wirklichkeit, nicht der Unwirklichkeit. Wir müssen sagen, was ist. Bemühen wir uns also um Offenheit. Wir brauchen Glasnost für den Kapitalismus – auch und gerade für den Kapitalismus.»*
>
> Alfred Herrhausen[66]

Auf die Frage bezüglich seines Verhältnisses zur Macht antwortete Alfred Herrhausen einmal mit großer Heiterkeit: «Äußerst positiv». Kenner und Bekannte schildern ihn als einen brillanten großen Jungen. Aus ihm strahlt eine ungemein lebensbejahende Beziehung zu den Menschen und Dingen: «Er ist wie durch die Leiden des Lebens überhaupt nicht angekränkelt, eben wie ein Junge, obwohl er schon fast im Rentenalter ist» (Lorenz Schwegler). Tatendrang, Lebenslust und Ideenkraft zeichnen Alfred Herrhausen aus. Probleme sind dazu da, gelöst zu werden. «Passivität ist gefährlich. Das Leben wird noch faszinierender, als es ohnehin schon ist. Machen Sie sich klar», ruft Herrhausen Lehrlingen seiner Bank zu, «niemals hat sich die Menschheit größeren Herausforderungen gegenübergesehen als heute: Perestroika und Glasnost – EG 1992 – die Erstarkung des pazifischen Beckens einschließlich China und Indien – die Nord-Süd-Problematik – die technologische Revolution – die ökologische Frage. Und dies alles zur gleichen Zeit. Für aktive Menschen, die etwas bewirken wollen, ist es eine Lust zu leben.»[67]

Alfred Herrhausen hatte Macht, und er hatte Ideen, diese Macht so einzusetzen, daß sie verändernd wirken konnte. Und Alfred Herrhausen wußte, daß eine Position wie die des Vorstandssprechers der größten deutschen Bank eine Konzen-

66 Dieter Balkhausen, *Alfred Herrhausen. Macht, Politik und Moral*, Düsseldorf und Wien 1992, S. 26.

67 Ebenda, S. 43.

Alfred Herrhausen, 1988.

Graphik aus der Serie «Kosmische Wirtschaftsordnung», 1985.

tration von Macht bedeutet, die das Verantwortungsvermögen des einzelnen übersteigt. Deswegen legte er seine Macht offen dar, ohne sie zu leugnen oder abzugeben. Wirtschaftliche Macht, die offen über sich selbst redet, untersteht immer der Gefahr, verlorenzugehen. Dieses Risiko ging Alfred Herrhausen ein. Dadurch wuchs seine Macht und auch die Gefahr, die von ihm für seine Kollegen ausging, die mit der Macht lieber versteckt umgehen. Alfred Herrhausen: «Ich habe nie bestritten, daß wir ein machtvolles Unternehmen sind; und dies oft zum Leidwesen meiner Kollegen. Wir haben plurale Machtpotentiale. Wir müssen dafür sorgen, daß wir ausbalanciert werden.»[68] Im Klartext heißt das: Die Deutsche Bank muß dafür sorgen, daß eine starke Öffentlichkeit entsteht, die sie ausbalanciert.

Tastet man sich an Alfred Herrhausen heran, überrascht die Dimension seiner Tatkraft, die sich von der Abhängigkeit zu seiner Position im größten deutschen Geldinstitut befreit und zu einer individuell geführten Kraft wird. Äußerlich tritt einem ein Mann von großer Gestalt mit perfekter Fassade entgegen: der souveräne, unnahbare Geschäftsmann, immer ein wenig überkorrekt gekleidet, lässig, höflich, bestimmt. Er hatte Kontakt zu den Größen der Politik, war Berater von Kanzler Kohl, und unter ihm wurde die Deutsche Bank zum einzigen weltweit agierenden Bankinstitut Deutschlands. Seine Devise war: round the globe – around the clock:

> «Wer in Herrhausens Besucherecke im dreißigsten Stock der Frankfurter Bankzentrale oder gar vor seinem Schreibtisch saß, bekam kaum jemals ein persönliches Wort zu hören. Ein leitender Deutsch-Bankier: ... Das ging zack, zack und auf Wiedersehen! ... Es konnte auch kaum einer so schön und gelangweilt einen kurzen Blick an die Decke werfen, wenn ihn etwas nicht interessierte.»[69]

68 Ebenda, S. 79.
69 «Stern», 7.12.1989.

Philosophie wollte Alfred Herrhausen studieren. Er bekam keinen Studienplatz und studierte Wirtschaft. Seine Begeisterung für Ideen, seine Visionskraft und Nachdenklichkeit behielt er jedoch, pflegte sie sogar. Seine Reden waren brillant und geschliffen; hat man ihn einmal mit Journalisten reden sehen, so stach die distanzierte Zwanglosigkeit ins Auge. Sein Privatleben war Tabuthema. Und das aus gutem Grund: Seine Karriere hatte schon einmal einen Knick gemacht, als er sich von seiner Frau hatte scheiden lassen. Das waren drei Jahre schmerzvoller Erlebnisse. In der Hochfinanzwelt wahrt man Fassade, sonst wird man abgestellt. Diese Lektion hatte er gelernt.

Liest man seine Reden oder Interviews, offenbart sich nur die Oberfläche seiner Persönlichkeit. Trotz Geschliffenheit und Brillanz wirken sie merkwürdig nichtssagend. Man sollte auf seine Taten schauen, will man das Geheimnis dieses Menschen erleben. Denn in den Taten tritt einem bedeutenderweise eine Lust und Naivität entgegen, die etwas von einer Parzival-Qualität offenbart. Alfred Herrhausen, der auszog, die Welt kennenzulernen und dabei die schwarzen Mächte das Fürchten lehrte. Die Kraft Alfred Herrhausens liegt in der Unbekümmertheit, mit der er die Ritter von den Pferden holte, um sich ihre Rüstungen anzuziehen. Alfred Herrhausen ging ins Zentrum der Macht, ließ sich aber nicht verführen. Statt sich von ihr blenden zu lassen, wandte er sich ihr zu und offenbarte sie.

Vermutlich sollte Alfred Herrhausen schon am 23. oder 24. November 1989 ermordet werden. Davon geht die Generalbundesanwaltschaft aus und gründet ihren Verdacht auf Hinweise von Zeugen, wonach schon an jenen Tagen ein Fahrrad am Straßenbegrenzungspfahl vor seinem Haus angeschlossen wurde, an dem eine Woche später schließlich das mit Sprengstoff beladene Fahrrad auch tatsächlich stand. Aus ungeklärten Gründen ist ein Anschlag in jenen Tagen unterblieben. Eine Woche später glückte jedoch der Anschlag;

Experten äußerten die kaum verhohlene Begeisterung über die absolut professionelle Präzisionsarbeit. Aber: Dieses Attentat hätte niemals glücken dürfen. Zu dieser Zeit war Alfred Herrhausen der am besten geschützte Privatmann der Bundesrepublik.

«Auf bemerkenswerte Weise griffen sämtliche Sicherungsmaßnahmen ins Leere, angefangen bei dem Fahndungskonzept 106, über den Personenschutz, das gepanzerte Fahrzeug bis hin selbst zu den Erste-Hilfe-Maßnahmen des Begleitkommandos. Alfred Herrhausen fiel durch sämtliche Sicherheitsnetze hindurch, als seien sie überhaupt nicht vorhanden gewesen.»[70]

Am 29. November, also sechs Tage nach dem geplanten und einen Tag vor dem geglückten Mordanschlag auf Alfred Herrhausen, war der Verkauf der britischen Investmentbank Morgan Grenfell an die Deutsche Bank vollzogen. Initiator des Geschäfts und Käufer war Alfred Herrhausen. Er wußte natürlich von Macht und Einfluß des anglo-amerikanischen Investmentbankwesens und er wußte auch, daß man diese Macht nur brechen könne, wenn man in das Geschäft einsteigt. Das sollte mit dem Kauf geschehen. Zu einem vollkommen überhöhten Preis von 2,7 Milliarden Dollar kaufte sich die Deutsche Bank in das Investitionsgeschäft ein. Anzunehmen ist, daß nicht wirtschaftliche Gründe in erster Linie für den Kauf standen – sonst hätte man diesen Preis nie bezahlt –, sondern Gründe der Einflußnahme. Das Geschäft mit den Schuldnerländern der Dritten Welt, aber auch mit dem gesamten Ostblock wird über Investmentbanken abgewickelt. Für die Deutsche Bank, die mit diesem Kauf zum «Global Player» avanciert wäre, war es günstiger, ein bestehendes Bankhaus aufzukaufen und bereits bestehende Strukturen zu nutzen, als eigenständig in dieses lukrative Geschäft einzusteigen. Der Kauf von Morgan Grenfell signalisiert das vorläufige Ziel von Alfred Herrhausen. Es

70 G. Wisnewski u. a., a.a.O., S. 98. Wer sich im Detail für die Ungereimtheiten im Zusammenhang mit dem Anschlag interessiert, sei auf die Seiten 96 bis 201 dieses Buches verwiesen.

konnte zwar durch den mißglückten Anschlag vom 23. November nicht verhindert werden, wurde aber am 30. November mit dem Mord an Alfred Herrhausen wieder zerstört.

Mit dem Kauf von Morgan Grenfell steigt Alfred Herrhausen in ein Geschäft ein, als dessen größter Kritiker er sich herausgestellt hatte: das Geschäft mit den Schuldnerländern. Bisher hatte die Deutsche Bank sich darin nur mäßig engagiert. Zudem hatte sie ihre Kredite, die in Gefahr waren, von den Schuldnerländern nicht bezahlt werden zu können, zu etwa 50 Prozent wertberichtigt (dafür nimmt die Bank einen Teil ihres Gewinns – ohne ihn versteuern zu müssen – und bucht ihn als Rückstellung ein). Amerikanischen Banken ist dies nicht so leicht möglich, weil sie auch ihre Rückstellungen versteuern müssen. Hier hatte die Deutsche Bank also einen großen Vorteil, als Alfred Herrhausen zum ersten Mal laut darüber nachdachte, die Schuldnerländer zu entlasten, indem man ihnen einen Teil der Schulden erlassen könnte. Das war im September 1987 bei der Jahrestagung von Weltbank und Internationalem Währungsfonds. Langsam entwickelt sich Herrhausen zu einem der profiliertesten und mächtigsten Akteure in der internationalen Schuldenkrise, bei der es um Haben und Nichthaben von Abermilliarden Dollar und um Sein oder Nichtsein so mancher Bankhäuser geht. Die bundesdeutschen Konkurrenzbanker sind genauso aufgebracht wie Amerikaner, Briten und Japaner. In der internationalen Hochfinanzszene herrscht blankes Entsetzen. Aber Alfred Herrhausen kritisiert nicht nur seine Bankerkollegen, sondern fordert als Wirtschaftler offen Handlungsweisen in der Politik. Er bricht das ungeschriebene Gesetz, das Banker dazu verpflichtet, öffentlich keinen Einfluß auf die Politik zu nehmen. Und er bricht ein weiteres ungeschriebenes Gesetz, das verbietet, öffentliches Aufsehen zu erregen. Bankiers engagieren sich selten oder sehr spät für notwendige Reformen, bleiben stumm bei großen politischen Kraftakten, konstatieren oder kritisieren erst dann Fehlentwicklungen, wenn nichts mehr zu ändern ist. Es scheint fast, als hätte sich Alfred Herrhausen

Joseph Beuys' «Letzte Warnung an die Deutsche Bank» zu eigen gemacht: «Beim nächstenmal werden Namen und Begriffe genannt.»[71] Welch deutliche Sprache Alfred Herrhausen sprach, macht folgender Gesprächsauszug deutlich:

«Frage: Müßte unsere Regierung auf die US-Regierung einen konstruktiven Druck ausüben, denn es sind ja vor allem die horrenden Gläubigerpositionen der US-Banken gegenüber den lateinamerikanischen Staaten, die die weltweite Schuldenreduktion gegenüber allen Entwicklungsländern erschweren?

Herrhausen: Ja, sie müßte! Aber sie tut es nicht, weil sie die deutsch-amerikanische Freundschaft nicht belasten will. Wenn aber die Amerikaner nicht konsequenter handeln, dann fährt der ganze Geleitzug der Schuldeneindämmung weiter zu langsam, so daß die Probleme automatisch ausufern müssen.

Frage: Und die USA stehen ja durch ihre Superetatschuld selber in einer Schuldenkrise. Ist die nicht noch gefährlicher als die Schuldenkrise der Dritten Welt?

Herrhausen: Ja, es ist eine doppelte Schuldenkrise, die selbst den Industrienationen gefährlich werden kann. Denn sie sind von den USA wegen ihrer wirtschaftlichen und politischen Vormachtstellung abhängig, bis zur ständig im Kurs schwankenden Weltleitwährung Dollar. Also muß die Regierung Reagan gezwungen werden, den betroffenen Staaten stärker zu helfen, denn sonst tut sich vor allem für die ärmsten der armen Länder in Afrika zuwenig.

Frage: Zugespitzt gefragt: Geht es bei dieser Weltproblematik also im Kern mehr noch um das Problem USA?

Herrhausen: Im Prinzip ist es so, denn die falsche Politik der großen Nationen trifft die ganze Welt, also auch uns. Nur mit dem Unterschied zu unserer Politik, daß unsere Fehler die USA kaum in Mitleidenschaft ziehen können, aber umgekehrt deren Fehler die Bundesrepublik empfindlich treffen können.»[72]

71 Joseph Beuys, *Kosmische Wirtschaftsordnung*. Originalgrafik, Serie D, Nr. 15050, 1985.

72 G. Wisnewski u. a., a.a.O., S. 155f

Natürlich könnte man die Strategie Alfred Herrhausens darauf reduzieren, er wollte unliebsame Konkurrenz aus England und Amerika ausschalten. Durch einen Schuldenerlaß würden viele anglo-amerikanische Bankhäuser ihre Macht verlieren, und die Deutsche Bank könnte in dieses Vakuum hineinstoßen. Diese Annahme ist sicherlich gerechtfertigt. Auch der Kauf des Bankhauses Morgan Grenfell mag sich so erklären. Sieht man jedoch von rein wirtschaftlichen Gesichtspunkten ab und lenkt den Blick auf die Bewegungslinien der Macht, so ist gut denkbar, daß sich Alfred Herrhausen mit Morgan Grenfell einen Einfluß auf den geöffneten Markt in Osteuropa geschaffen und so das Monopol der anglo-amerikanischen Interessen gebrochen hätte. Durch die Morgan Grenfell Bank hätte der westliche Impuls, vermittelt durch Mitteleuropa, in den Osten wirken können. Hinter den Wirtschaftsbewegungen wird in der Person Alfred Herrhausens die Begegnung mit der moralischen Aufgabe Mitteleuropas deutlich. Das sozialistische Experiment und die Wüste, die es im ehemaligen Ostblock hinterlassen hat, hätte zumindest mit gesunden Ideen und lebensfähigen Zukunftsperspektiven bereichert werden können, die so dringend notwendig sind, um den wirtschaftlich-sozialen Untergang abzuwenden. Gerade das Beispiel Rußlands, das sich bis in die eigene Haushaltsplanung von Investmentbanken abhängig gemacht hat, legt ein beredtes Zeugnis davon ab, wie verheerend sich die Übertragung des kapitalistischen Modells auf ehemalig sozialistische Länder auswirken kann. Alfred Herrhausen steht für das menschliche Urbild, daß auch noch innerhalb der erdrückenden Notwendigkeiten und Verantwortungsballungen individuelles Handeln möglich ist. Sein Umgang mit der Schuldenkrise der Dritten Welt macht dies deutlich: Er benutzte seine Position in der Deutschen Bank als Instrument, seine ureigenen Impulse zu verwirklichen.

Aber es sollte anders kommen: Alfred Herrhausen wurde ermordet, und die Deutsche Bank unter Hilmar Kopper zog sich aus dem Ostgeschäft zurück. Übrig blieb der ungebrochene Einfluß anglo-amerikanischer Investmentbanken in Rußland und, verdeckt, in der Privatisierung der ostdeutschen Wirtschaft. Man kann annehmen, daß das ein Horrorszenario auch für Alfred Herrhausen gewesen wäre.

Alfred Herrhausen steht wie ein Rätsel in der jüngsten deutschen Geschichte. Seine geistig-moralischen Impulse, vielleicht sein Interesse für die Anthroposophie offenbarte er nicht im Wort, sondern in der Tat, was auch darin seinen Ausdruck fand, daß er Mitglied des Direktoriums und Förderer der anthroposophischen Universität Witten-Herdecke war. In seinem Wachbewußtsein verstand er sich selbst sicherlich nicht als Anthroposoph. Aber seine Individualität pocht an das Tor der Anthroposophie: Wer kann mich schützen, wenn ich mich so weit hinauswage? Welches sind die Gefahren, denen ich begegnen muß, wenn ich die Impulse meiner karmischen Biographie verwirkliche? Wo finde ich die erneuernden Ideen, auf deren Suche ich doch bin?

Hinter der Fassade der Souveränität versteckte sich in bezug auf geistige Gefahren ein unbekümmerter naiver Mensch, der sich nicht selbst zu schützen wußte. Mit seiner Tatkraft ganz in der Außenwelt lebend, hätte Alfred Herrhausen einen spirituellen Sicherheitsgürtel benötigt, den eine starke, ganz in der Welt stehende Anthroposophie ihm hätte geben können. Er war ein Mensch, der der Macht des Geldes nicht verfiel, sondern mit ihr moralisch umging. Dieses Phänomen begegnet uns auch bei den Templern. Wie diese europaweit bis ins «Heilige Land» agierten, um eine moralische Geldordnung zu etablieren, so hatte Alfred Herrhausen, wie es dem Bewußtseinsseelenzeitalter gemäß ist, sein Wirkensfeld auf die Weltwirtschaft ausgedehnt. In der Nord-Süd-Problematik hatte er sich profiliert, an der Entwicklung Osteuropas wollte er sich aktiv beteiligen. Geradeso wie die Templer wurde auch Alfred Herrhausen hingerichtet. Wer diesmal Gericht gehalten hatte, verschwindet im Dunkeln der Macht- und Interessenanonymität. Sicher ist nur, daß die Drahtzieher der anglo-amerikanischen Wirtschafts- und Machtverflechtungen an seinem Tod interessiert sein konnten.

Es ist nicht einfach, zu der Individualität Alfred Herrhausens durchzudringen. Man kann den Eindruck bekommen, daß seine Seele wie hinter Mauern festgehalten werden soll. Für ihre nachtodliche Entwicklung ist es jedoch von entscheidender Bedeutung, daß sie während ihres Erdenlebens den Impuls des Geld-Verschenkens (an die Dritte-Welt-Länder) einmal in die Hochfinanz implantiert hat. Man wird in zukünftigen Entwicklungen an diesen Impuls anknüpfen können.

«Passivität ist gefährlich. Das Leben wird noch faszinierender, als es ohnehin schon ist. Machen Sie sich klar, niemals hat sich die Menschheit größeren Herausforderungen gegenübergesehen als heute. [...] Für aktive Menschen, die etwas bewirken wollen, ist es eine Lust zu leben.»

«Mut zur Tat!» ist, was die Individualität Alfred Herrhausens uns zuruft. Sie kann uns ein Leuchtestern auf dem Weg sein.

Erstveröffentlichung in: «Pressespiegel ZEITGESCHEHEN», Nr. 19/4, 1993. Der Artikel wurde für diese Ausgabe überarbeitet.

II.
UNO/USA

MALTE DIEKMANN

Die UNO als Instrument einer neuen Weltordnung

Das Streben US-Amerikas nach Weltherrschaft

Wenn wir uns im folgenden mit dem Wirken der Vereinigten Staaten von Amerika sowie der Rolle der Vereinten Nationen in den großen Zusammenhängen des 20. Jahrhunderts befassen, dann wollen wir den Blick dabei vor allem auf das Jahrhundertende, auf unsere Gegenwart und die unmittelbare Zukunft richten.

Die Grundlinien des geschichtlichen Verlaufes unseres Jahrhunderts hat Rudolf Steiner bereits zu Beginn desselben prophetisch vorausgesehen. In deutlicher Weise spricht dies aus einer Darstellung, die er 1921 in einem in Dornach gehaltenen Vortrag gab. Er geht dabei von der radikalen Feindschaft aus, die gegen die eigentliche Aufgabe Mitteleuropas in unserer Zeit besteht, friedenschöpfende, Geist-konkrete Ideen in die Welt zu tragen:

«Tendiert nicht alles, alles darauf hin, diese mitteleuropäische Geistigkeit eigentlich auf der Erde auszurotten? Man müßte schon, wenn man unbefangen diese Tatsachen ins Auge faßt, in sich den Impuls erglimmen fühlen, alles, was man tun kann zum Fortgang dieser wirklichen mitteleuropäischen Geistigkeit, zu tun. Wenn nicht ganz bedeutsame Kraftentfaltungen geschehen, so wird sowohl der Osten der Erde wie der Westen der Erde über Mitteleuropa hin sich verbinden, zuerst wahrscheinlich in einer furchtbaren Feindschaft, aber dann doch über diese Feindschaft hinweg zu irgendeiner Strömung, die eigentlich von Mitteleuropa aus nicht gewollt sein darf, zu irgendeiner Strömung, die sich dann fortpflanzen will als Weltkultur, als Weltzivilisation.»[73]

73 Rudolf Steiner, Dornach, 9.1. 1921. GA 203.

Mit diesen Worten wurden also bereits 1921 die wesentlichen weltpolitischen Entwicklungslinien des 20. Jahrhunderts in ihrem prägnanten Verlauf skizziert: Das Ergebnis, das aus der «furchtbaren Feindschaft» zwischen dem Osten und dem Westen der Erde zunächst hervorging, war der sich in Deutschland am augenscheinlichsten offenbarende sogenannte «Kalte Krieg» zwischen der Sowjetunion und den USA. Diese Ära der Konfrontation zwischen Osten und Westen ist nun seit den Jahren 1989/90 beendet, und im direkten Anschluß daran beginnt nun der zweite Schritt, der – wie Rudolf Steiner sagt – «eigentlich von Mitteleuropa aus nicht gewollt sein darf», sich in der globalen Politik zu vollziehen. Obwohl die Ära des Kalten Krieges erst seit kurzer Zeit beendet ist, ist uns die Idee der «Weltkultur», der «Weltzivilisation» durch die Begriffe der «Neuen Weltordnung» sowie des «Neuen Denkens», bereits sehr vertraut. In einer Rede vor der UNO am 7. Dezember 1988 wurde die zukünftige Weltgestaltung von dem ehemaligen sowjetischen Generalsekretär *Michail Gorbatschow* erstmalig mit dem Begriff «Neue Weltordnung» belegt. Die denkwürdige und mittlerweile zu einiger Berühmtheit gelangte Rede beginnt mit den Worten:

«Wir sind hierhergekommen, um unsere Achtung gegenüber der Organisation der Vereinten Nationen zum Ausdruck zu bringen, die immer mehr ihre Fähigkeit zeigt, ein einzigartiges internationales Zentrum im Dienste des Friedens und der Sicherheit zu sein.

Wir sind hierhergekommen, um unsere Achtung vor der Würde dieser Organisation zu bezeugen, die sich als fähig erweist, den *kollektiven Verstand und Willen der Menschheit* zu akkumulieren.»[74]

Auf die hierin enthaltenen Implikationen werden wir im weiteren noch zurückkommen.

Im Sommer 1990 erwähnte der damalige sowjetische Außenminister *Eduard Schewardnadse* vor dem Hintergrund der

74 Siehe: Gorbatschow, *Die UNO-Rede*, Freiburg 1989. S. 47. Die Hervorhebungen, wie auch in den folgenden Zitaten, stammen vom Verfasser (d.V.).

Irakkrise wiederum die «Neue Weltordnung»; diesmal als Lösungsweg für die damit verbundenen Probleme. In Deutschland griff *Hans-Dietrich Genscher* im Oktober 1990 diesen Begriff auf, was nicht verwundert, da Genschers Politik, wenn man sie genauer betrachtet, seit Jahrzehnten darauf hinarbeitete, diese neue globale Ordnung mitzuschaffen. Im Februar 1991 hielt schließlich der damalige US-Präsident *George Bush* seine berühmte «Rede zur Lage der Nation»[75], in der er den Begriff der «Neuen Weltordnung» erstmals richtungsweisend verwendete. Seitdem wird die «Urheberschaft» dieser «Idee» den USA zuerkannt, was, wie zu sehen ist, nicht der Wahrheit entspricht. Der Terminus kam zuerst aus dem Osten. Doch George Bush versah ihn dann in seiner genannten Rede ausdrücklich mit dem Zusatz: unter der «unabdingbaren Führungsrolle Amerikas». Das hätte Gorbatschow natürlich nicht gesagt, sonst hätte er die Macht in der Sowjetunion noch früher verloren. Aber die Prämisse der «unabdingbaren Führungsrolle Amerikas» ist eigentlich eine Selbstverständlichkeit, denn – wo sonst könnte heute eine solche Neue Weltordnung ihr Machtzentrum finden?

Die USA sind zur Zeit die bestimmende Kraft und auch die einzige Supermacht auf der ganzen Erde. Es gibt heute etwa 190 Staaten, aber der einzige Staat, der weltweit fähig ist, überall perfekt durchorganisiert einzugreifen – dies allerdings nur unter der Voraussetzung tut, daß die eigenen Interessen auf dem Spiel stehen –, sind die USA. In dem Sinne ist es also selbstverständlich, daß allein die USA das Machtzentrum für eine solche Neue Weltordnung bilden können.

Dies bereitete sich allerdings das ganze 20. Jahrhundert hindurch vor. Die Ausdehnung des Einflußbereiches der USA nach Europa und seit dem Ende des Kalten Krieges die

75 Siehe: *Wir wissen eins: Unsere Sache ist gerecht, moralisch und richtig. Bushs «Rede zur Lage der Nation»*. In: «Frankfurter Rundschau», 5.2. 1991, sowie Theo Sommer, *Schöne neue Welt, bloß ein Traum?* In: «Die Zeit», 2.8. 1991, sowie weitere Berichte in den Tageszeitungen.

Machtexpansion bis in den russischen Osten und so fast weltweit, ist *das prägende historische Moment dieses Jahrhunderts.* Wenn wir dieses nun rückblickend betrachten, beginnt sich ein Weg abzuzeichnen, der durch die beiden Weltkriege bis zur Auflösung der Blöcke den Sieg des kapitalistischen Systems über den Osten beschreibt – was dann oftmals als «Endsieg» bezeichnet wurde oder sogar als «Ende der Geschichte», da das kapitalistische System durch seinen Sieg endgültig gezeigt hätte, daß es das bessere, das beste überhaupt sei.

«So muß es die Zwiespältigkeit geben» – Die USA auf dem Weg zur kommerziell-industriellen Weltherrschaft

Fragen wir uns einmal, wie es dazu kam, daß die USA heute *die* anerkannte Supermacht und der weltweit gefragteste Friedenspolizist sind. Man trifft dabei darauf, daß dem Machtzuwachs immer ein ganz bestimmtes *System* zugrunde liegt: Es muß zuerst eine *Not* in einem Land, in einer Region herrschen, damit es für die USA einen Grund zum Eingreifen gibt. An den entscheidenden Punkten, wo sich die USA einmischten, sehen wir, daß eine – manchmal tatsächliche, manchmal scheinbare – Not herrschte. Eine solche Situation ist in dem für das Schicksal Mitteleuropas im 20. Jahrhundert entscheidenden Jahr 1917 gegeben: Die USA greifen in den Ersten Weltkrieg ein. Dieses Eingreifen führt ein Jahr später zur Niederlage der Mittelmächte und den Versailler Verträgen, welche dann, wie ja bekannt ist, ursächlich die spätere Wirtschaftskrise bedingen und so auch das Aufkommen des Nationalsozialismus in Deutschland begünstigen.

Ein zweiter Faktor, durch welchen die USA zur Weltmacht werden konnten, ist der ebenfalls 1917 aufkommende Bolschewismus. Seine Geschichte ist bekannt: Lenin, einer der damals berühmtesten Kommunisten, wird mit Einverständnis führender deutscher Politiker, die sich durch ihn Vorteile im Krieg mit Rußland erhoffen, aus seinem Schweizer Asyl in einem plombierten Eisenbahnwaggon nach Rußland gebracht; er ruft dort die allgemeine Revolution aus, wodurch er nach recht kurzen Kämpfen beginnen kann, ein Staatswesen nach bolschewistischem Muster aufzubauen. Ein Gesellschaftssystem wird damit etabliert, das durch sein vollkommen materialistisches Menschenbild in den folgenden siebzig Jahren Milliarden von Menschen seelentötender Geistlosigkeit, gleichmachender Meinungsmanipulation und physischer Unfreiheit ausliefern sollte.

Von einem Standpunkt aus betrachtet – und das ist *geopolitisch* gesehen der entscheidende für den Verlauf des 20. Jahrhunderts – kann nun dieser Bolschewismus als vor allem notwendig erscheinen, um Verhältnisse in Europa herbeizuführen, in denen nicht mehr ohne die Hilfe der Westmächte, insbesondere der USA, gehandelt werden kann. Zwei Machtblöcke sollten entstehen, die dann zum Ende des Jahrhunderts hin wiederum aufgelöst werden, um zu einer Einheit zu verschmelzen. Aus diesem Grund wird auch verständlich, warum der Aufbau des bolschewistischen Systems durch beträchtliche finanzielle Zuwendungen aus der New Yorker Bankerszene sogar wirtschaftlich gefördert wurde.[76] Ebenso ist hier auf Karten zu verweisen, die bereits Ende des letzten Jahrhunderts in England veröffentlicht wurden[77]: In diesen Karten ist die Oder-Neiße-Linie bereits als Grenze Deutschlands eingezeichnet, das Gebiet des slawischen Ostens wird als «frei für sozialistische Experimente» bezeichnet, während der ganze Rest Europas als Herrschaftsgebiet des anglo-amerikanischen Westens benannt wird. Der so skizzierte weltpolitische Fahrplan wurde im 20. Jahrhundert Stück für Stück verwirklicht.

Der kommunistische Osten *mußte* also entstehen, um eine

76 Siehe z. B. Gary Allen, *Die Insider*. Wiesbaden 1986. S. 134–152.

77 Siehe beispielsweise: Rudolf Steiner, München, 18.3. 1916. GA 174a; Berlin, 28.3. 1916. GA 167; Dornach, 4.12. 1916. GA 173.

Dualität zu schaffen, die Grundlage ist, um Macht zu akkumulieren. Man muß immer eine Zweiheit, einen Gegensatz – den man wiederum auflösen kann – herstellen, um darauf eine Herrschaft aufbauen zu können. Rudolf Steiner weist auf eben dieses hin als ein Grundprinzip der anglo-amerikanischen globalen Machtbestrebungen, und er bezeichnet es als einen «gigantischen Gedanken». Hier spricht er über dieses dualistische Prinzip im Zusammenhang mit der Absicht, über die Erde hin eine kommerziell-industrielle Weltherrschaft zu errichten:

«Will man nämlich eine *kommerziell-industrielle Weltherrschaft* begründen, so muß man das Hauptgebiet, auf das es ankommt, zunächst in zwei Teile teilen. Das hängt zusammen mit der Natur des Kommerziell-Industriellen. Ich kann mich nur durch einen Vergleich ausdrükken: Es fordert dasjenige, was auf der Welt des physischen Planes geschieht, immer eine Zweispaltung. Stellen Sie sich einmal einen Lehrer ohne Schüler vor. – Das gibt es nicht. So kann auch nicht ein Kommerzium da sein, ohne ein Gebiet, das einem Kommerzium gegenübersteht. Daher muß ebenso, wie auf der einen Seite das britische Kommerzium begründet wird, der russische als der dazugehörige gegensätzliche Pol geschaffen werden. Damit sich die entsprechende Differenzierung ergibt zwischen Einkauf und Verkauf, damit sich die Zirkulation ergibt, braucht man diese zwei Gebiete. Man kann nicht die ganze Welt zu einem einheitlichen Reiche machen, da würde man nicht ein kommerzielles Weltreich begründen können. Es ist das nicht genau dasselbe, aber es ist ähnlich damit, daß, wenn man etwas erzeugt, man Abnehmer braucht; sonst kann man nicht erzeugen. *So muß es die Zwiespältigkeit geben.* Und daß man dieses als einen großen Zug hereingebracht hat in die Sache, das ist ein großer, ein gigantischer Gedanke von jenen okkulten Brüderschaften, von denen ich gesprochen habe.»[78]

Eine umfassende *kommerziell-industrielle Weltherrschaft* kann nur auf der Grundlage einer Zweiheit geschaffen werden; eine *spirituelle Weltherrschaft* kann hingegen sehr wohl in der Ein-

78 Rudolf Steiner, Dornach, 15.1.1917. GA 174.

heit erstehen. Das letztere ist ebenso zu berücksichtigen, wenn wir die aktuelle Entwicklung anschauen, wie auch die vorherige «furchtbare Feindschaft» zwischen Ost und West, welche allerdings initiiert war, wie die bereits erwähnten im englischen Kulturkreis in den 90er Jahren des letzten Jahrhunderts zirkulierenden Karten beweisen.

Durch viele Jahrzehnte war es also vorbereitet, daß man die Welt in dieser Weise gestalten wollte. Und alles das, was im weiteren Verlauf des Jahrhunderts diese Zweiteilung betraf, wurde demnach in den führenden westlichen Brüderschaften ebenso wie in denen des Ostens nicht als Gegensatz, sondern als notwendige Ergänzung angesehen. So war auch die Abschaffung des Kommunismus, des Bolschewismus nicht in erster Linie eine großartige Tat von Sowjet-Politikern wie Gorbatschow oder Schewardnadse, sondern de facto ein lang verabredetes Szenarium für dieses Jahrhundertende, das abzulaufen scheint wie in einem Spielfilm; die Ereignisse sind in einem genialen Drehbuch festgelegt, jede Szene vorgeschrieben. Mittlerweile ist beispielsweise erwiesen, daß die Perestroika seit dem Ende der 50er Jahre vorausgeplant war – vom KGB. Von diesem Geheimplan der «strategischen Desinformation» wird berichtet von einem ehemaligen KGB-Offizier, Anatolij Golizyn, der 1984 in den USA eine Studie veröffentlichte, in der die Post-Breschnew-Phase vorausgesagt wurde. Die «Neue Züricher Zeitung» schreibt hierzu:

«Der neue Generalsekretär der KPdSU leitet eine spektakuläre Liberalisierung ein, die Zensur wird weitgehend aufgehoben, Elemente einer Marktwirtschaft entstehen, andere politische Parteien treten auf, die Dissidenten werden freigelassen, in den internationalen Beziehungen folgt eine Superentspannung, und beispiellose Abrüstungsabkommen werden unterzeichnet, ein System der kollektiven Sicherheit für Europa wird ausgearbeitet, die sowjetische Armee zieht sich aus Afghanistan zurück, die Berliner Mauer fällt, in Polen übernimmt ‹Solidarität› die Macht, in der Tschechoslowakei kehrt Dubcek auf die politische Bühne zurück, in der UdSSR ist Sacharow offiziell politisch tätig. All dies steht in einem Buch, das bereits 1983 vollendet wurde.»[79]

Es gibt etwa aus dem Jahr 1920 eine mündliche Aussage Rudolf Steiners, die von der russischen Künstlerin Assja Turgenjew überliefert ist; sie lautet: «Der Bolschewismus werde nunmehr für etwa 70 Jahre bleiben.»[80] Und tatsächlich ist das sozialistische Experiment auch nach siebzig Jahren beendet worden.

Wenn man den Blickwinkel einnimmt, aus dem Rudolf Steiner insbesondere in seinen «Zeitgeschichtlichen Betrachtungen» der Jahre 1917/18 sehr viel gesprochen hat, weiß man, daß es in der Absicht der die Politik, Wirtschaft und Kultur des Westens im wesentlichen bestimmenden Kreise liegt, die Mitte auszuschalten, um den Osten nach ihrer Willkür knebeln und maßregeln zu können. Also Mitteleuropa und alles, was in Mitteleuropa an Geistigkeit lebt, soll ausgeschaltet, «ausgerottet» werden.

Diesen Absichten kommt allerdings ein weiterer Faktor «hilfreich» entgegen, den Rudolf Steiner – ebenso wie den zuvor entwickelten – immer wieder mit deutlichen Worten charakterisiert: die innere Zerrissenheit der Mitte selbst, der Menschen, die in Mitteleuropa leben. Sie sind zu großen kulturellen, technischen oder sozialen Leistungen fähig, die das Gute im Menschen zu fördern vermögen; ebenso jedoch zu menschenverachtenden Grausamkeiten, wo sie ihr Individuelles – dessen Ausbildung gerade ihre eigentliche Aufgabe darstellt – einem zerstörenden Massenwahn opfern. Prägnant formuliert Rudolf Steiner den Januscharakter der Mitte: «Versteht sich der Mensch in Deutschland zu durchgeistigen,

79 Siehe: *Das KGB im Glanz der Perestroika.* In: «Neue Zürcher Zeitung», 9./10.6. 1991. Das erwähnte Buch, das Anatolij Golizyn 1984 in den USA veröffentlicht hat, heißt «New Lies for Old».

80 Siehe: *Das Ende des 20. Jahrhunderts.* Aussagen von Rudolf Steiner, zusammengestellt von Anna-Katharina Dehmelt. Manuskriptdruck, Frankfurt a.M. 1990. S. 103.

dann ist er der Segen der Welt. Versteht er es nicht, dann ist er der Fluch der Welt.»[81]

In diesem Sinne konnten sich die Deutschen – in der überwiegenden Mehrheit unwillig, sich einer wahren Erkenntnis der geistigen Welt zuzuwenden – einem solchen Angriff wie dem des Nationalsozialismus nicht gewachsen zeigen. Sie erkannten nicht das Dämonium, das sich in Hitler offenbarte, das in furchtbarster Weise wie das Gegenbild der Sonne, der Christuskraft erscheint, und wurden so – in weiten Teilen besessen von einer als sonnendämonisch oder soradtisch zu bezeichnenden Kraft[82] – in einer ungeheuren Weise schuldig an der Welt.

Ein weiteres Versagen der Mitte ist nun, beginnend mit dem Jahr 1989, in unserer unmittelbaren Gegenwart zu konstatieren: Die deutsche Wiedervereinigung wird in dumpfer Verschlafenheit der Seelen und im Walten eines krassen nationalen Egoismus vollzogen. Die Chance, sich eine neue Verfassung zu geben, wird nicht genutzt. Es wird nicht darüber nachgedacht, wie die Menschen eigentlich zusammenleben wollen, sondern es wird das Gebiet der ehemaligen DDR nur kurzerhand an den Westen «angeschlossen». So entstehen die «fünf neuen Länder» der BRD, alles bleibt beim alten, die Westorientierung setzt sich in verstärkter Weise fort, die Mitte zeigt weiterhin keine eigene Kontur, gestaltet sich nicht aus den eigenen geistigen Kräften. Als eine der offensichtlichen Folgen dieses Versagens kommen die Dämonen des Nationalsozialismus wenige Jahre nach dem Fall der Mauer wieder zum Vorschein. Es ist kein Zufall, daß seit 1992 marodierende und Brandsätze werfende Banden, die sich wieder im Geiste Hitlers gegen Ausländer, gegen Juden etc. wenden, in den Schlagzeilen auftauchen. Daraus spricht das innere Versagen Mitteleuropas, das eigentlich darin begründet liegt, die Anthroposophie nicht aufzunehmen, die soziale Dreigliederung

81 Rudolf Steiner, Stuttgart, 22.6. 1919. GA 192.

82 Siehe Rudolf Steiner, Dornach, 20.9. 1924. GA 346.

nicht einzuführen und das in dieser Weise die Mitte schließlich ins Chaos führt. Von außen wird dies natürlich unterstützt.

Das zeigt sich in beispielhafter Deutlichkeit darin, wie die Westmächte im Zweiten Weltkrieg arbeiteten: Man kann genau nachvollziehen, wie die USA erst sehr spät in den Krieg eingriffen, während zuvor das Tun Hitlers von amerikanischer als auch von britischer Seite ignoriert oder sogar unterstützt wurde – die britische Appeasement-Politik ist hierfür ein prägnantes Beispiel. Und auch nach dem späten Kriegseintritt rückten die US-Truppen nur langsam Richtung Osten vorwärts, so daß man wirklich davon sprechen muß: Sie warteten eigentlich, bis von Osten her die Russen an die Elbe herankamen. Die US-Armee hatte nicht den Befehl, weiter nach Osten bis zur Oder-Neiße-Linie vorzustoßen, obwohl sie es mühelos hätten tun können.[83] Statt dessen war geplant, daß in der Mitte Deutschlands die Grenze verläuft. Die Blöcke sollten sich genau in der Mitte Europas treffen; dort sollte ein Spannungsfeld entstehen.

Das ganze Jahrhundert hindurch gehört es zum grundlegenden Arbeitsprinzip dessen, was man *Amerikanismus* nennen kann, daß Krisen erst geschürt werden – dies zumeist nicht offensichtlich, sondern mit Hilfe des CIA, wie insbesondere in Mittel- und Südamerika des öfteren zu erleben war –, die dann «befriedet» werden können, was natürlich mit einem Machtzuwachs für die USA einhergeht. Zwei Jahre nach dem Fall der Mauer finden wir in der *Irakkrise* ein symptomatisches Beispiel für dieses Wirken. Es ist ja bekannt, daß der Irak unter dem Diktator Saddam Hussein von keiner Seite *mehr* aufgerüstet worden ist als von den USA selbst. Eine Woche bevor Hussein den Kuwait überfallen hat, besuchte ihn die US-Botschafterin in Bagdad, April Glaspie, die ihrem Gegenüber im wesent-

83 Siehe dazu: H. Koelbl (Hg.), *Jüdische Portraits*. Frankfurt 1989. Kapitel: *Der Bankier Eric M. Warburg*.

lichen mitteilte, daß die USA sich «nicht in innerarabische Schwierigkeiten wie Ihre Grenzdispute mit Kuwait einmischen» würden. In einem Atemzug damit wurde Hussein noch ein «Ausbau und die Vertiefung der Beziehungen zwischen den USA und dem Irak» angeboten.[84] Saddam Hussein, kann man sagen, fällt auf diese Zusagen herein und versteht sie als Einladung, Kuwait einnehmen zu können, ohne ernsthafte Konsequenzen befürchten zu müssen. Für die USA war das natürlich ein willkommener Anlaß, erstmalig seit Auflösung der Blöcke ihre Rolle als friedensstiftender Weltpolizist außerordentlich medienwirksam spielen zu können. Eine starke Präsenz in den ölreichen Gebieten des Nahen Ostens war der augenscheinliche Gewinn der Aktion.

Es ist dies ein ganz typisches Beispiel für den Verlauf einer Inszenierung weltgeschichtlicher Ereignisse, die in ihrem Scheincharakter millionen- und milliardenfach auf der Erde geglaubt werden, obwohl nichts davon in der Weise stimmt, wie es die Zeitungen schreiben, das Fernsehen berichtet. Zu diesem Phänomen bemerkt Rudolf Steiner einmal lapidar:

> «Zwar wird die Menschheit heute von allen Angelegenheiten durch, mit Respekt zu vermelden, die Presse unterrichtet; *aber sie wird durch die Presse so unterrichtet, daß ihr gerade das Wesentliche, das Wahre, das Reale, dasjenige, worauf es ankommt, verhüllt wird.*»[85]

«Ein Marshallplan für die Erde» – Al Gore und die Führungsrolle der USA

Schauen wir nun darauf, was in den 90er Jahren in den USA selbst geschieht: Präsident George Bush ist als Triumphator aus dem Golfkrieg hervorgegangen. Trotz dieses Erfolges konnte er sich jedoch nicht mehr lange halten; er stürzte infolge der lang anhaltenden Wirtschaftskrise in den USA. Es war

84 Siehe dazu: «The Observer», 21.10. 1990, und die taz, 22.3. 1991.
85 Rudolf Steiner, St.Gallen, 16.11. 1917. GA 178.

eine heillose Überschuldung – auch als Folge des Golfkriegs – entstanden. Bush unternahm es zwar daraufhin schnellstens, für Ordnung in der Innenpolitik und für Aufschwung in der Wirtschaft zu sorgen; die Zeit bis zur Präsidentschaftswahl war für ihn allerdings zu knapp bemessen. Die Präsidentschaft gewannen 1992 erstmalig Politiker aus der Nachkriegsgeneration: die Demokraten *Bill Clinton* und *Al Gore*. Auf den letzteren wollen wir im Folgenden näher eingehen.

Der junge Politiker Al Gore ist mit seinem Buch: «Wege zum Gleichgewicht. Ein Marshallplan für die Erde» bereits vor seiner Wahl zum Vizepräsidenten als Schriftsteller hervorgetreten. Und dies Werk wurde als so bedeutend angesehen, daß davon in vielen Zeitungen und Zeitschriften als von einem «Umweltklassiker» gesprochen wurde – bereits eineinhalb Jahre nach Erscheinen des Buches. In der «Zeit» ist hierzu zu lesen: «Selten, wenn je, hat ein Politiker so kenntnisreich und leidenschaftlich über die Gefährdung unserer Umwelt geschrieben», und die «New York Times» urteilt: «Dieses Buch könnte einer der politischen Klassiker unserer Zeit werden.»[86]

Und tatsächlich ist das Buch auch genial geschrieben; es enthält eine große Anzahl prägnanter Schilderungen, die Al Gore auf Grundlage von persönlichen Eindrücken gibt, die er auf seinen Reisen von Sibirien bis nach Afrika und in die Sahara hinein gewann. Er beschreibt Zusammenhänge und entwirft ein umfassendes Modell, wie die Natur funktioniert: ein großes, sich verwebendes, ganzheitliches Geschehen, in welchem durch viele unterschiedliche Faktoren eine spätere Wirkung hervorgerufen wird. Nicht *eine* Ursache, viele Ursachen führen zu einer Wirkung. So ist ein komplexes, ganzheitliches Denken, das *«neue Denken»*, wie er sagt, vonnöten, um diese Zusammenhänge zu verstehen. Dieses «neue Denken» ist die Grundlage für eine neue Umweltpolitik, und in dem Zusammenhang prägt Gore am Ende des Buches auch den Begriff

86 Siehe: Al Gore, *Wege zum Gleichgewicht. Ein Marshallplan für die Erde.* Frankfurt a.M. 1992. Klappentext.

einer «inneren Ökologie», welcher ja in der Tat ein wichtiger Begriff ist. Seiner Meinung nach kann das ökologische Gleichgewicht gehalten werden, wenn der Mensch eine innere Ökologie entwickelt, ein Gleichgewicht zwischen Denken und Fühlen, demjenigen, wo der Mensch sich selbst reflektiert und wiederum nach außen tätig wird.

Auch sonst finden sich in diesem Buch eine ganze Anzahl außerordentlich sympathisch erscheinender Gedanken. Dazu gehört, wie Gore über sein eigenes Erleben des Christus, der in allen Wesen und auch im Menschen lebe, spricht. Sympathisch erscheint, wie er auf die Geschichte blickt und Francis Bacon als denjenigen bezeichnet, der bewußtseinsgeschichtlich die heutige Umweltzerstörung vorbereitet hat. Er konstatiert hier das Wirken einer ganzen Bewußtseinsströmung, indem er eine große Linie von Plato bis zu Francis Bacon hin zieht, die er beide bezichtigt, ein weltabgewandtes Denken zu haben. Ihr Denken – bei Plato die Ideenlehre, bei Francis Bacon das abstrakte intellektuelle Denken – würde nicht mit der Welt, mit der Natur übereinstimmen. Noch interessanter wird es, wenn man in der Anthroposophie steht und dann hört, daß für Al Gore das gute Beispiel für ein umweltbewußtes, sich mit den Dingen verbindendes Denken – Aristoteles und Alexander der Große sind. Diese versteht Gore als ganz im Gegensatz zu Plato und Bacon stehend; sie sind gerade diejenigen, die mit ihrem Denken ganz die physische Welt durchdringen. Man hat also erst einmal Gedanken, wo man sich als Anthroposoph etwas wundern und sich fragen kann, ob Gore nun Steiner gelesen oder aus welcher Quelle er das hat. Es gibt weitere Passagen, die diese Frage aufwerfen können: So spricht er zum Beispiel über Thomas von Aquin, und man findet sogar das Gemälde von Raffael, die «Schule von Athen», abgebildet, wo Plato und Aristoteles die Stufen herunterschreiten.

Aber in bezug auf Lösungsvorschläge, die für eine Erhaltung und Heilung der Umwelt gemacht werden, muß man ernüchtert feststellen: Da steht eigentlich nichts Wesentliches in diesem Buch zu lesen. Man weiß sogar hinterher gar nicht, wie er sich zu einzelnen Fragen konkret stellt: Ist er nun eigentlich für Atomkraft oder ist er dagegen? Er sagt: Atomkraftwerke, so wie sie heute sind, sind zu gefährlich. Aber man könnte ja neue bauen, die sicher sind, und Kernfusion sei ohnehin der neue Weg in die Zukunft. Gentechnik könnte auch gefährlich sein, sei jedoch nötig, da wir Pestizide in der Landwirtschaft überhaupt nicht haben wollen. – Man findet nicht heraus, was er wirklich meint.

Vergleichbar mit Woodrow Wilsons berühmten «14 Punkten» nach dem Ersten Weltkrieg – wo es heißt: Frieden und Selbstbestimmungsrecht für alle Völker und so weiter –, schreibt Gore thesenartig und stellt so «Umweltthesen» auf. Aber konkrete Lösungen sucht man hier vergebens, obwohl alles hervorragend beschrieben ist und Mechanismen genial aufgedeckt werden. Al Gore ist also mit Sicherheit keinesfalls ein Schmalspurpolitiker, sondern jemand, der Geschichte, der Philosophie kennt und ein ungeheures Wissen über die ökologischen Zusammenhänge hat und dieses einprägsam zu vermitteln vermag.

Interessant ist nun auch, was er über die Rolle der Vereinigten Staaten sagt:

> «Wir brauchen eben einen Marshallplan für die Erde, so wie die Vereinigten Staaten einen Marshallplan hatten nach dem Zweiten Weltkrieg für Europa. So etwas brauchen wir jetzt für die ganze Erde, aber dieser Marshallplan kann eigentlich nur von den USA kommen. [...] Die Vereinigten Staaten sind lange der natürliche Führer der weltweiten Gemeinschaft der Nationen gewesen.»[87]

– Lange? Eigentlich gar nicht so lange. Nicht einmal ein Jahrhundert, denn vor diesem Jahrhundert waren die globalen Machtverhältnisse völlig andere.

> «Von Anfang an beruhte unsere Führungsrolle in der Weltgemeinschaft auf mehr als militärischer und wirtschaftlicher Stärke. Der

87 Ebenda., S. 171 ff.

Drang Amerikas, Unrecht zu korrigieren – von der Abschaffung der Sklaverei bis zur Gewährung des Frauenstimmrechts –, hat unsere moralische Führungsautorität ständig erneuert. Aber wir sind unserem Potential nicht immer gerecht geworden.»

Wann sind die USA ihrem Potential nicht gerecht geworden? – In der Zeit nach dem Ersten Weltkrieg, schreibt Gore: Es sei ein großer Fehler gewesen, daß das amerikanische Volk sich nach dem Ersten Weltkrieg nicht mehr für die Welt interessierte, sondern Amerika sich ganz nach innen wandte und der damalige Präsident Woodrow Wilson aus diesem Grunde nicht weiter wirken konnte. Im Buch heißt es dann noch, nun von der Zeit nach dem Zweiten Weltkrieg ausgehend:

«Tatsächlich erwuchs die von beiden Parteien im Kongreß getragene Unterstützung des Marshallplanes in Europa und des sorgfältig überwachten Wiederaufbaues Japans zum Teil aus einem verbreiteten Bewußtsein, wie sehr die Tragödie des Zweiten Weltkrieges ein unmittelbares Ergebnis des Versagens von Kongreß und Bevölkerung der Vereinigten Staaten – nicht Präsident Woodrow Wilsons – nach 1918 war, die neue Verpflichtung der Nation zur Übernahme der Führungsrolle in der Welt einzulösen. Wir sollten diese Lektion auch heute beachten. Mit ihrer Weigerung, nach dem Sieg über den Kommunismus und angesichts des Angriffs der Zivilisation auf die globale Umwelt die Führungsrolle in der Welt zu übernehmen, tragen die Vereinigten Staaten wiederum zu einem Absinken ins Chaos bei.»

Dies ist nun natürlich aus aktuellem Grunde interessant: George Bush wollte nach Beendigung des Golfkriegs nicht weiterhin in dieser Intensität die Führungsrolle übernehmen. Zudem hatte er kein Auge auf die Umweltzerstörung geworfen, auf das Thema, welches die Menschen heute am meisten bewegt. Dafür ist aber heute jemand Vizepräsident, der sehr wohl weiß, daß Amerika seine Führungsrolle zu übernehmen hat:

«Entweder suchen wir nach Mitteln und Wegen, um die Veränderung zu steuern, die unsere neue gemeinsame Geschichte formen, oder wir werden von ihnen gesteuert – willkürlich und chaotisch. Wie 1918 wird diese Entscheidung in erster Linie von den Vereinigten Staaten getroffen. Es liegt eine Ironie darin, *daß damals der Präsident Weitblick und Führungswillen zeigte*, die Bevölkerung ihm aber nicht folgen wollte; diesmal scheint die Bevölkerung bereit zu sein, aber der Präsident ist es nicht. [– George Bush! Kurz, ein Jahr vor dem Wahlkampf ist das Buch erschienen, d.V.] Der Übergang zu einem *neuen Grundmuster unserer Zivilisation* wird unvermeidliche Brüche und Verwerfungen zur Folge haben; dies nicht zu tun, wäre aber katastrophal. *Wie es beinahe jedesmal der Fall war, wenn wir eine Führungsrolle übernehmen, würde es auch hier mit hoher Wahrscheinlichkeit beträchtliche wirtschaftliche und geopolitische Vorteile für die Vereinigten Staaten geben. Könnte man diese Nation überzeugen, als Katalysator und Koordinator einer wirksamen globalen Strategie aufzutreten, so würde sie überdies ein weiteres Mal ihr Versprechen einlösen, die letzte und beste Hoffnung der Menschheit auf Erden zu sein.*»

– «... ein weiteres Mal ihr Versprechen einlösen, die letzte und beste Hoffnung der Menschheit auf Erden zu sein»: Deutlicher kann man Amerikas Ziel nicht darstellen. Es ist sehr interessant, sich das einmal vor Augen zu halten.

Im Laufe seiner Ausführungen kommt Al Gore auch auf die UNO zu sprechen, von der er allerdings als Instrument für seine Ziele keine allzu hohe Meinung hat. Denn die UNO könne eigentlich nicht das Instrument einer Weltregierung sein, da man sich in der UNO nur schwer führend durchsetzen könne. Als Alternative schlägt er vor, weltweit vielfältige Vertragswerke zum Schutze der Umwelt zu entwerfen und abzuschließen.

Es ist deutlich, daß die USA mit diesem neuen Führungsgespann ihre weltweite Führungsposition beziehen und ausbauen werden. Denn Al Gore wird nicht vergessen haben, was er geschrieben hat, und zudem muß man in ihm den eigentlich führenden Kopf des präsidierenden Duettes sehen – nicht in Bill Clinton. Allerdings muß die Verwirklichung dieser neuen globalen Führungsideen nicht zwangsläufig sofort und unter der personellen Ägide von Clinton/Gore geschehen. Viel entscheidender ist, daß die Ideen nun in der Welt sind; ein anderer wird sie auch später noch ausführen können.

Daß ein amerikanischer Präsident oder Vizepräsident in der Lage ist – was weder in der Ära Bushs oder Reagans noch in der Carters, Fords, Nixons, Johnsons oder Kennedys der Fall war –, ein wirklich überzeugendes Sachbuch zu schreiben, das sogar in der breiten Öffentlichkeit als Bestseller Furore macht, ist das eigentlich besondere Merkmal dieser Tatsache. Ein führender US-Politiker wird auch als Fachmann und begeisternder Autor ernst genommen und anerkannt. In welchem Sinn dies im geschilderten Fall zu begrüßen ist, wird sich dem wachen Leser bei der Lektüre des genannten Buches ergeben.

«Das eigentlich radikale Böse» – Okkulte Hintergründe des Amerikanismus[88]

Man kann aus den bisher geschilderten Zusammenhängen einen ersten Eindruck davon bekommen, wie der Amerikanismus am Ende dieses Jahrhunderts zu seinem Höhepunkt strebt. Halten wir nun dazu, was Rudolf Steiner 1917 darlegt, daß der Amerikanismus aus seinen ganz natürlichen Kräften heraus, aus Kräften, die in ihm liegen, Mitteleuropa wird vernichten wollen:

> «Denn Amerikas Bestreben geht darauf hinaus, alles zu mechanisieren, alles in das Gebiet des reinen Naturalismus hineinzutreiben, *Europas Kultur nach und nach vom Erdboden auszulöschen.* Es kann nicht anders.»[89]

Ziehen wir dies in Betracht, so formt sich einem die Frage, warum gerade Mitteleuropa den USA im Wege steht. Um dies

88 Sehr zu empfehlen für eine weitere Beschäftigung mit diesem Thema ist das Buch von Carl Stegmann, *Das andere Amerika.* Dornach 1991.

89 Rudolf Steiner, St. Gallen, 16. 11. 1917. GA 178.

zu beantworten, müssen wir die gegenwärtige Zeit noch aus einem anderen Blickwinkel betrachten.

Aus der Anthroposophie heraus kann man wissen, daß in der Zukunft eine Kulturepoche kommen wird, in der die vorherrschende Stellung Amerikas berechtigt ist. Dies wird die siebente nachatlantische Kulturepoche sein, also eine Zeit, die von heute gerechnet noch etwa 3600 Jahre in der Zukunft liegt. Davor erstreckt sich noch ein langer Zeitraum der slawischen, der russischen Kulturepoche. Heute leben wir in der fünften, der mitteleuropäischen, in welcher von Mitteleuropa die geistige Initiative, die kulturelle Initiative für die ganze Welt ausgehen soll. Diese Epoche finden wir zuweilen auch als die «mitteleuropäisch-angelsächsische» bezeichnet. Das erklärt sich aus dem urbildhaften Zusammenwirken der Mitte und des Westens: Die Kulturinitiative aus der mitteleuropäischen Geistigkeit kann eine wunderbare Unterstützung erfahren aus dem angelsächsischen Bewußtseinsseelen-Element, das in seiner willenshaft-pragmatischen Ausrichtung geistige Impulse in die Umsetzung auf den physischen Plan zu führen versteht. Die Aufgabe unserer Kulturepoche wird erfüllt, wenn die geistige, kulturelle Initiative jedoch aus der mitteleuropäischen Geistesart entspringt – *allerdings unter Verzicht auf wirtschaftliche und politische Macht*. Diese beiden Arten der Macht gehören nicht zur Aufgabe Mitteleuropas und verursachen daher, wenn sie von Mitteleuropa ausgehend ausgeübt werden, den Haß der Welt auf das, was man den deutschen Geist nennen kann. Haß wird entfesselt, weil es nicht der deutsche Geist im eigentlichen Sinne, sondern der deutsche Ungeist ist, der dort wirkt.[90]

Bei demjenigen, was heute von den USA ausgehend geschieht, handelt es sich nun um eine großangelegte Vorziehung der siebenten großen Kulturepoche. In dieser Epoche wird es, wie es Rudolf Steiner beschreibt, zwei Gruppen geben, in die sich die Menschheit bis dahin aufgespalten haben

90 Siehe: Rudolf Steiner, Dornach, 22.7. 1923. GA 259.

wird – eine, die den christlichen Weg geht, und eine andere, die den Weg der ahrimanischen Macht einschlägt. Die letzteren werden sich im Verlauf dieser amerikanischen Kulturepoche in einem großen «Krieg aller gegen alle» gegenseitig zu vernichten trachten. Auch wird sich, wie naturgemäß, ihr verselbständigtes Haß- und Gewaltpotential auch auf die Mitglieder der ersten Gruppe richten.

Heute stehen wir menschheitsgeschichtlich an einem Punkt, wo dieser «Krieg aller gegen alle» in einer Art kleineren Vorform bereits veranlagt ist[91] und – schauen wir auf den Nahen Osten, auf die Gebiete des ehemaligen Jugoslawien sowie der ehemaligen Sowjetunion – an manchen Orten schon begonnen hat.

Wenn man sich nun fragt, wie das amerikanische Wesen dazu kommt, in dieser umfassenden Weise verfrüht zu wirken, müssen wir dabei immer bedenken: Nicht Individualitäten, nicht der einzelne US-Amerikaner als Individualität hat dieses Ziel – *die Iche der einzelnen Menschen müssen wir sogar streng davon getrennt betrachten* –, sondern es sind Kräfte, die im Volkszusammenhang, in der Nation liegen und in einem Zusammenhang mit dem Boden des Kontinents Nordamerika stehen.

Es ist dies ein sehr interessanter Kontinent: Aus der Erde kommen dort magnetische, elektromagnetische Kräfte, die in den Menschen hinein wirken. Für diese ist nun der Amerikaner in besonderer Weise empfänglich, ebenso wie auch für alle anderen Einflüsse der äußeren Umgebung.

Zeylmans van Emmichoven, der holländische Arzt und Anthroposoph, schildert die in Amerika an vielen Orten zu beobachtende Wirkung der Elektrizität:

«Nicht nur der Boden selber, auch unterirdische Kräfte, magnetische wie elektrische, sind [hier] von eminenter Bedeutung. In manchen Teilen von Amerika trifft einen ein elektrischer Schlag, wenn man den Schlüssel ins Schlüsselloch steckt oder Metallteile des Autos berührt. Einer meiner Freunde erzählte, daß verschiedene Washingtoner Bü-

91 Siehe: Rudolf Steiner, Dornach, 6. 8. 1921. GA 206.

ros alle Türknöpfe aus Metall mit Gummi überziehen mußten, weil ihre Angestellten die elektrischen Schläge nicht mehr ertrugen.»[92]

Die elektromagnetischen Kräfte wirken nun vor allem auf das Gliedmaßensystem, auf den Willensmenschen. Daher kann Zeylmans auch davon berichten, daß sich «eine bestimmte Gesichtsform, die sich unter anderem in einer Verbreiterung des Unterkiefers äußert», bei dem Amerikaner herausbildet; auch die «Arme und Hände werden länger». Das heißt also, daß die genannten «unterirdischen» Kräfte so stark auf den Menschen einwirken, daß sie nach verhältnismäßig kurzer Zeit bereits in ihrem prägenden Einfluß auf die menschliche Konstitution spürbar werden. Die sich darin ausdrückende Intensivierung der Willenssphäre prägt insgesamt das Wesen des Amerikaners. Zeylmans schreibt, daß man nirgendwo sonst einem Willen begegnet, «der sich sofort in die Tat umsetzt, der Hindernisse nie als Belastung, sondern als Anregung zur Überwindung betrachtet».

Auf der anderen Seite wirken die elektromagnetischen Kräfte jedoch auch Amerika-typisch auf die Art eines bestimmten ahrimanischen Doppelgängerwesens, das im Menschen lebt und in dessen Organismus alle Krankheiten bewirkt. Rudolf Steiner nennt dies den «geographischen Doppelgänger», da dieses Wesen von den unterschiedlichen geographischen Gegebenheiten der Erde abhängig ist.[93] Seine Affinität zu den geographisch bedingten elektromagnetischen Kräften des nordamerikanischen Kontinentes läßt eben dort ein ideales «Klima» für sein Wirken entstehen, denn jene sind ihm ihrer Natur nach nah verwandt:

«In der Elektrizität sind allerdings schwimmend die moralischen Impulse, die Naturimpulse – aber sie sind die unmoralischen; das sind die *Instinkte des Bösen...*»[94]

92 Zeylmans van Emmichoven, *Amerika und der Amerikanismus*. Freiburg 1954. S. 17.

93 Siehe Anm. 17.

94 Rudolf Steiner, Dornach, 28. 1. 1923. GA 220.

Eine bemerkenswerte Tatsache ist in diesem Zusammenhang, daß die Rocky Mountains, der einzige große Gebirgszug Nordamerikas, von Norden nach Süden verläuft, während fast alle anderen großen Gebirge der Welt ihre Richtung von Westen nach Osten nehmen. Diese Richtung von West nach Ost können wir als ein Zeichen für Harmonie und Ausgeglichenheit, die Nord-Süd-Richtung als eines für trennende und zersplitternde Kräfte ansehen.[95]

Was hier vorliegt, kann man sich bildhaft-real so verdeutlichen: Der gesamte amerikanische Kontinent ist von einem großen Gebirgszug in Nord-Süd-Richtung durchzogen, wobei die Rocky Mountains ihre Fortsetzung in den südamerikanischen Anden finden. Wir haben hier also einen zweigeteilten Kontinent (Nord- und Südamerika) mit einer äußerst schwach ausgeprägten Mitte (Mexiko), der in seiner Länge im Norden nah an den Nordpol und im Süden nah an den Südpol heranreicht. Den gewaltigen Gebirgszug in Richtung Nord-Süd kann man daher als eine *Verbindungsbahn* zwischen den Polen und ihren magnetischen Wirkungen verstehen. Dies steht im ursächlichen Zusammenhang mit den starken elektromagnetischen Erdstrahlungen, die in der geschilderten Weise auf die leibliche wie auch die seelische Beschaffenheit der Menschen, die auf diesem Gebiet leben, wirken.

Hinzu kommt, daß der heutige US-Amerikaner diesen Erdströmen völlig direkt und schutzlos ausgesetzt ist, da er im Grunde als ein Fremder auf diesem Boden lebt. Die *heutigen* USA sind ein Land ohne eigene Kultur, ohne eigene Geschichte; die Indianerkultur, die eine lange Geschichte hat und mit diesen Erdkräften bewußt umgehen konnte, ist fort, vernichtet; die jetzige Kultur umfaßt einen Zeitraum von nur wenigen hundert Jahren und ist eine herübertransportierte europäische Kultur, zum Teil auch eine afrikanische Kultur, aber keine spezifisch nordamerikanische Kultur, und so gibt es dort eigentlich nichts, was in einem originären mythisch-geistigen

95 Siehe: Rudolf Steiner, Dornach, 25.11. 1917. GA 178.

Bereich urständet. Dafür ist alles klar durchschaubar, genauestens in seinem physischen Verlauf nachzuvollziehen.

Was durch den Zusammenschluß dieser fünfzig amerikanischen Staaten entstand, bezeichnet Rudolf Steiner einmal als ein «Kartenhaus». Dieses Kartenhaus ist ein Gebilde mit einem ungeheuren Reichtum an Naturschätzen, an Naturformationen, an Meeren, an Bergen und so weiter, aber es ist ein Kunststaat ohne eigene geschichtliche Wurzeln, ohne eigenes kulturell-geistiges Fundament. Weiter das Wesen Amerikas charakterisierend, sagt Rudolf Steiner in seiner «Ansprache an die Russen» folgendes:

«Bedenkt, daß in den Wurzeln des Amerikanertums der Materialismus waltet. [...] Und wenn man heute betrachtet den als ihren bedeutendsten Schriftsteller Anerkannten, den ja auch die Amerikaner durch Wahl zu ihrem Leiter bestimmt haben, *Woodrow Wilson*, der für die heutigen Verhältnisse wirklich ein bedeutender Schriftsteller ist, der Glänzendes an schriftstellerischen Leistungen für die soziale Anschauung geleistet hat, wenn man ihn anschaut, seine Begriffe und Ideen, alles, was er repräsentiert als Vertreter des amerikanischen Volkes, was ist es? Ein *Kartenhaus*. Ein Kartenhaus, von einem einzigen Hauch, wenn er einmal gehaucht würde, aus den spirituellen Welten heraus, vernichtet. Dann würde diese ganze Kultur umfallen.»[96]

Ein Kartenhaus – das ist nun allerdings ein sehr drastisches Bild, das Rudolf Steiner hier gebraucht. Wenn man jedoch die amerikanische Kultur näher betrachtet: Erlebt man dabei nicht in dem, was sich in Hollywood, in Las Vegas darlebt, was sich aber auch mit der Wall Street und der Macht des Geldes verbindet, etwas, was man als eine «Plastikkultur» bezeichnen kann? Und dies beschreibt doch eigentlich nur ein Kartenhaus, ein Plastikhaus. Wenn das Börsensystem zum Beispiel irgendwo einen Riß zeigt, droht eigentlich alles zusammenzubrechen, wenn es nicht durch gewaltige Anstrengungen wiederum gestützt würde. Aber in der nächsten Zukunft

96 Rudolf Steiner, Helsingfors, 5.6.1913. GA 158.

wird mit hoher Wahrscheinlichkeit insbesondere dieser Teil des künstlichen Systems wie ein Kartenhaus zusammenstürzen, da es mit der heutigen Überschuldung, die ja vor allem die USA selbst betrifft, unmöglich ist, noch viele Jahre oder Jahrzehnte so weiterzuwirtschaften.

Ein weiteres Beispiel, hält man sich die US-Kultur vor Augen, zeigt sich unter vielem anderen in der Tatsache, daß sich der Wortschatz des Durchschnittsamerikaners in den letzten Jahren rapide verringert hat, daß er nur noch etwa so viele Worte wie bei einem 12- bis 13jährigen Menschen umfaßt. Dies wurde von US-Wissenschaftlern untersucht. Der exorbitante Gebrauch genormter Plastikwörter in der amerikanischen Politik kann hier als die Spitze eines Eisberges betrachtet werden, der durch den umfassenden Einsatz audio-visueller Medien weiterhin anwachsen wird.[97]

Gerade diese USA, die größte Weltmacht und der willkommene Weltpolizist, repräsentieren heute eine Kultur, die keine Zukunftskeime in sich trägt, die rein aus den Kräften der Erde, des Materialismus gebildet wird.

Blickt man weiter auf die Eigenart des nordamerikanischen Volkszusammenhanges, muß man miteinbeziehen, worauf Rudolf Steiner in dem sogenannten «Volksseelen-Zyklus», den er im Juni 1910 in Kristiania (Oslo) gehalten hat, hinweist: Die Lebensalter des einzelnen Menschen findet man über die Erde verteilt, so daß die Völker über die ganze Erde hin einen Menschen in seiner Zeitgestalt, in allen seinen Lebensstufen repräsentieren. Der Afrikaner trägt in sich alles, was noch das Kindliche im Menschen ist, aufgefaßt in aller Reinheit, aber auch aller Übermütigkeit und allem Egoismus des Kindlichen. Der Asiate repräsentiert vor allem das jugendliche Alter, der Europäer das mittlere Alter und der Amerikaner das Greisenalter. Es sind vergreisende, sklerotisierende Kräfte, die

97 Sehr zu empfehlen ist hierzu das Buch von Allan Bloom, *Der Niedergang des amerikanischen Geistes*. Hamburg 1988. Vorwort von Saul Bellow.

dort aus dem Erdboden auf die Menschen wirken, und nur ein außerordentlich waches Ich ist fähig, mit diesen Kräften bewußt umzugehen, um sie dann aber auch in ausgesprochen positiver Weise spirituell gebrauchen zu können. Es ist ja eine amerikanische Eigenschaft, alles praktisch zu sehen, die Dinge stets in die Umsetzung zu bringen, in die physische Sichtbarkeit. Würde dies aus geistigen Kräften geführt, so würde es wunderbar wirken können. Das amerikanische Element, von Geisteswissenschaft, von Anthroposophie ergriffen, würde etwas unendlich Heilsames für die Welt bedeuten; es entstünde daraus jedoch mit Sicherheit kein alleiniger Führungsanspruch, sondern die Einsicht, daß man mit der Mitte und dem Osten für die menschliche Entwicklung zusammenzuarbeiten hat.

Jedes Volk ist auch im Zusammenhang mit dem zu ihm gehörigen geistigen Wesen, seinem Volksgeist zu sehen. Dieses Wesen hat mit der individuellen Ausgestaltung eines jeden Volkes, der Gestaltung der Landschaft, der Sprache, der Mentalität und so weiter zu tun. Im Volksseelen-Zyklus Rudolf Steiners heißt es dazu, daß der Volksgeist der Amerikaner kein Wesen aus der Hierarchie der Erzengel sei, wie es normalerweise bei Volksgeistern der Fall ist, sondern ein zurückgebliebener Zeitgeist, ein Archai.[98] Es handelt sich also um ein mächtiges geistiges Wesen, das in der Hierarchie eine Stufe oberhalb der Erzengel steht. Er ist allerdings nicht den regulären Entwicklungsweg der kosmischen Weltordnung mitgegangen, sondern zurückgeblieben, abgefallen, luziferisch-ahrimanisch geworden. Als Volksgeist wirkt es nun in der Landschaft und auf die Menschen Nordamerikas. Von daher können wir verstehen, wenn Rudolf Steiner einmal ausführt[99], daß der Amerikaner, will er zur Anthroposophie fin-

98 Siehe: Rudolf Steiner, Kristiania (Oslo), 8.6. 1910. GA 121.

99 Nach einer mündlichen Überlieferung ungewissen Ursprungs, vermutlich aus dem Kreis um Emil Bock und die Priester der Christengemeinschaft.

den, sich in Opposition zu seinem Volksgeist stellen muß. Der Deutsche befindet sich im Vergleich dazu im Einklang mit seinem Volksgeist, wenn er sich der Anthroposophie zuwendet. Will schließlich der Franzose zur Geisteswissenschaft finden, so Rudolf Steiner weiter, dann ist es dem Volksgeist recht egal: Es liegt sozusagen nicht im direkten Interesse des Volksgeistes, es spricht jedoch auch nichts dagegen. Der Mensch in Nordamerika muß sich jedoch *direkt gegen das Wirken seines Volksgeistes* stellen, um zum Geistigen zu finden, weil die Kräfte, die ihn zur Erde herunterziehen, so außerordentlich stark sind.

Halten wir nun die einzelnen Elemente, die man so skizzieren kann, zu einem vorläufigen Bild zusammen, so wird verständlich, warum Rudolf Steiner dasjenige, was Europa vom Westen zu erwarten hat, immer wiederum so kraß charakterisiert. Demnach gibt es für die Mitte nur zwei einander sich ausschließende Möglichkeiten: Goetheanismus oder Amerikanismus. Der Goetheanismus als der mitteleuropäische Volksimpuls ist immer wiederum von den Widersachermächten – wie den Dämonen, die im Nationalsozialismus wirkten – verdrängt worden und ist so kaum noch wirksam. Weltweit die Kulturerscheinungen prägend ist dagegen der Amerikanismus, der seinem inneren Wesen nach erkannt werden sollte.

«Aber gerade dann würden wir von jeder Verhimmelung des Amerikanismus, dem wir uns ja auch hinlänglich hingegeben haben, zurückkommen und würden gerade deshalb, weil die *Furcht vor dem Geistigen* das charakteristische Element im Amerikanismus ist, einsehen, daß in den gegenwärtigen katastrophalen Ereignissen das amerikanische Element als *das eigentlich radikale Böse* immer mehr und mehr wirken wird. Kurzsichtige sind es, die anderes über die Dinge sagen, weil sie nicht aus den Zusammenhängen heraus urteilen. Alles, was aus der politischen Lage der Franzosen, alles, was aus der rein ökonomischen Starrheit, die dem Britischen naturgemäß ist, alles, was aus dem animalischen Furor, diesem ‹heiligen Egoismus› des italienischen Volkes fließt, das ist im Hinblick auf die großen Angelegenheiten, die sich abspielen, eine Kleinigkeit gegenüber dem eigentlich bösen Element, das aus dem Amerikanismus aufgeht.»[100]

Das «eigentlich radikale Böse» wirkt in dem amerikanischen Element – das heißt, die Menschen in Amerika sind in höchster Weise gefährdet von den Kräften, die aus der Erde aufsteigen, die nichts anderes als rein ahrimanische Kräfte sind.

Schauen wir vor diesem Hintergrund auf zwei weitere Charakteristika, welche die nordamerikanische Bevölkerung selbst betreffen. Das eine ist die bedeutende reinkarnatorische Tatsache, daß in der heutigen Zeit in Nordamerika sich größtenteils Menschen verkörpern, die in der Vergangenheit im indischen Kulturraum inkarniert waren.[101] Man hat es hier mit einer Bewegung über die Erde hin zu tun, wodurch sich die Menschen in immer anderen Kulturräumen wiederverkörpern. So sind beispielsweise viele Menschen, die sich heute in Mitteleuropa inkarnieren, wiederverkörperte Indianer, viele heute insbesondere in Japan inkarnierte Menschen frühere Europäer, viele Nordamerikaner eben frühere Asiaten, Inder. Nur Menschen, die in ihren verschiedenen Erdenleben fortwährend mit den Mysterien in Verbindung standen, die der Strömung der Sonnenchristen angehören, und andererseits solche, die sich über viele Erdenleben hinweg zu ausgesprochenen Dienern Ahrimans entwickelten, vermögen über eine Anzahl von Inkarnationen hinweg im mitteleuropäischen Kulturraum – im Zentrum der gegenwärtigen Menschheitsentwicklung – inkarniert zu bleiben. Dabei ist unbedingt zu berücksichtigen, daß diese Angaben Rudolf Steiners nicht als starre Gesetzmäßigkeiten aufzufassen sind; vielerlei Ausnahmen sind möglich.

Der Inder, der von der äußeren Welt abgewandt, ganz dem Kosmos hingegeben lebte, sucht also gegenwärtig im allgemeinen eine Inkarnation auf amerikanischem Boden, um sich

100 Rudolf Steiner, Berlin, 30.7. 1918. GA 181.
101 Siehe: Rudolf Steiner, Stuttgart, 6.1. 1921. GA 203.

zum Ausgleich nun mit den Erdentiefen verbinden zu können. Es lebt in ihm, verursacht durch die in der Vergangenheit erlebten Entbehrungen, sogar eine große Affinität zum Materialismus hin. Dieser Neigung kommt stark entgegen, was dort aus dem Erdboden und aus dem Volksgeist heraus wirkt.

Die zweite Tatsache, die in diesem Zusammenhang von Bedeutung ist, bezeichnet Rudolf Steiner einmal als «eine eigentümliche, tief bedeutsame Erscheinung»:

«Es ist diese, daß außerordentlich viele Menschen, wenigstens verhältnismäßig viele Menschen geboren werden, die nicht den regelmäßigen Gang der Wiederverkörperung zeigen. [...]

Es können uns Menschen in Menschenform entgegentreten, die eigentlich nur dem äußeren Scheine nach solche Menschen sind, die immer wiederkommenden Erdenleben unterliegen; in Wahrheit sind das Menschenkörper mit physischem, ätherischem, astralischem Leib, aber in diesen verkörpern sich andere Wesenheiten, Wesenheiten, die sich dieser Menschen bedienen, um durch sie zu wirken. Es ist in der Tat so, daß zum Beispiel im *Westen* es wirklich eine große Anzahl solcher Menschen gibt, welche im Grunde genommen nicht einfach wiederverkörperte Menschen sind, sondern welche die Träger sind von Wesenheiten, die einen ausgesprochen verfrühten Entwicklungsgang zeigen, die eigentlich erst in einem späteren Entwikkelungsstadium in der Menschheitsform auftreten sollten.»[102]

Mit diesen Worten ist die bewegende Tatsache ausgesprochen, daß es im 20. Jahrhundert eine größere Anzahl von Menschen gibt, die keine menschliche Individualität tragen, also *Ich-lose Menschen*, durch die andere Wesenheiten hindurchwirken. Träger solcher Wesenheiten, so Rudolf Steiner weiter, sind zahlreiche Mitglieder westlicher Geheimgesellschaften sowie die tonangebenden Persönlichkeiten gewisser Sekten im We-

102 Rudolf Steiner, Dornach, 22.10. 1920. GA 200. Es ist anzumerken, daß die hier genannten Wesenheiten deutlich ahrimanischer Natur sind: Wie Luzifer stets die Vergangenheit konservieren und zur Gegenwart machen möchte, so will Ahriman fortwährend erst in der Zukunft Berechtigtes bereits in der Gegenwart zum Leben erwekken.

sten. Diejenigen Wesenheiten, welche nun den Platz der menschlichen Individualität okkupieren, wirken vorzugsweise durch das Stoffwechselsystem. Dies tun sie in Gestalt von dreierlei Arten von Geistwesen, «die sich so durch das *Stoffwechselsystem* verschiedener Menschen des Westens verkörpern. Die *erste* Art sind solche Geister, welche eine besondere Anziehungskraft haben zu dem, was gewissermaßen die elementarischen Kräfte der Erde sind», die also durch das Stoffwechselsystem selbst vor allem im *Wirtschaftsleben* wirken. Die *zweite* Art wirkt vor allem durch das rhythmische System der Menschen, um vorrangig im *Staatsleben* «das Selbstbewußtsein zurückzudrängen, das volle Bewußtsein der Bewußtseinsseele nicht herauskommen zu lassen» und eine Kultur der Phrasen- und Lügenhaftigkeit zu begründen. Die *dritte* Art dieser Wesen, die durch das Nerven-Sinnessystem des Menschen vorrangig im *Geistesleben* ihre Wirksamkeit entfalten will, macht es sich vor allem zur Aufgabe, «nicht den Menschen zur individuellen Geistigkeit kommen zu lassen», indem sie ihn «mehr oder weniger zur Schablone seiner Nationalität» macht. Zusammenfassend weist Rudolf Steiner darauf hin, daß alle drei Arten dieser Wesenheiten darauf aus sind, das Wirtschaftsleben, welches das Materielle der Welt nach außen hin sichtbar repräsentiert, zum einzig anzubetenden Idol der heutigen Zivilisation zu erheben:

«Sie stellen sich die Aufgabe, das ganze Leben als bloßes Wirtschaftsleben zu erhalten, auszurotten allmählich alles andere, was von geistigem Leben da ist […], allmählich zu verstumpfen das politisch-staatliche Leben und alles aufzusaugen durch das Wirtschaftsleben. *Im Westen sind diese Menschen, die in einer solchen Weise in die Welt treten, die eigentlichen Feinde und Gegner des Dreigliederungsimpulses.*»[103]

In dem instinktgetragenen, rein aus den Impulsen des Egoismus gespeisten Wirtschaften, in der Verlogenheit der öffentlichen Meinung, die durch die Medien transportiert wird und

103 Ebenda.

in den toten Schablonen der Ideologie, sei es nun eine nationalistische oder welche auch immer, wirken also zahlreiche Wesenheiten, die sich im Westen anstelle von menschlichen Individualitäten in menschlichen Hüllenwesen inkarnieren. Sie sind «die eigentlichen Feinde und Gegner des Dreigliederungsimpulses» oder: des Wirksam-Werdens der mitteleuropäischen Geistigkeit im sozialen Leben.

Dies zusammengenommen bildet nun die Grundlage, auf der dieses Kunstreich, dieses Kartenhaus von dem genialsten Kartenspieler der Welt, nämlich Ahriman selbst, errichtet wird. In wunderbaren Formen und Gestaltungen ist ein Kunstreich Ahrimans im Entstehen, welches sich verheerend für die Welt auswirkt, das radikal Böse will und sich über die ganze Erde hin mittels einer Art Weltregierung auszubreiten sucht. Das Ideal der Freiheit wird so zu einer billigen *Melkkuh* verkommen, einer Melkkuh, die man braucht, um möglichst leicht viel persönliches Glück zu erlangen. Freiheit wird keine hehre Göttin mehr sein, zu der man aufblickt und nach deren Vorbild man sich entwickeln will, sondern Freiheit wird allein gleichgesetzt werden mit der größtmöglichen Entfaltungsmöglichkeit des persönlichen Egoismus und demzufolge der Erwerbsmöglichkeit des größtmöglichen Glückes für jeden Menschen.[104] Für diese Anschauung findet Rudolf Steiner einmal recht unmißverständliche Worte:

«In der nachatlantischen Zeit will nun Ahriman direkt eine *Glückskultur* begründen. Das würde heißen: auspressen die Zitrone, weg mit ihr! – Die Iche würden nicht mehr leben können, wenn nur eine Glückskultur begründet werden sollte. Glück und Gutes, Glück und Tugend sind keine Begriffe, die füreinander gesetzt werden können. Hier sehen wir in tiefe Lebensgeheimnisse hinein. Das, was berechtigt ist: eine Kultur zu begründen, die selbstverständlich in ihren Folgen zu einem gewissen menschlichen Glück führen muß –, wird so verkehrt, daß man das Glück selber als das Wünschenswerte hinstellt.»[105]

104 Siehe Anm. 24.
105 Rudolf Steiner, Dornach, 24.9. 1916. GA 171.

Haben wir bisher auf eine Anzahl recht unangenehmer und bedrohlicher Charakteristika Nordamerikas und der USA hingeschaut, so soll an dieser Stelle noch einmal auf den Gesichtspunkt aufmerksam gemacht werden, welcher der gegebenen Schilderung zugrunde liegt: Wir schauen hier nur auf US-Amerika in bezug auf die *gegenwärtige weltpolitische Lage*, die tatsächlich *rein negativ* von den USA bestimmt wird. Dort leben die weltumspannenden Machtintentionen und die Möglichkeiten zu ihrer Verwirklichung, die einer christlich-spirituellen Menschheitsentwicklung radikal entgegenstehen. Diesen Intentionen kommen eben die geographischen, bevölkerungsmäßigen und anderen Bedingtheiten des nordamerikanischen Kontinents mit seiner heute dort lebenden Bevölkerung stark entgegen.

Die Seelenkraft des *Willens* prägt wie beschrieben das amerikanische Element. Wirkt dieser als verselbständigter Egoismus im Wirtschaftsleben, als auf Gewaltandrohung und -ausübung begründeter Machtanspruch im politischen Leben oder als allein die Sinneswelt anerkennender Materialismus im Geistesleben, so ist er «das eigentlich böse Element, das aus dem Amerikanismus aufgeht». Kann der Wille jedoch spiritualisiert werden, was heißt, daß er in einem harmonischen Zusammenhang mit Denken und Fühlen, mit Haupteskräften und Herzenskräften lebt, so wird er wohltätig und befeuernd in der Welt wirken. Eine auf gegenseitiger Achtung und gemeinsamer Erkenntnissuche beruhende Zusammenarbeit Amerikas insbesondere mit Europa – und in Folge davon auch mit Rußland – wird zu einer solchen *Spiritualisierung des Willens* beitragen. Dieser Wille wird heute dringend in der Welt gebraucht, um aus Geist-Erkenntnis gestaltete neue Formen des gesellschaftlichen Zusammenlebens – im Ideal eine neue Mysterienkultur – auf der Erde bis in alle Verzweigungen des Lebens hinein zu realisieren.

Die UNO als Instrument der Neuen Weltordnung – Ahrimans Inkarnation im Westen

Die heutige Weltlage ist also bestimmt von einer Kulmination der in ihr wirksamen ahrimanischen Kräfte. Um seine Erden-Geist-Ziele erreichen zu können, braucht Ahriman jedoch eine die ganze Erde umfassende Einflußsphäre. Würde die USA – es könnte auch irgendein anderer Staat sein – nun einfach sagen: Wir sind diejenigen auf der Erde, welche die Weltherrschaft innehaben, und richten nun alles so ein, wie wir es für richtig befinden, so würde das doch auf einigen Protest treffen, und letztlich würde nicht viel dabei herauskommen. Um weltumspannend wirken zu können, muß also ein scheinbar neutrales Instrument geschaffen werden, in welchem die verschiedenen Staaten mitgestalten können, das man letztlich jedoch trotzdem dirigiert. Als solch ein «neutrales» Instrument ist der ganze Apparat der UNO eingerichtet. Sie gibt den internationalen Aktionen der USA ihren Segen, ob das nun der Golfkrieg ist oder ob man in Somalia einmarschiert, um dort befriedend einzugreifen und den Hunger zu stillen, den man schließlich selbst mithervorgerufen hat. Wenn Staaten den geplanten Vorhaben der USA nicht zustimmen wollen, können sie sich im Entscheidungsgremium des UN-Sicherheitsrates der Stimme enthalten, wie es zum Beispiel China bezüglich des Golfkrieges tat; als Gegenleistung kommt man ihnen dann in ihren Interessen entgegen. Im Fall Chinas wurde die internationale Ächtung aufgrund des Massakers an etwa tausend Demonstranten auf dem «Platz des himmlischen Friedens» in Peking aufgehoben, was sogar offen ausgesprochen worden ist.

Die *UNO* ist nun nicht allein ein Ort, an dem politische Entscheidungen getroffen werden, sondern sie ist von Anfang an auch ein Ort *spiritueller Konzentration* gewesen, der eine bestimmte Weltanschauung vertritt: diejenige, in der alle Religionen, alles religiöse Fühlen des einzelnen Menschen in gleicher Weise als der Wahrheit entsprechend angesehen wird. So ist beispielsweise dasjenige, was heute als «Neues Denken» durch die New-Age-Bewegung propagiert wird, im hohen Maße durch das Instrument der UNO vorbereitet worden.

Der zweite UNO-Generalsekretär *Dag Hammarskjöld*, ein Schwede, war bereits ein ausgesprochen spiritueller Mensch, der über eine erstaunliche, vor allem moralische Weisheit verfügte, die er allerdings nur durch die Art seines Lebens, nicht erkenntnismäßig seiner Umwelt mitteilte. Sie wurde erst publik, als man nach seinem Tod bei einem Flugzeugabsturz im September 1961 ein «Tagebuch» aus seinen nachgelassenen persönlichen Papieren veröffentlichte.[106] Hierin spricht sich eine Art von Spiritualität aus, die offensichtlich aus einer christlichen Substanz schöpft, welche an die mittelalterliche Mystik, wie sie zum Beispiel ein Johannes Tauler oder Meister Ekkehart darlebten, in zeitgemäßer Form anknüpft. Der verborgene Geistsucher Dag Hammarskjöld stand im guten Sinn am Anfang einer Bewegung, die später dazu überging, nicht nur die großen traditionellen Weltreligionen, sondern *alle Spiritualität*, gleich welcher Couleur, zu begrüßen und zu fördern.

Wir finden bis heute eine spirituelle Tradition der UNO, die immer umfänglicher, umfassender wird: Im UNO-Hauptquartier in New York gibt es nun Meditationsräume, in denen Weisheitslehrer aus aller Welt ihre Sessions abhalten können, wie zum Beispiel der indische Guru *Sri Chinmoy*, der sogar zum Leiter der sogenannten «UNO-Friedensmeditationen» ernannt wurde, welche von zahlreichen Angestellten der UNO im zweitägigen Rhythmus abgehalten werden. Als Anmerkung sei illustrierend erwähnt, daß Sri Chinmoy zum «Training» seiner Willenskräfte einarmig enorme Gewichte stemmt: Er steigerte sich innerhalb von 19 Monaten von 70 Kilogramm auf das unglaubliche Gewicht von 3210 Kilogramm, ein Gewicht, das allem mittels rein sportlichem Training Erreichbaren fernsteht. Der Boden des Raumes in New

106 Dag Hammarskjöld, *Zeichen am Weg*. München 1965.

York mußte hierzu, um die riesige Belastung überhaupt auszuhalten, vom Keller her mit Pfeilern abgestützt werden «[107]

Mit Sri Chinmoy stand nun auch Michail Gorbatschow in Kontakt, der ja wie kein anderer Politiker vor ihm die New-Age-Gesinnung immer mehr in sein Denken und Handeln aufgenommen hat. Wenn er seine Visionen von einer «Neuen Zivilisation», die «neuen Gesetzen der Logik» gehorche[108], ausbreitet und vor der UNO über das «Neue Denken» und die «Neue Weltordnung» spricht, so kann Gorbatschow mit gutem Grund als Protagonist dieser Bewegung angesehen werden. So schlägt er beispielsweise in einem Artikel für die «Prawda» 1987 die Gründung eines *UNO-«Weltkonsultativrates»* vor, der, für sich genommen, durchaus sinnvoll sein könnte, jedoch in Anbetracht seiner in Aussicht genommenen Zusammensetzung wiederum nur in eine bestimmte Richtung weisen würde:

«Unserer Meinung nach ist es längst an der Zeit, unter UNO-Ägide einen Weltkonsultativrat zu gründen, der die geistige Elite der Welt vereinen würde. Namhafte Wissenschaftler, Politiker und Persönlichkeiten des öffentlichen Lebens, Vertreter der internationalen gesellschaftlichen Organisationen, Kultur- und Kunstschaffende, darunter auch Träger des Nobelpreises und anderer internationaler Auszeichnungen von Weltbedeutung, sowie kirchliche Würdenträger könnten das geistige und ethische Potential der gegenwärtigen Weltpolitik spürbar bereichern.»[109]

Dieselbe Signatur zeigt sich im Januar 1990, als Gorbatschow über tausend Teilnehmer zum *«Weltforum der geistlichen Führer und Parlamentarier für das Überleben der Menschheit»* in den Kreml einlud.[110] Unter dem Lenin-Standbild im großen Saal des Ober-

107 «Magazin 2000, Zeitschrift für ein neues Bewußtsein». Heft Nr. 68, April/Mai 1987.

108 Siehe: «Der Spiegel», 25.7. 1991.

109 Michail Gorbatschow, *Realität und Garantien für eine sichere Welt.* «Prawda», 17.9. 1987. In: Gorbatschow, a.a.O. S.42.

110 Siehe: Roger de Weck, *Gurus im Kreml.* In: «Die Zeit», Januar 1990.

sten Sowjet versammelten sich Weisheitslehrer aller Weltreligionen zu einem sonderbaren Spektakel: Mönche, Gurus, Rabbiner, Pastoren, Popen, Muftis, Bonzen und Medizinmänner hielten Reden, debattierten über die Rettung der Welt und leiteten Meditationen an. Was auf den ersten Blick kurios erscheinen mag, ist jedoch nur konsequent. Jeder, der sich mit diesem Thema genauer beschäftigt, kann Zusammenhänge zwischen dem Bolschewismus und der Theosophie indisch-tibetanischer Weisheitslehrer bis heute auffinden. Es herrschte ein reger Austausch zwischen diesen beiden Weltanschauungen, denn die andere Seite des Bolschewismus ist nicht materialistisch, sondern in ihrem Quellpunkt durch und durch spirituell. So ist Lenin von gewissen Meistern des Ostens ein solches Maß an Verehrung entgegengetragen worden, daß sie ihn «Mahatma» nannten.[111] An dessen «Neue ökonomische Politik» knüpfte Gorbatschow mit seiner Perestroika unmittelbar an, an Gorbatschows «neues Denken» wiederum, um nur den prominentesten politischen Vertreter zu nennen, der ehemalige deutsche Außenminister Hans-Dietrich Genscher, der in vielen seiner Äußerungen belegt, daß man auch im Westen einige Offenheit für New-Age-Elemente in der Politik aufzubringen vermag.[112]

Betrachten wir an dieser Stelle, was die New-Age-Bewegung und somit auch das «neue Denken» methodisch charakterisiert. Diese Bewegung umfaßt ja vor allen Dingen Techniken geistiger Schulung, die im *Willens- und Gefühlsbereich* des unteren und mittleren Menschen ansetzen, in Bereichen, in denen der Mensch nur schlafend und träumend mit seinem Bewußtsein anwesend ist. Diejenige Seelenqualität, auf die der Mensch als Ich-Wesen vorerst einzig einen bewußten Zugriff hat, nämlich das Denken wird als allein *wach* zu durchdringende Seelenfähigkeit nicht berücksichtigt, nicht untersucht.

111 Siehe dazu: Sergej O. Prokofieff, *Der Osten im Lichte des Westens.* Dornach 1992.

112 Siehe dazu das Interview mit Hans-Dietrich Genscher im «Spiegel», Nr. 40/1990.

Es wird nicht das Denken spiritualisiert, indem das Ich den Denkwillen, die Seele das Denkgefühl hineinarbeiten, sondern das Denken wird baldmöglichst ausgeschaltet, um allein die Kräfte des unteren und mittleren Menschen zu spiritualisieren. Nicht die drei oberen Sinne – Ich-Sinn, Begriffssinn und Wortsinn – werden angewandt, sondern insbesondere die drei unteren Sinne: Bewegungssinn, Lebenssinn und Tastsinn. Was bei einer okkulten Schulung der dem Bewußtsein vollständig entzogenen Bereiche im Menschen *tatsächlich* geschieht, vermag höchstwahrscheinlich niemand von denjenigen zu sagen, die solche Wege gehen. Denn nicht die Erkenntnis, sondern allein das *positive Erleben* wird bei dieser Schulung gesucht.

Hierin vereinigen sich die vielfältigsten spirituellen Methoden, die entweder, aus alten Traditionen stammend, der Menschheitsentwicklung des Abendlandes heute nicht mehr entsprechen, oder aber, meist in Verbindung mit audio-visuellen Techniken stehend, heute neu erfunden werden. Diese können wir in Anbetracht ihrer gemeinsamen Ablehnung einer bewußten Spiritualisierung des Denkens unter dem Sammelbegriff des «New Age» zusammenfassen. Das sogenannte «Neue Denken», welches von dieser Bewegung insgesamt propagiert wird, hat dabei mit einer tatsächlichen Ausbildung des Denkens rein gar nichts zu tun.

Ein Freund dieser Bewegung ist nun auch der gebürtige Elsässer *Robert Muller*, der mehr als drei Jahrzehnte stellvertretender UNO-Generalsekretär gewesen ist. Er arbeitete als solcher unter den vier Generalsekretären Dag Hammarskjöld (Schweden), U Thant (Birma), Kurt Waldheim (Österreich) und Perez de Cuellar (Peru), von denen er insbesondere U Thant als seinen Lehrer in menschlichen und spirituellen Dingen betrachtet. Zudem war Muller Koordinator von 32 Suborganisationen und Weltprogrammen der UNO sowie maßgeblich an den Vorbereitungen der Feierlichkeiten zum 40. Gründungstag der Vereinten Nationen und dem UNO-«Jahr des Friedens» 1986 beteiligt. Er hat die genannten «Friedensmeditationen» im UNO-Hauptquartier in New York eingeführt und Sri Chinmoy zum Friedensbeauftragten der Vereinten Nationen ernannt.[113]

In seinem Buch: «Die Neuerschaffung der Welt. Auf dem Weg zu einer globalen Spiritualität» finden wir Thesen, die, wenn sie umgesetzt würden, direkt in eine neue ahrimanisch-spirituelle Glückskultur einmündeten:

«Die einzelnen Menschen», so Robert Muller,

«– sollten den Tag der Vereinten Nation am 24. Oktober feiern.
– Sie sollten die Flagge der Vereinten Nation zeigen.
– Sie sollten für die Vereinten Nationen beten.
– Sie sollten verlangen, daß ihre Kinder über die Tätigkeit der Vereinten Nationen [...] unterrichtet werden [...].

Die Religionen sollten
– sich aktiv für die Arbeit und die Ziele der Vereinten Nationen interessieren [...].
– Sie sollten die Flagge der Vereinten Nationen an allen Gotteshäusern zeigen. [...]
– Sie sollten Gott darum bitten, der Menschheit den richtigen Weg in ein globales Zeitalter ohne Krieg und ohne einen nuklearen Holocaust zu zeigen.»[114]

Und das Ganze mündet dann in dieses Credo:

«Ich glaube, glücklich zu sein, ist besser als sich der Schwermut hinzugeben.

Optimismus ist besser als Pessimismus,
Hoffnung ist besser als Verzweiflung,
Zuversicht ist besser als Mangel an Selbstvertrauen,
positives Denken ist besser als negatives Denken,
ein Lächeln ist besser als ein griesgrämiges Gesicht,
Reinheit ist besser als Unreinheit,
Zusammenarbeit ist besser als Obstruktion,
Freundschaft ist besser als Feindschaft.»

113 «Magazin 2000, Zeitschrift für ein neues Bewußtsein». Heft Nr. 69, Juli 1987.

114 Robert Muller, *Die Neuerschaffung der Welt. Auf dem Weg zu einer globalen Spiritualität*. München 1985, S. 265 ff.

So geht es weiter:

> «Glücklich zu sein, bedeutet für mich,
> den Himmel zu lieben,
> unseren schönen Planeten zu lieben,
> die ganze Menschheit zu lieben,
> meine Familie zu lieben,
> meine Arbeit zu lieben,
> dieses wunderbare Leben zu lieben. [...]
>
> Da alle Weltreligionen, Regierungen, Unternehmungen und internationalen Organisationen das größtmögliche Glück für die Menschen im Auge haben, müssen sie sich zusammentun und aktiv zusammenarbeiten, damit auf dieser Erde eine glückliche, gerechte, friedliche, blühende und gottgefällige Gesellschaft entsteht.
>
> [...] Wir müssen lernen, unsere individuellen Gruppeninteressen den höheren Interessen der gesamten Menschheit für deren Überleben und das Erreichen des Gipfels unserer Bestimmung auf dieser Erde unterzuordnen. [...]
>
> *Wir müssen eine neue, für die ganze Welt geltende Ethik entwickeln.*»

Stellen wir diese so schön klingenden Worte nun einmal dem gegenüber, was Rudolf Steiner in seiner «Philosophie der Freiheit»[115] als den «ethischen Individualismus» entwickelt:

> «Wie ein Mensch handelt, wird [...] abhängen von der Art, wie sein Intuitionsvermögen einer bestimmten Situation gegenüber wirkt. Die Summe der in uns wirksamen Ideen, den realen Inhalt unserer Intuitionen, macht das aus, was bei aller Allgemeinheit der Ideenwelt in jedem Menschen *individuell* geartet ist. Insofern dieser intuitive Inhalt auf das Handeln geht, ist er der Sittlichkeitsgehalt des Individuums. Das Auslebenlassen dieses Gehalts ist die höchste moralische Triebfeder und zugleich das höchste Motiv dessen, der einsieht, daß alle anderen Moralprinzipien sich letzten Endes in diesem Gehalte vereinigen. Man kann diesen Standpunkt den *ethischen Individualismus* nennen.»

115 Die folgenden Zitate aus: Rudolf Steiner, *Die Philosophie der Freiheit.* GA 4. Dornach 1980. Kap. IX. Hervorhebungen von Rudolf Steiner.

Moralität, Ethik kann in diesem Sinne nur *von einzelnen Menschen* in jedem Moment neu aus dem intuitiven Denken hervorgebracht werden. Alle Normen und Prinzipien, alles, was von außerhalb dieses Denkens herrührt, kann nur ein Halt auf dem Weg sein, nicht mehr, denn: «*Frei ist nur der Mensch, insofern er in jedem Augenblicke seines Lebens sich selbst zu folgen in der Lage ist.*» Ob meine Handlung gut wird, das kann ich nur hoffen, da ich aus dem Moment handele, nicht aus etwas, was ich schon vorher «weiß», sondern aus der *umfassenden Erfahrung*, die ich in mir trage, sowie dem *umfassenden Hinschauen* auf die jeweilige Situation, in der ich mich befinde:

«Wenn ich oder ein anderer später über eine solche Handlung nachdenken, kann es herauskommen, welche Sittlichkeitsmaximen bei derselben in Betracht kommen. Während ich handle, bewegt mich die Sittlichkeitsmaxime, insoferne sie intuitiv in mir leben kann; sie ist verbunden mit der *Liebe* zu dem Objekt, das ich durch meine Handlung verwirklichen will. Ich frage keinen Menschen und auch keine Regel: soll ich diese Handlung ausführen? – sondern ich führe sie aus, sobald ich die Idee davon gefaßt habe. Nur dadurch ist sie *meine* Handlung. Wer nur handelt, weil er bestimmte sittliche Normen anerkennt, dessen Handlung ist das Ergebnis der in seinem Moralkodex stehenden Prinzipien. Er ist bloß der Vollstrecker. Er ist ein höherer Automat. Werfet einen Anlaß zum Handeln in sein Bewußtsein, und alsbald setzt sich das Räderwerk seiner Moralprinzipien in Bewegung und läuft in gesetzmäßiger Weise ab, um eine christliche, humane, ihm selbstlos geltende, oder eine Handlung des kulturgeschichtlichen Fortschritts zu vollbringen. Nur wenn ich meiner Liebe zu dem Objekte folge, dann bin ich es selbst, der handelt. Ich handle auf dieser Stufe der Sittlichkeit nicht, weil ich einen Herren über mich anerkenne, nicht die äußere Autorität, nicht eine sogenannte innere Stimme. Ich erkenne kein äußeres Prinzip meines Handelns an, weil ich in mir selbst den Grund des Handelns, die Liebe zur Handlung gefunden habe. Ich prüfe nicht verstandesmäßig, ob meine Handlung gut oder böse ist; ich vollziehe sie, weil ich sie liebe. Sie wird ‹gut›, wenn meine in Liebe getauchte Intuition in der rechten Art in dem intuitiv zu erlebenden Weltzusammenhang drinnensteht; ‹böse›, wenn das nicht der Fall ist.»

Dies ist nun allerdings das genaue Gegenteil einer «für die ganze Welt geltenden Ethik», die im Zusammenhang der UNO entwickelt werden soll, wie es Muller propagiert. Für einen freien Menschen ist dies eine furchtbare Vorstellung: ein globales Konzentrationslager, wo man nun nicht umgebracht, sondern *wo das Glück verordnet wird*! Dazu noch einmal Robert Muller:

«Aus der Evolutionsphase der perfekt koordinierten, gut angepaßten Einzelwesen müssen wir jetzt die nächste Stufe einer perfekt koordinierten, gut angepaßten, harmonischen menschlichen Gesellschaft erreichen. Wir müssen schon jetzt die für das Jahr 2000 geplante Tausendjahrfeier des Lebens vorbereiten, den Eintritt in eine Ära des Friedens, in ein goldenes Zeitalter, das erste Jahrtausend weltweiter Harmonie und menschlichen Glücks, indem unsere Erde zum Vorbild des ganzen Universums werden soll.»

Diese Art von kosmischer *Glückskultur*, die da angestrebt wird, ist überhaupt symptomatisch für die New-Age-Bewegung im allgemeinen wie auch für die UNO im besonderen. In einem anderen Zusammenhang bringt Muller diesbezüglich den charakteristischen Satz: *«Die Leiden des Lebens sind nichts als Staubflecken auf einem wundervollen Kunstwerk.»*[116] – Die Leiden des Lebens sind allerdings etwas, was Luzifer und Ahriman gern hinwegwischen würden, da ohne *diese* keine menschliche Entwicklung möglich wäre. Ohne Leiden wäre den Menschen der Weg zum Christus verstellt, der ja um der Menschheit willen durch umfassendes Leid und schließlich durch den Tod hindurchgegangen ist. Dessenungeachtet wird schließlich auch der Christus von Mullers «neuem Denken» vereinnahmt:

«Es gibt ein berühmtes Gemälde, auf dem Christus an dem Hochhaus der Vereinten Nationen anklopft und Einlaß verlangt. Oft stelle ich mir ein anderes, der Wirklichkeit eher entsprechendes Gemälde vor: *die Vereinten Nationen als Leib Christi.*»[117]

116 Robert Muller, *Ich lernte zu leben. Eine Autobiographie*. München 1985. S. 237.

117 Robert Muller, *Die Neuerschaffung der Welt*, a.a.O. S. 195.

Die Anmerkung Mullers: «*Vereinte Nationen und die New-Age-Bewegung haben ein und dieselbe Wellenlänge, dieselben Ziele*»[118], faßt seine Sichtweise über die zukünftige Gestaltung der Welt zusammen, die, wäre es nur seine persönliche oder stände er damit allein, unerheblich wäre für eine Urteilsbildung in bezug auf gegenwärtige politische Intentionen. Doch spricht er für einen Strom globaler politischer Interessen, der sich fortwährend verbreitert und an Einfluß gewinnt.

Nehmen wir die geschilderten Tatsachen zusammen, so ist festzustellen: Der *ethische Individualismus* als Kulturimpuls Mitteleuropas wird heute fast vollständig negiert, sowohl von Mitteleuropa selbst als auch von der übrigen Welt. Statt dessen ist das nun vorherrschende Prinzip ein alle Lebensbereiche einbeziehender Kollektivismus, der – insbesondere von den USA ausgehend – die Welt überschwemmt. *Kapitalistischer Kollektivismus, spiritueller Kollektivismus*: Er hat seit der Auflösung des Ost-West-Konfliktes den viel offensichtlicher als seelenfeindlich wahrzunehmenden, ebenso stark alles kollektivierenden Bolschewismus auch in vielen zuvor von diesem beherrschten Regionen der Welt verdrängt. Er wird in erschreckender Weise den ahrimanischen Kräften zunehmend mehr verfallen: an seinem Ursprungsort im Westen, nun auch im Osten und ebenso natürlich in Mitteleuropa, wenn dessen Politiker weiterhin so geistlos agieren wie bisher.

Im Zusammenhang mit der charakterisierten Entwicklung, die das ganze 20. Jahrhundert durchzieht, steht also der Schachzug, den Ost-West-Konflikt zu beenden. Der «alte» Kollektivismus, den Lenin im Osten eingeführt hatte, wurde damit abgeschafft und an seiner Stelle von Gorbatschow ein «neuer»

118 Siehe Anm. 41. Eine grundlegende Analyse des Phänomens New Age und dessen Verquickung mit global-politischen Strukturen wie zum Beispiel der UNO findet sich in dem sehr empfehlenswerten Beitrag von Karl Milton Hartveit, Morgenröte oder Geisterstunde? Geschichte und Ideologie der New-Age-Bewegung. In: «Individualität», 5. Jahrgang, Nr. 10, 6/1986.

kapitalistisch-spiritueller Kollektivismus installiert. Hier sei noch einmal auf dessen eingangs zitierte Rede hingewiesen, in der er die UNO als das Akkumulationsorgan des «kollektiven Verstandes und Willens der Menschheit» bezeichnet.

Fragen wir nun nach dem Sinn der unterschiedlichen geopolitischen Maßnahmen und Geschehnisse, die ihrem Gestus nach in wie von einem unsichtbaren Programmierer vorgegebenen Linien verlaufen, die sich zusammen zu einem weltweiten Netz verweben, so müssen wir auf ein Ereignis hinschauen, welches nur in menschheitsgeschichtlichen Zusammenhängen verstanden werden kann.

Denn die geschilderten geopolitischen Absichten und Geschehnisse sind Maßnahmen, mittels derer die ahrimanische Geistmacht – die alles zusammenzupressen, alles zu entindividualisieren und nur auf den Egoismus zu beschränken versucht, die verspricht, eine umfassende Glückskultur zu bringen – sich darauf vorbereitet, *in allernächster Zukunft durch einen einzelnen Menschen hindurch auf der Erde zu wirken.* Daraufhin kulminiert das Weltgeschehen heute. Und Ahriman wird gerade im Westen, in den USA, diese Inkarnation zu vollziehen trachten. Blicken wir hierzu noch einmal näher auf das, was wir bereits kennenlernten und nun als die politisch-sozialen Vorbereitungen zu seiner Inkarnation bezeichnen können.

Mit dem Abschluß der jahrzehntelangen Ost-West-Konfrontation des Kalten Krieges ist zugleich, seit Beginn der 90er Jahre, eine andere Art von Konflikten entstanden: Die beiden großen Machtblöcke stehen sich nun zwar nicht mehr feindlich gegenüber, dafür ist jedoch weltweit ein neuer «Oben-Unten-Gegensatz» zu konstatieren. «Oben» finden wir die übergeordneten, auf ein friedliches Zusammenleben der Staaten ausgerichteten Strukturen wie die Vereinten Nationen, die OSZE, die EU und so weiter, während «unten» in schärfster Polarität hierzu die Lebenszusammenhänge der Menschen in fortwährenden regionalen Kriegsgeschehnissen zersplittern, die von den überall neu aufflammenden Nationalismen hervorgerufen werden.

Mit dem Ende der Blockkonfrontation hat die atomare Abschreckung ihren Sinn verloren; auch auf dieser Ebene reichen sich nun – vorerst – in einer neuen Ära des Friedens Rußland und Amerika die Hände. Mitteleuropa spielt in diesem Szenario in bezug auf neue weltpolitische Gestaltungen keine eigenständige Rolle. Sein eigentlicher Kulturimpuls greift in unserer Gegenwart nicht Platz; stattdessen jubelt man auch in Deutschland naiv den vielerorts in Gang gesetzten Friedens- und Demokratisierungsprozessen freudig zu. Immer neue Abkommen werden unterzeichnet – und gleichzeitig ist weltweit eine immer weitergehende Zersplitterung der Menschheit durch das globale Wiederaufflammen der Nationalismen zu beobachten. Ein Krieg aller gegen alle – wie bis zum erzwungenen Friedensschluß in unserer unmittelbaren Nachbarschaft im ehemaligen Jugoslawien, wo sich der Wert von Abkommen beinahe monatlich als vollkommen nichtig erweist – frißt sich über die Erde hin immer weiter fort.

In den ehemals sozialistischen Ländern ist der heutige Nationalismus die unmittelbare Folge des bolschewistischen Gefängnisses, in dem die charakteristischen Ausprägungen der einzelnen *Völker und Nationen* unterdrückt und die einzelnen *Menschen* in ihrer individuellen Freiheit geknebelt wurden. Diese nationalistischen Kräfte – es sind übrigens dieselben Kräfte, die auch in der Sexualität leben[119] – sind nun entfesselt und führen zu den fürchterlichsten Metzeleien und Katastrophen. Und die Katastrophen häufen sich und werden sich in den nächsten Jahren noch mehren: *Menschenrechtskatastrophen, Umweltkatastrophen, Atomkatastrophen, Kriegskatastrophen.* Wie sagte Rudolf Steiner:

«Es ist ja eine kindliche Vorstellung, wenn man glauben würde, daß durch irgend etwas, was sich anschließt an diese kriegerische Katastrophe [des Ersten Weltkrieges, d.V.] irgendwelche dauernden Friedenszeiten über die Menschheit auf dem physischen Plan kommen werden. Das wird nicht der Fall sein.»[120]

119 Siehe: Rudolf Steiner, Dornach, 5.1. 1918. GA 180.
120 Siehe: Rudolf Steiner, Bern, 4.11. 1919. GA 193.

Die Menschheit wird eben weiterhin konfrontiert werden mit *«wie rhythmisch auftretenden kriegerischen Verheerungsprozessen, von denen die gegenwärtige Kriegskatastrophe nur der Anfang ist.»* Die Geschichte des 20. Jahrhunderts hat diese Aussage schon heute in tragischer Weise bestätigt.

Wenn die Verzweiflung der Menschheit in nächster Zukunft einen bestimmten Punkt erreicht haben wird, dann rückt damit die Möglichkeit nahe, daß ein Mensch erscheint, der über *scheinbar* allumfassende Rezepte für eine Lösung der brennenden Probleme verfügt: wie man die Völker befriedet, den Hunger stillt, wie man die allseits wachsende Gewaltbereitschaft bekämpft, die ökologischen Fragestellungen akzeptabel beantwortet. *Einer* wird diese Rezepte erarbeiten und umsetzen: Ahriman wird auftreten mit der glänzenden Ausstrahlung eines globalen Friedensfürsten, der alle Menschen und alle Menschengruppen glücklich machen will. Denn um in *seinem* Sinne durch seine Inkarnation in einem Menschenleib wirken zu können, benötigt es Ahriman, von der ganzen Welt verehrt und anerkannt zu werden. Der zuvor charakterisierte Verlauf der globalen politisch-sozialen Entwicklung ist daher *für ihn* notwendig.

Wann exakt die Ahriman-Inkarnation geschehen wird, ist nicht mit letzter Klarheit vorherzusagen; fest steht allein, daß sie in unmittelbarer Zukunft bevorsteht. Bereits 1919 spricht Rudolf Steiner von der *«demnächstigen»* Inkarnation Ahrimans[121]; in demselben Vortrag präzisiert er dann deren Zeitpunkt mit den Worten: *«... ehe auch nur ein Teil des dritten Jahrtausends der nachchristlichen Zeit abgelaufen sein wird»*. Betrachtet man diese Worte im Zusammenhang mit anderen Angaben, die Rudolf Steiner zu den Ereignissen der Jahrtausendwende gegeben hat, kann man zu dem Eindruck gelangen, daß der infragestehende «Teil des dritten Jahrtausends» kein allzu großer sein wird. Vielleicht können wir von einem Zeitraum ausgehen, der

121 Rudolf Steiner, Dornach, 1.11.1919. GA 191.

kaum mehr als ein bis zwei Jahrzehnte umfassen dürfte. Auch spricht Rudolf Steiner in seinem Vortrag «Was tut der Engel in unserem Astralleib?»[122] über eine Reihe von Phänomenen, die in engstem Zusammenhang mit der Ahriman-Inkarnation stehen, und gibt dort als einen entscheidenden Zeitpunkt explizit und nachdrücklich das Jahr 2000 an. In unmittelbarer zeitlicher Nähe hierzu schließt sich mit dem Jahr 1998 zugleich der dritte Wirkenskreis im rhythmischen Auftreten des apokalyptischen Tieres 666, des Soradt in der Menschheitsgeschichte. Um das Jahr 1998 – wiederum mit möglichen Abweichungen von bis zu zwanzig Jahren – wird das Soradt-Wirken auf der Erde kulminieren. In einer sprunghaften Zunahme von bestialischen Grausamkeiten wird der Boden bereitet werden, auf dem bald darauf Ahriman in der Maske des Menschheitsbeglückers und Friedensfürsten auftreten kann. «Was würde Ahriman bringen?», fragt Rudolf Steiner und antwortet selbst:

«Ahriman würde den Menschen durch die *grandiosesten Künste* alles dasjenige bringen, was bis dahin nur mit großer Mühe und Anstrengung erworben werden kann an hellseherischem Wissen, wie es hier gemeint ist. Denken Sie sich, wie unendlich bequem das sein würde! Die Menschen würden gar nichts zu tun brauchen. Sie würden materialistisch hinleben können, sie würden essen und trinken können, *soviel eben nach der Kriegskatastrophe da ist*, und würden sich nicht zu kümmern brauchen um irgendein Geistesstreben. Die Ahrimanströmungen würden ihren ‹schönen, guten› Verlauf nehmen.»[123]

Damit Ahriman sich tatsächlich im Westen inkarnieren kann, bedarf es allerdings bestimmter Voraussetzungen auf der Erde: Rudolf Steiner deutet einmal an, daß durch ein verstärktes «*Erfinderisch-Werden auf dem Gebiete des physischen Lebens*» erst ermöglicht werden wird «eine solche menschliche leibliche Individualität, daß in ihr sich Ahriman wird verkörpern können»[124]. Dieses «Erfinderisch-Werden auf dem Gebiete des

122 Rudolf Steiner, Zürich, 9. 10. 1918. GA 182.
123 Rudolf Steiner, Dornach, 15. 11. 1919. GA 191.
124 Rudolf Steiner, 4. 11. 1919. GA 193.

physischen Lebens» ist eine Entwicklung, die, wie Rudolf Steiner im weiteren voraussagt, «eintreten [wird] wie eine Notwendigkeit» und «nicht in irgendeiner Weise abgewendet werden kann durch dieses oder jenes Verhalten». In Gentechnologie und künstlicher Befruchtung haben wir heute diesen sich rasant entwickelnden Zweig der Wissenschaft, wo aus den Kräften des Toten, des Mechanischen mit immer größerem Erfolg daran gearbeitet wird, das physisch-ätherische Leben zu meistern. Der physische Leib des menschlichen Trägers der Ahriman-Inkarnation – denn Ahriman wird sich in den hierzu geeigneten und entsprechend vorbereiteten Menschen erst zwischen dessen 30. und 40. Lebensjahr hineininkarnieren – wird also mit solchen Mitteln präpariert worden sein, daß sich der Ahriman-Geist später in ihn hineinsenken kann.

Entscheidend ist es heute, die Voraussetzungen dieser Ahriman-Inkarnation – «Ahriman im Fleische», wie es Rudolf Steiner sagt – zu durchschauen, denn es ist *«an der Zeit, daß einzelne Menschen wissen, welche von den Vorgängen, die um sie herum sich abspielen, Machinationen Ahrimans sind, die – ihm zum Vorteil – seine demnächstige irdische Inkarnation womöglich vorbereiten»*[125].

Die Ahriman-Inkarnation wird also wie naturgegeben kommen müssen. Es kann nicht darum gehen, sie verzögern oder gar verhindern zu wollen; man wird sie vielmehr auf der einen Seite vor allem *erkennend, wachend* erwarten müssen, auf der anderen Seite wird man natürlich so energisch wie möglich daran zu arbeiten haben, daß der vernichtende Wahn, der die Welt in immer stärkerem Maße erfaßt, langsam mit etwas anderem durchstrahlt wird, daß eine andere Qualität von *Friede* entsteht. Daran zu arbeiten wird dadurch möglich, daß der Mensch die zerstörerischen Kräfte, die er sonst in Kriegen nach außen setzt, nun in sich selbst bekämpft. Denn alle Kriege im Äußeren sind herausgesetzte Kämpfe, die der Mensch versäumt, in seinem Innern mit seinen eigenen Schwächen,

125 Rudolf Steiner, 1. 11. 1919, GA 191.

seinen eigenen Egoismen zu führen.[126] So tragen wir alle zu den äußeren Kriegen bei, wenn wir nicht mit bestem Willen an der inneren Entwicklung arbeiten. Dies zu tun ist jedem Menschen in jeder Situation neu anheimgestellt. Arbeitet er mit und an diesem Willen, schafft er eine andere Qualität von Frieden: ein Friede, der mehr ist als nur die Abwesenheit von Krieg, der aus dem mitteleuropäischen Geistesleben hervorgehen kann und keine übergeordnete Instanz wie die UNO braucht, um seine Wirksamkeit zu entfalten. Er wäre vom «Zauberhauch» der Liebe durchweht.

Ein Mensch, der für diesen Friedensimpuls stark eingetreten ist, ist *Swiad Gamsachurdia*, der Dissident, Menschenrechtler, ehemalige Präsident Georgiens und – Anthroposoph. Er starb, vermutlich, im Befreiungskampf für Georgien am 31. Dezember1993. Letzte Beweise für seinen Tod stehen jedoch auch heute noch aus. – Man konnte einiges über den Stand der weltpolitischen Angelegenheiten erfahren, als Gamsachurdia – der vom Volk in freier Wahl bestimmte Präsident – zur Jahreswende 1991/92 durch einen blutigen Putsch gestürzt wurde, denn Gamsachurdia war tatsächlich jemand, der aus inneren Kräften Frieden schaffen wollte und auf dem besten Wege war, in der Region des Kaukasus den Folgen des sozialistischen Experimentes heilsam entgegenzutreten. Er stellte freundschaftliche Beziehungen zu den angrenzenden islamischen Staaten her und arbeitete auf eine gesamtkaukasische Konföderation hin, in der Christliches und Islamisches wirklich frei hätten zusammenarbeiten können. Nachdem die demokratisch gewählten Präsidenten Georgiens und Aserbeidschans jedoch durch Putsche beseitigt wurden und gegen Tschetschenien von Rußland offen Krieg geführt wird, herrscht Chaos im Kaukasus. Georgien, einst das schönste und reichste Land der Region, ist heute von andauernden Nationalitätenkonflikten, von Regierungskriminalität, Folter, Armut und Hunger bis ins Mark er-

126 Siehe beispielsweise: Rudolf Steiner, Dornach, 20.12. 1918. GA 186.

schüttert. – Kurze Zeit nach dem Putsch, im April 1992, kehrte *Eduard Schewardnadse* nach Georgien zurück und übernahm den Vorsitz des «Staatsrates», der sich aus denjenigen Kriminellen konstituierte, die gegen Gamsachurdia geputscht hatten. Schewardnadse sprach einen Tag nach seiner Ankunft von seinen «Freunden in sechzig Ländern», mit deren Hilfe er Georgien in die «Schweiz des Kaukasus» verwandeln werde. International erregte es kein Aufsehen, daß Schewardnadse eine Regierung mit Mördern und Verbrechern aufstellte (sein von ihm ernannter Stellvertreter Dschaba Iosseliani war beispielsweise in St. Petersburg schon einmal rechtskräftig wegen Raubmordes verurteilt), denn es geschah im Zuge einer umfassenden Medienmanipulation über die Ereignisse in Georgien, in welcher Gamsachurdia als wahnsinniger Diktator verleumdet wurde. Es ist gerade über Gamsachurdia selbst in unerhörtem Maße in den Medien gelogen worden, und das konnte geschehen, weil da eben ein realer Machtstrom wirkt, der Ansehen und Aufmerksamkeit rund um die Erde genießt und perfekt global vernetzt ist. Die Protagonisten der Neuen Weltordnung wandten sich in schärfster Weise gegen Gamsachurdia. Schewardnadse aber, der neue Vorsitzende des Staatsrates, der keinerlei demokratische Legitimation innehatte, wurde in der nächsten Zeit von seinen «Freunden» H. D. Genscher und James Baker besucht. Im August 1992 wurde Georgien dann in die UNO aufgenommen, etwas, das Gamsachurdia trotz zweijähriger Regierungszeit versagt blieb. Wie sagte schon George Bush im Sommer 1991 in bezug auf Gamsachurdia:

> «Das ist ein Mann, der auch *gegen den Strom* schwimmt, so scheint es mir ein wenig, und – ich möchte nicht übertreiben – er sollte mit ihm schwimmen und verstehen, was rund um die Welt passiert.»[127]

Heute sind russische Truppen in Georgien als UNO-Truppen stationiert, was der UN-Generalsekretär Butros Ghali – wie

127 Aus dem «Decision Brief for Immediate Release. No. 91-D 85» des Center for Security Policy, USA, vom 21. 8. 1991.

auch viele andere Friedenseinsätze seiner Organisation – als «Erfolgsgeschichte» zu verbuchen weiß.[128] Im Hintergrund dieser «Erfolgsgeschichte» steht ein einfaches Tauschgeschäft: Als die USA im Sommer 1994 unter dem Mandat der UNO auf Haiti landen wollten, war vorauszusehen, daß die Russen dieses Vorgehen im UN-Sicherheitsrat durch Veto blockieren würden. Damit dies nicht geschehe, befürworteten die USA erstmalig die Stationierung russischer Truppen in Rußlands «nahem Ausland», insbesondere in Georgien – als «friedenstiftende» Blauhelm-Einheiten, mit deren Hilfe Jelzin heute seine Rückeroberungspolitik im Kaukasus betreibt.

Hier zeigt die Ahriman-Strömung, die im Zeichen der Neuen Weltordnung durch die UNO wirkt, ihr wahres Gesicht: Hinter der scheinbar so friedlichen und menschenliebenden Fassade offenbart sich der Haß gegen den Geist, der gnadenlos auslöschen will, was als mitteleuropäisches Prinzip – wie es auch durch Swiad Gamsachurdia im Kaukasus wirksam werden wollte – Erfolg verspricht. Mit eiserner Faust wird dieser Kampf geführt, was man ein weiteres Mal im Dezember 1992 studieren konnte, als Swiad Gamsachurdia nicht nach Deutschland einreisen durfte, da er auf persönliche Intervention Schewardnadses hin vom Außenministerium als Persona non grata abgewiesen wurde. So leben wir unbemerkt in einem goldenen Käfig, der von Amerika aus gespannt wird und perfekt abgedichtet ist. Wie Muller schreibt, soll die *perfekte Gemeinschaft* – und nicht die Individualität mit christlichen Impulsen – das neue Zeitalter bestimmen!

Ausblick

Die Kraftentfaltung Ahrimans wird zum Zeitpunkt seiner irdischen Inkarnation ihre größte Intensität erreichen. Doch wird

128 Siehe: «Der Spiegel», 12.6.1995.

er, wenn es auch nur einige Menschen und Menschengemeinschaften auf der ganzen Welt sein werden, immerhin Menschen vorfinden, die seine Absichten durchschauen und wissen, daß man Dinge tun kann, die auch für ihn nicht vorhersehbar sind.

Zu diesem für Ahriman Unvorhersehbaren gehören Taten, die aus dem Christlichen kommen; man kann auch sagen: die aus dem Herzen kommen. Liebestaten, die aus klarer Erkenntniskraft von Menschen gestaltet werden, liegen nicht in der Rechnung Ahrimans darin, da sie aus einer Sphäre kommen, in der Ahriman sich nicht auskennt. Es wird notwendig sein, Ahriman mit solchen Taten zu begegnen. In dieser Weise ist es möglich, ihm «Auge in Auge gegenüber[zu]treten»[129] und ihm offen die entscheidende Frage zu stellen. In Solowjews «Kurze Erzählung vom Antichrist» finden wir dies geschildert, wenn der Staretz Johannes den Antichrist auffordert:

«*Bekenne* jetzt hier vor uns *Jesus Christus*, den Sohn Gottes, erschienen im Fleische, auferstanden und wiederkommend – bekenne Ihn, und voller Liebe werden wir dich aufnehmen als den wahren Vorläufer Seiner Wiederkunft in Herrlichkeit.»[130]

Mit anderen Worten: In wessen Namen bist du da? In deinem eigenen oder im Namen des Christus? Worauf der Ahriman-

129 Rudolf Steiner, 4.11. 1919. GA 193.

130 Wladimir Solowjew, *Kurze Erzählung vom Antichrist*. München 1990. S. 38. Hier sei bemerkt, daß Rudolf Steiner den «Antichrist» einmal charakterisiert als «den mächtigsten, den bedeutendsten dieser luziferischen Geister, der sozusagen die Menschen über sich selbst hinausführen wird wollen», den man «auf den Schild erheben und für einen großen Menschenführer ansehen wird» (München, 9.1. 1912. GA 130). Es steht dies jedoch nicht im Widerspruch zu der hier behandelten Inkarnation Ahrimans auf dem physischen Plan; vielmehr zeigt sich in der Zusammenschau, daß Luzifer und Ahriman zusammenarbeiten müssen, damit sich die Ahriman-Inkarnation vollziehen kann. Diesen Tatbestand bringt auch Solowjew zum Ausdruck, indem er dem von ihm rein ahrimanisch gezeichneten *Antichristen* den *Propheten* zur Seite stellt, der als «weisheitsvoller» Magier hier das luziferische Prinzip repräsentiert.

Geist in eine ungeheure Wut gerät, sich kaum beherrschen kann und den Zauberer, der ihm dient, den Staretz Johannes töten läßt.

Es wird darauf ankommen – wie der Staretz Johannes –, Ahriman zu durchschauen und im entscheidenden Moment das Wort zu ergreifen, auch wenn vielleicht Tod und Chaos warten. Solche Taten bergen Keime in sich, die in einem nächsten Leben wieder aufblühen werden. Durch sie kann eine Christus-durchdrungene Kultur, wie es weltgeschichtlich gewollt ist, auf der Erde verwirklicht werden. Ahrimans Wirken wird letztlich ja doch bewirken, daß die Liebeskräfte wachsen; das tun sie nur um so stärker, je mehr Haß ihnen entgegensteht. Christian Morgenstern hat dies in wunderbaren Worten ausgedrückt, wenn er ausruft:

«[...]
‹Liebt das Böse – gut!›
Lehren tiefe Seelen.
Lernt am Hasse stählen –
  Liebesmut!

‹Brüder!› – hört das Wort!
Daß es Wahrheit werde –
Und dereinst die Erde
  Gottes Ort.»[131]

Und so können wir wissen, daß die Ahriman-Inkarnation etwas ist, an der wir lernen und wachsen können, an der wir Mutkräfte, michaelische Kräfte stärken können. Es wird eine Situation sein, in der eine erste weltgeschichtliche Entscheidung getroffen wird, an der sich vieles offenbaren muß: Welchen Weg ist der Mensch zu gehen bereit – den ahrimanischen, luziferischen oder den christlichen?[132]

131 Christian Morgenstern, *Wir fanden einen Pfad*. Basel 1977. S. 45.

132 Die Inkarnation Ahrimans wird in dieser Betrachtung *nur* in bezug auf ihre *globalen politischen Vorbereitungen* angeschaut. Ein wichtiger Überblick über die sonstigen Vorbereitungen seiner Inkarnation so-

Rudolf Steiner spricht 1924 zu den Priestern der Christengemeinschaft über die Apokalypse des Johannes. Er führt die sieben Siegel, die sieben Posaunen, die sieben Zornesschalen als Ereignisse an, die weltgeschichtlich, so wie der Krieg aller gegen alle, noch in weiterer Zukunft liegen. Im kleinen findet jedoch bereits heute eine Vorausspiegelung dieser Ereignisse statt. Der Zeitraum von 1841 bis zum Jahr 2000, so Rudolf Steiner, ist das Zeitalter der sechsten Posaune.[133] Und es heißt, daß diese sechste Posaune den Erzengel Michael verkündet. Michael hält ein offenes Buch in der Hand, welches nun nicht mehr versiegelt ist, und dieses Buch offenbart eine besondere Botschaft, die Botschaft der Anthroposophie, die Botschaft des geistigen Reiches des Himmels für die Erde. Dazu heißt es in der Offenbarung des Johannes:

«Und der Engel, den ich sah, wie er zugleich auf dem Meer und dem festen Land stand, erhob seine rechte Hand zum Himmel und schwor im Namen dessen, der das Leben der Welt durch alle Äonen trägt, der den Himmel erschaffen hat und alle Wesen in ihm, dazu die Erde und alle Wesen auf ihr und das Meer und alle Wesen in ihm: Zeit wird nicht mehr sein, sondern in den Tagen, da der siebente Engel seine Stimme erhebt und seine Posaune erschallen läßt, soll sich das Mysterium der Gottheit erfüllen, wie er es seinen Dienern, den Propheten, verkündigt hat.»[134]

Es ist nur noch wenig Zeit. Anthroposophie ist geoffenbart. Nun kommt es darauf an, sie zum innersten Lebenskern zu machen und ihre michaelische Substanz, den Geist Michaels,

wie weiteres zu der Art und Weise, wie ihm zu begegnen sein wird, kann aus folgenden Veröffentlichungen gewonnen werden: Rudolf Steiner, Dornach, 1. und 15.11. 1919. GA 191; ders., 27.10. und 4.11. 1919. GA 193; ders., Stuttgart, 25. und 28.12. 1919. GA 195; Hans-Werner Schröder, Beiträge in: Thomas Stöckli (Hg.), *Vom Christuswirken in der Gegenwart*. Dornach 1991. Kap. 5, sowie der bereits angeführten Publikation von Carl Stegmann.

133 Rudolf Steiner, Dornach, 17.9. 1924. GA 346.

134 *Das Neue Testament*. Stuttgart 1985. Übersetzung: Emil Bock. Die Offenbarung des Johannes, 10, 5–7.

als *Mut* in sich zu erleben. Das Böse können wir als etwas erfahren, was uns weiterführt, wenn wir es erkennen; wenn wir uns dann dem Bösen stellen, wird sich uns – durch es hindurch – *«auf eine sonderbare, paradoxe Art»* die Sicht auf den im Ätherischen erscheinenden Christus eröffnen.[135]

Im Jahr 2000 wird das Zeitalter der siebenten Posaune anbrechen, von der es heißt:

«Und der Tempel Gottes im Himmel wurde aufgetan, und der Altar des Gottesbundes wurde sichtbar im Tempelheiligtum. Und es zuckten Blitze, Stimmen ertönten, Donner rollten, die Erde erbebte, und ein gewaltiger Hagelschlag geschah.»[136]

Der Tempel Gottes wird aufgetan, und der Altar des Gottesbundes wird sichtbar, aber in einem ungeheuren Geschehen von zuckenden Blitzen, tönenden Stimmen und tobenden Elementen. Dasjenige, was bisher verborgen war, wird sich zeigen: Der Erzengel Michael und der im Ätherischen wiedererscheinende Christusgeist werden, so Rudolf Steiner, von den Menschen, die durch diese Zeit hindurchgegangen sind, geschaut werden. Es wird offenbar werden, wie Menschen und Götter zu einem großen Werk verbunden sind.

Ich denke, daß wir die Weltpolitik, wie wir sie jetzt betrachtet haben, im Sinne der Apokalypse erleben müssen, um *gerüstet* durch diese Zeit der ahrimanisch-amerikanischen Zusammenpressung hindurchzugehen. Wir werden dann immer wiederum auch die *Weite der Geistwelt* in uns selbst erleben können.

Dieser Vortrag wurde am 12. Dezember 1992 im Rahmen der Vortragsreihe «Die Neue Weltordnung als Ende der Geschichte – vom Kalten Krieg zum Kalten Frieden» an der Freien Akademie Sammatz gehalten und für diese Ausgabe überarbeitet.

135 Rudolf Steiner, Dornach, 25./26.10. 1918. GA 185.
136 *Das Neue Testament*, a.a.O., Die Offenbarung des Johannes, 11, 19.

JOHANN-MICHAEL GINTHER

Mister Merkur

Annäherung an das Phänomen Bill Clinton

«Don't stop thinking about tomorrow, don't stop, it'll soon be here, it'll be better than before, yesterday's gone, yesterday's gone . . .»[137]

«Bill Clinton hat bei seiner Wahl kein Mandat für ein konkretes Programm bekommen, sondern er ist beauftragt worden, eine ‹Wende zum Besseren› *mit den besten möglichen Mitteln und den fähigsten Köpfen herbeizuführen.»*[138]

«Ja, Sie haben den Frühling herbeigezwungen. *Jetzt müssen wir die Arbeit tun, die die Jahreszeit erfordert.»*[139]

Deutlich wahrnehmbar ist mit Bill Clintons Wahlsieg am 4. November 1992 und seinem Amtsantritt am 20. Januar 1993 ein neuer Wind in die Imagepflege der Politik eingezogen. Während uns in Mitteleuropa Stürme, wie sie sonst im April üblich sind, und ein Temperaturanstieg von zwanzig Grad Kopfschmerzen bereiteten, versuchten wir, Elemente für ein Verständnis dieser «Wende» zusammenzutragen.

«Bill»

Bill Clinton ist sympathisch. Denn: Clinton ist ein Mensch. Er wollte nicht in den Vietnamkrieg. Wer will das schon? Hat Ma-

137 Aus einem Song der Popgruppe Fleetwod Mac, Teil des demokratischen Parteitages, 16.7.92.

138 T. Rüst, «Tagesanzeiger» (CH), 5.11.92.

139 Bill Clinton bei seiner Inaugurationsansprache an das amerikanische Volk, 20.1.1993.

rihuana probiert, «aber nicht inhaliert». Augenzwinkerndes Verständnis. Hat seine Frau betrogen. So etwas passiert. Aber er steht dazu: «Wenn Perfektion der Standard einer Ehe ist, kann ich nicht mithalten.» Und: «Ich bewerbe mich um die Präsidentschaft, nicht um den Heiligenstand.» Das ist wahr und menschlich – und gut gegeben obendrein.

«Daß Clinton gern und viel ißt und am liebsten fettes oder süßes Fast food, das hatte er während seiner Wahlkampagne den Amerikanern vor Augen geführt.» Die genießende Empfindungsseele des politischen Beobachters regt sich mit starker Zustimmung. Inzwischen ist im Weißen Haus allerdings Rauchverbot eingeführt worden, und Hillary Clinton betont: «Wir sind gute Broccoli-Esser. Es gibt bei uns überhaupt viel Gemüse, viel Ballaststoffe und viel Obst.» Das ist die Stimme der Vernunft – als Gattin der Begierde.

Fotos zeigen das Paar: Erschöpft vom Wahlkampf, Bill in Jeans auf der Couch liegend, den Kopf im Schoß seiner Frau, Bill mit Tochter in der Kantine, mit Hillary zärtlich in der Natur, Bill und alter Ego Gore mit aufgekrempelten Ärmeln in der Milchbar und überhaupt so oft es geht lächelnd mit demonstrativ in die Hüften gestemmten Armen. Die «Jungs» Bill Clinton und Al Gore (Jahrgang '46 und '48), so wird uns unmißverständlich klargemacht, sind a) keine plutokratischen Pedanten wie ihre Vorgänger, sondern jung und haben Spaß an ihrem Job; b) keine abgehobenen Politiker, sondern Freunde, die zusammenhalten, Menschen wie du und ich; und c) keine leeren Sprücheklopfer, sondern Männer, die aussehen, als könnten sie auch ausführen, was sie sich auf die Fahnen schreiben.

Es ist nicht schwer zu registrieren, daß es sich hierbei um Wahlkampfimages handelt. Und dennoch erlebe ich etwas wie verhohlene Sympathie zu diesem Menschen, der mir bis vor wenigen Wochen völlig unbekannt war, dem ich aller Voraussicht nach nie im Leben begegnen werde und mit dem mich nichts anderes verbindet als das Wissen, daß er von den Bewohnern eines fernen Landes für ein paar Jahre zum Regie-

Al Gore und Bill Clinton

rungschef gewählt worden ist. Und dennoch – wider alle Vernunft – orte ich in den Untergründen meines Bewußtseins das Bedürfnis, mit diesem Mann auf einer Seite zu stehen, am selben Strang zu ziehen, «dabei zu sein».

Solche Gefühle mögen zu dem unsichtbaren Kokon beitragen, der Clinton so populär machte und ihn unbeschadet durch alle persönlichen Attacken gehen ließ, die der Wahlkampf mit sich brachte.

«Menschliche Schwächen» sind ein Lieblingsthema der US-Politik, in der eine politische Karriere wegen eines puertoricanischen Hausmädchens oder einer frauenfeindlichen Bemerkung zusammenbrechen kann. Aber für Bill? Immerhin posierte eine angebliche Geliebte dieses Ex-Drogenkonsumenten nackt für das Magazin Playboy. Keine idealen Startbedingungen für einen Präsidentschaftskandidaten. Doch über menschliche Schwächen ist Clinton nicht mehr angreifbar; die hat er längst offengelegt: Er ist als Halbwaise in ärmlichen Verhältnissen aufgewachsen. Sein Bruder war als Junkie und Dealer im Gefängnis; er selbst kennt depressive Zustände. Darüber sagt er: «Wir waren zwei Archetypen von Kindern aus Alkoholikerfamilien, und ich mußte lernen, meine Sucht nach Harmonie, die ich als Kind entwickelte, unter Kontrolle zu halten.» In einer vor allem für seinen Bruder vollzogenen Familientherapie fördert er weitere Selbsterkenntnis zutage: «Ich war mit sechzehn Jahren schon vierzig.» Und an anderer Stelle: «Ich denke, jede Krise im Leben ist eine Prüfung für den eigenen Charakter. Es ist nicht entscheidend, was einem im Leben passiert. Es kommt darauf an, wie man damit umgeht.» Lebensweisheiten, so tief wie banal; jeder Mensch könnte ihnen zustimmen.

Mit amerikanischer Hemmungslosigkeit geht Clinton auch mit den idyllischeren Seiten seines Privatlebens um: «Sie möchten wissen, woher ich meinen Kampfgeist nehme? Alles begann mit meiner Mutter. Mutter, ich danke Dir, ich liebe Dich.» Oder über seine Frau: «Hillary hat mich gelehrt. Sie lehrte mich, daß alle Kinder lernen können und daß jeder von uns die Pflicht hat, ihnen dabei zu helfen. Wenn Sie also wissen wollen, warum ich mich so stark um unsere Kinder und unsere Zukunft kümmere, so begann alles mit meiner Frau. Ich liebe Dich.»

Clintons Kalkül ist es, das Menschliche der eigenen Biographie als Kapital in das politische Profil miteinzubringen. Daß er die klassische Initiation eines US-Spitzenpolitikers durchlaufen hat (die Universitäten Georgetown und Yale, die Rhodes-Scholarship in Oxford), wird dabei fast ganz übergangen. Nach außen gekehrt erscheint ein Mensch aus kleinen Verhältnissen, robust deshalb, weil er die Höhen und Tiefen der Seele kennt und bewältigen gelernt hat, mit einer jungenhaften – ans Dümmliche grenzenden – Naivität, aber voll Kraft, Ehrgeiz und Begeisterungsfähigkeit.

Das wird um so deutlicher im Vergleich mit seinem Ticketpartner Al Gore. Gore, Clintons in vielem auf Ähnlichkeit getrimmter Vize, gehört vom Herkommen eher zum Schlage eines George Bush. Er übernahm den Sitz im Senat, auf dem schon sein Vater – Demokrat Al Gore Senior – 32 Jahre gesessen hatte. Er ist ein politischer Insider aus der intellektuellen Ostküstenelite, und genau wie Bush nutzte er das väterliche Erbe als politisches Kapital. Auch letzterer trat in die Fußstapfen seines Vaters (Millionär, Politiker und Logenmitglied wie sein Sohn) und ist ohne diese nicht vorstellbar.

Die Kehrseite dieses direkten Zugangs zur Macht sind gegebenenfalls Bewährungsprobleme vor der Gunst des Volkes. Das ist nun gerade die Stärke des Aufsteigers Clinton. So versteht man auch die Einschätzung der späteren US-Botschafterin in Paris, Pamela Harriman, deren Kreise maßgeblich zur Nominierung von Clinton und Gore beigetragen haben. Ihr eigentlicher Favorit wäre Gore gewesen, letztlich hat sie sich aber doch für den «wählbareren» Clinton stark gemacht.

Die Präsidentschaftswahl bleibt bei aller Vorarbeit, die Insider leisten können, eine Hürde, für deren Bewältigung man bestimmte Qualitäten braucht. Und nach «Apparat» Bush war 1992 «Mensch» gefragt. Im Wahlkampf bekam diese Strategie sogar noch die Note «Rock'n'Roll President» verabreicht. «Bill» trat mit seinem Saxophon in Shows auf, der Videoclip-Sender MTV machte sich für ihn stark – ein Image, das er nach gewonnener Wahl selbstverständlich sofort fallen ließ, um sich zielstrebig in die Gefilde des amerikanischen «mainstream» zurückzuarbeiten.

«Hope» – die Symbolbeauftragten des Präsidenten

In der medialen Erscheinung Clintons wirkt der oben charakterisierte «sympathische Bill» vor allem über sein Gesicht. Durch die emotionale Bindung, die es herstellt, wird es zum idealen Träger der «Message» Clinton, des mehr gedanklichen Elementes seiner Wirkung. Hier tritt Clintons Hintergrund auf den Plan. Den stellte uns staunenden Mitteleuropäern das Deutsche Fernsehen am 18. Januar 1993 als die «Symbolbeauftragten des Präsidenten» vor, als sei das die normalste Sache der Welt. Clinton habe eben die besseren Symbole, die ihm seine Symbolbeauftragten täglich fabrizieren. – Er befand sich gerade auf der Anreise nach Washington, auf einer Route, die Thomas Jefferson einst zu Pferd ritt. Seine Rede vor dem Volk hielt er zwischen Al Gore und einigen schwarzen und weißen Kindern, im Freien auf Barhockern sitzend. Die beiden ausgewachsenen, lässigen Männer im Kreis der hübschen, mit den Beinen baumelnden Kinder waren allerdings schon eine «message» für sich. Dann zeigte der Bericht einen «Botschafter der Hoffnung». Dieser Mann, ein Schwarzer, war bis vor kurzem obdachlos, einer der vielen Menschen, die durch das grobe soziale Netz des US-Kapitalismus fallen. Auf einer Müllkippe stehend, die einmal seine Wohnung war, schilderte er seine Jahre der Not. Er habe sich bei einer Wahlveranstaltung zu Clinton durchgedrängt und ihm seine Story erzählt. Obwohl dieser nicht zuzuhören schien, fühlte sich der Mann «irgendwie beschützt und aufgehoben». Clintons Wahlkampfhelfer hörten dagegen genau zu, notierten seinen Namen und ließen ihn fortan in Reden auftauchen. Das motivierte eine Reinigungsfirma, ihn suchen zu gehen und ihm einen Job anzubieten. Jetzt hat er Arbeit. Während der «Botschafter der Hoffnung» das erzählt, läuft ein Film ab, in dem er von schwarzem Bettler zu schwarzem Bettler geht – «seine Freunde, die er nicht vergessen hat» – und stumm Dollarnoten in ihre Hüte legt. Zuletzt bekommt er einen Smoking angepaßt, denn er ist zur exklusiven Antrittsgala «seines» Präsidenten eingeladen.

Obwohl das der denkbar unwahrscheinlichste Weg ist, Amerikas soziale Probleme zu lösen, wirkt es gründlich auf die tieferen, sehnsüchtigen Schichten der Seele: Die Wende, die die Politiker versprechen, bedeutet gar nicht, daß jeder in Bewegung kommen muß. Die Nation selbst kommt zu dir in deiner Not, klopft bei dir an und sagt: «We want you!» – nimmt dich an der Hand und führt dich in den American Dream.

Der Bettler ist nur einer von vielen «Botschaftern der Hoffnung». Da gibt es zum Beispiel eine Frau aus der Filmbranche Hollywoods, die gekündigt hat und zur Zeit unentgeltlich für Clinton arbeitet, weil sie «einfach fühlt, daß Clinton *es* schaffen kann». Was? Die Wende zu einem besseren Amerika. Von dieser Hoffnung kündet sie.

Immer symbolischer wird es, wenn man hinzunimmt, daß Clinton im Ort *Hope* (Hoffnung) geboren ist und in seiner Jugend dem US-*Hoffnung*sträger Nr. 1, John F. Kennedy, die Hand geschüttelt hat, was «zufällig» ein Fernsehjournalist festgehalten hat. Danach wurde Carroll Quigley sein Lehrer an der Georgetown University, der ihn gelehrt hat, daß die Zukunft besser sein wird als die Vergangenheit. Dessen Hauptwerk heißt: «Tragedy and *Hope*».[140]

Schließlich fädelte Bush noch die US-Aktion in Somalia ein – zweifach «überraschend»: weil sie so selbstlos ist (Kritiker

140 Carroll Quigley, *Tragedy and Hope. A History of the World in Our Time*, New York 1966.

fragten irritiert nach dem «national interest», dem damit gedient wäre) und weil gewöhnlich so große Entscheidungen nicht mehr von einem scheidenden Präsidenten gefällt werden, da nun nicht dieser, sondern sein Nachfolger die Verantwortung für den Ausgang zu tragen hat. Aber die Operation heißt ja: «Restore *Hope*».

So verbindet die unsichtbare Hand des «Schicksals» Clinton biographisch (Das Comeback-Kid), geographisch (Geburtsort), fotographisch (J. F. K.), intellektuell (Quigley) und zuletzt sogar aktuell politisch mit dem besonderen Begriff: *Hoffnung*. Was für sich genommen banale Wahlkampfrhetorik ist, erhält in der geschickten Komposition durch Meinungsspezialisten die entscheidende, suggestive Schubkraft.

Clinton gilt schon heute als der Präsident, der am schnellsten am meisten Wahlkampfversprechungen gebrochen hat. Aber Clinton ist die «*Hoffnung* Amerikas, *Hoffnung* der Welt» («Stern»). – Der Kopf mag streiken, das Gefühl weiß es besser.

Mister Merkur

Allein das Charakterbild und die allgemeine Symbolik des Medienphänomens Clinton zeugen bereits von einer neuen Intensität in der Ausnutzung der öffentlichen Meinung für politische Interessen. Darüber hinaus sprechen Clintons PR-Manager aber eine noch tiefere Bewußtseinsschicht im Menschen an, die erst verständlich wird, wenn man einige Aspekte aus der Anthroposophie als geistigen Zeithintergrund zusammenträgt.

Die Erdentwicklung kann man bis zu kurz zurückliegenden Zeiten als einen Verdichtungs-, Erstarrungs- und Erkaltungsvorgang beschreiben. Aus reiner Wärme über gasförmige und flüssige Zustände entwickelte sich die Erde zu dem festen Zustand, der erst Leben in der heutigen Form möglich machte. Eine zukünftige Erdentwicklung muß, wenn sie im Sinne der Menschheitsentwicklung verläuft, einen spiegelbildlichen

Prozeß durchmachen: Ein Wiedererwärmen, Wiederbeweglichwerden, Wiedervergeistigen liegt als weite Zukunftsperspektive vor uns. Diese zwei Hälften der Erdentwicklung, Abstieg und Aufstieg, wurden in allen esoterischen Zusammenhängen auch qualitativ bezeichnet:

«In der ersten Hälfte des Erdendaseins ist das Maßgebende für die Erdenentwickelung der Einfluß des Planeten Mars, ebenso wie es für die zweite Hälfte der Einfluß des Planeten Merkur ist. Der Mars hat der Erde das Eisen gegeben, und der Merkur-Einfluß zeigt sich auf der Erde dadurch, daß er die Menschenseele immer freier macht, so daß sie immer unabhängiger werden kann. Man faßt daher im Okkultismus die Erdenentwickelung so auf, daß man von zwei Hälften derselben spricht, von der Marshälfte und der Merkurhälfte.»[141]

Mars-Eisen wirkt in der Sauerstoffatmung des Menschen, die an das eisenhaltige (rote) Blut gebunden ist, und ist somit grundlegend für die Möglichkeit seelischen Lebens auf der Erde überhaupt. Im Kriegsgott Mars ist die kämpferische Willenskraft verbildlicht. Sie drückt sich historisch aus in der Eroberung der Welt durch eine auf die Technik, das heißt wesentlich auf die Beherrschung der Eisenprozesse gestützte menschliche Zivilisation.

Ganz anderer Art ist das Merkurielle – erlebbar im ihm entsprechenden, flüssigen Metall, dem Quecksilber. Ein fließendes, verbindendes Element verkörpert Merkur, zum Beispiel in den Flüssigkeitskreisläufen des Körpers oder in der Atmung. Merkur ist der Götterbote, wandernd zwischen Himmel und Erde, auch der Gott des Handels.

Im Naturzusammenhang offenbart sich Merkur im Frühling, besonders in der Osterzeit. Es besteht ein Zusammenhang mit dem griechischen Persephone-Mythos von der zwischen Götter- und Unterwelt wandernden Seele und dem jährlich sterbenden und neu geborenen Pflanzenkleid der Erde.

141 Rudolf Steiner, München, 31.5.1907. GA 99.

Schließlich ist Merkur-Raphael der inspirierende Geist des Heilens, das als Weisheit von der richtigen Verbindung von Leib und Geist durch die Seele eine zutiefst merkurielle Kunst ist.

Die Füße, die Mars mit aller Kraft auf die Erde gestellt hat, bekamen durch Merkur wieder Flügel. Aber der Mars-Merkur-Umschwung geschah nicht von alleine. Zwei Ereignisse sind dabei von entscheidender Bedeutung: *das Christusopfer* und *das Buddha-Opfer auf dem Mars*.

Christus, das auf die Erde herabgestiegene und Mensch gewordene, kosmische Sonnenwesen, ging im Mysterium von Golgatha durch Tod und Auferstehung und vollzog damit real auf Erden, was in den Mysterien bis dahin nur symbolisch geschehen war. Dieses Ereignis erneuerte die physisch-geistige Konstitution der Menschheit und der Erde und leitete damit die Merkurhälfte der Erdentwicklung ein. Wie jede Entwicklung geschieht auch die Merkurialisierung der Erde nicht von selbst – geistige und irdische Taten müssen ihr fortlaufend Kraft und Richtung geben. Dazu gehört als erste große Nachfolgetat des Christus-Opfers das Buddha-Opfer auf dem Mars, für das Rudolf Steiner die Jahreszahl 1604 n. Chr. angibt.

Der Mars, das heißt die Quelle der inkarnierenden, die irdische Auseinandersetzung suchenden Kräfte im Kosmos, wirkte auch nach der Zeitenwende mit *seinen* Kräften fort und geriet dadurch in ein Dekadenzverhältnis zur wiederaufsteigenden Erdentwicklung. Im Vorgeburtlichen, wenn die Seelen durch die Planetensphären zur Erde herabsteigen und die Impulse für ihr Erdenleben aufnehmen, imprägnierten sich die Menschen deshalb weiter mit den in zunehmender Weise degenerierenden Kräften der Marssphäre. Die Folge war ein immer stärker drohendes Zerfallen der Menschheit in zwei Gruppen: in eine, die den spirituellen Impuls aufnehmen könnte, dafür aber von aller Erdentätigkeit zurücktreten, zum Asketentum übergehen müßte, und in eine andere, die sich die Erdenwirksamkeit erhielte, dafür aber die Verbindung zum Geistigen verlöre, zu «Lasttieren der Menschheit» (Steiner) würde.

Zu Beginn der Neuzeit war die Gefahr dieses Zerfallens zu einem Problem geworden, das auf der Erde allein nicht mehr lösbar war. Rudolf Steiner weist darauf hin,

«... daß man im fünfzehnten Jahrhundert hat sagen können: Das Heil des Mars und damit der Erde hängt davon ab, daß auf dem Mars die niedergehende Kultur wieder einen Impuls nach aufwärts erhält. So etwa war es auf dem Mars wie auf der Erde bis zum Mysterium von Golgatha, wo die Menschheit von spirituellen Höhen in die Tiefe des Materiellen versunken war und der Christus-Impuls dann einen Aufstieg für sie bedeutete. Auf dem Mars war im fünfzehnten Jahrhundert die Notwendigkeit eingetreten, der Marskultur einen Impuls nach aufwärts zu geben.»[142]

Die menschheitsführende Individualität des Christian Rosenkreutz ersah deshalb den vom Rad der Geburten befreiten Buddha, den Friedensbringer und mächtigen Wegbereiter des Christusgeschehens, dazu aus, diesen Impuls in die Marssphäre zu tragen:

«Wie einstmals das göttliche Liebewesen, Christus, auf der Erde weilte in einer Zeit und unter einem Volk, das diesem Liebewesen nicht gerade nahestand, so stieg der Friedensfürst Buddha im siebzehnten Jahrhundert auf den Mars hinauf, wo Krieg und Kampf herrschten, um dort seine Mission zu erfüllen. Dort waren die Seelen vor allem kriegerisch gestimmt. Eine große Opfertat vollzog der Buddha, gleich jener des Trägers des göttlichen Liebewesens im Mysterium von Gogatha. Eine kosmische Opfertat war es, Buddha zu sein auf dem Mars. Dort war er gleichsam das Opferlamm, und man kann es als eine Art von Kreuzigung für den Buddha bezeichnen, daß er sich hineinversetzen ließ in diese kriegerische Umgebung. ‹Gloria in der Höhe und Friede auf Erden!› Das tönte aus Buddhas Wesen herab, und es tönt dies – geheimnisvoll von Buddha ausgehend – aus dem Planeten des Krieges in die Menschenseelen auf Erden hinein.»[143]

142 Rudolf Steiner, Neuchâtel, 18.12. 1912. GA 130.
143 Ebenda.

Die von Christian Rosenkreutz inspirierte Buddha-Mission auf dem Mars im Jahre 1604 steht als einleitendes irdisch-übersinnliches Mysterienereignis mächtig am Beginn der sogenannten Neuzeit. Ohne sie hätte sich das individuelle und das soziale Leben der Menschheit auf Erden nicht weiter heilbringend entwickeln können.

Was hat das alles aber mit der Politik zu tun? Die Sehnsucht nach einer Merkurisierung, einer Durchgeistigung des Lebens, und damit nach einer völligen Neuorientierung der Kultur, lebt heute vom Buddha ausstrahlend menschheitlich in den tiefen Schichten der Seele. Verfolgt man die Strategien von Clintons Propagandaapparat, so findet man, daß für seinen Wahlsieg nicht nur die psychologische Ebene manipuliert werden sollte, die sich dem Ideal der Hoffnung («Hope») hingeben möchte, sondern auch die noch tiefere, in der Erinnerungen an die befriedete Marssphäre, geistiges Wissen aus dem Vorgeburtlichen schlafen. Es soll nichts weniger vermittelt werden, als daß die Ära Clinton einen entscheidenden Schritt in die Merkurentwicklung der Erde vollzieht.

Das begann schon im Äußerlichen, wenn Bush als Kalter Krieger (Mars) dargestellt wurde, der die «Neue Weltordnung» zwar propagieren, die fundamentale Wende aber selbst nicht vollziehen konnte. Das konnte angeblich nur Clinton. Seine neue Weltordnung werde in der Wirtschaft (Merkur) verwirklicht, die nicht kriegerisch trenne, sondern menschlich verbinde.

Die obligatorische Geste von Clintons «verbindendem Wesen» sind die ausgebreiteten Arme auf seinen Fotos: mal vertikal,Himmel und Erde verbindend, mal horizontal, den Westen mit dem Osten verbindend.

Aber auch rhetorisch schreckt Clinton in dieser Hinsicht vor nichts zurück, so beispielsweise auf dem demokratischen Parteitag am 16. Juli 1992:

«Der *neue Bund* ist jedoch mehr als Chancen und Pflichten für Sie und Ihre Familien. Er handelt auch von unserer Gemeinschaft. Heute abend weiß jeder von Ihnen in seinem tiefsten Inneren, daß wir zu sehr gespalten sind. Es ist an der Zeit, Amerika zu *heilen*.»[144]

An einem Foto aus dem Wahlkampf, das via Presseagentur um die Welt ging, zeigt sich besonders eindrücklich, wie Clintons Strategen okkultes Wissen in sein Image einverweben (siehe Abb.)

Clinton wird auf diesem Bild selbst zum Merkurstab einer neuen, «vertikalen» Verbindung. Dieses Symbol wirkt stark auf das Bewußtsein, zumal das lebendige «Merkursiegel Clinton» in einer Art Doppelbelichtung in ein zweites Symbol verschachtelt ist: in einem größeren und in einem kleineren Kreis, die einander durchdringen. Diese Figur war im Grundriß des ersten Goetheanums enthalten, wo sie das niedere und das höhere Ich des Menschen repräsentierte.

144 In: Bill Clinton/Al Gore, *Weil es um die Menschen geht*, Düsseldorf 1993.

In entsprechender Vergrößerung wirkt die Fotografie leicht exkarnierend, erzeugt Schwindel, indem sie kein normales Raumgefühl zuläßt. Und mitten in dieser «geistigen Welt» schwebt der sakrale Clinton und garantiert mit seinem clownesken Gesicht unverdrossen «Normalität».

Wie stets in solchen Fällen ist es schwierig herauszufinden, welche okkulte Quellen solche Manipulationen zugrunde liegen – oder ob es sich doch nur um den Einfall eines «inspirierten» politischen Impresarios handelt. Viel wesentlicher als diese Frage ist jedoch das Erscheinen des Bildes selbst, die Tatsache, daß derartige Konfigurationen inszeniert werden und weltweit bewußtseinsbildend in der Sphäre der öffentlichen Meinung wirken.

Die öffentliche Meinung

Dieser über die Massenmedien wirkende Bereich unserer modernen Wirklichkeit, hat sich etwa zu der Zeit zu entwickeln begonnen, die Rudolf Steiner auch für das Buddha-Ereignis auf dem Mars angibt. Im Zusammenhang damit geht Steiner auch auf die Wesen ein, die diese öffentliche Meinung beherrschen:

> «Öffentliche Meinung wird nicht nur von Menschen gemacht, sondern auch von einer gewissen Art auf der untersten Stufe stehender luziferischer Geister, zurückgebliebener Engel, Erzengel.»[145]

Der Buddha-Impuls wirkt hin auf eine im individuellen Urteilen erringbare Verbindung des Menschen mit der geistigen Welt. Die Wesen der öffentlichen Meinung verbinden die Menschen durch «verschwommene, durcheinanderflutende Gedankenmacht»[146] zu einem emotionalen Bewußtseinskollektiv, dessen Ströme von Neugier und Sensationslust, Lügenhaftigkeit und egoistischen Interessen in Gang gehalten werden.

145 Rudolf Steiner, Berlin, 14.1.1913. GA 141.
146 Ebenda.

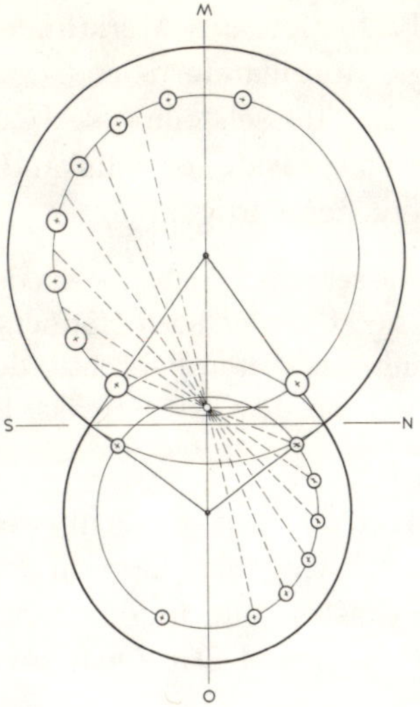

Unten: Erstes Goetheanum; links: Grundriß, rechts: Merkur-Kapitell

Wie kraß in der Manipulation dieser öffentlichen Meinung während Clintons Wahlkampf Prätention des Merkurialen und Wirklichkeit der Demagogie auseinanderfielen, kann deutlich werden, wenn wir uns eine Schlüsselstelle aus Al Gores Rede zur Ankündigung seiner Vizepräsidentschaftskandidatur an der Seite Bill Clintons vergegenwärtigen:

«In jedem Amerikaner, ganz gleich, wie sehr man ihn betrogen oder wie schlecht man ihn geführt hat, steckt immer noch Hoffnung. Selbst jetzt können sie, wenn sie hinhören, diesen Pulsschlag des wahren amerikanischen Geistes hören. Nein, der Geist Amerikas ist nicht verschwunden.»[147]

Nach dieser Anrufung, die selbstverständlich den Schlüsselbegriff «Hoffnung» nicht ausläßt, schwingt sich Gore in den Pulsschlag des «amerikanischen Geistes» ein, indem er auf seine politischen Gegner George Bush und Dan Quayle zu sprechen kommt:

«Ich sage nicht, daß sie schlechte Menschen sind. Aber ihre Regierung dieses Landes ist schwer fehlgeschlagen. Sie haben die vielen besteuert um die wenigen zu bereichern. *Und es ist Zeit für sie zu gehen.*

Sie haben uns falsche Wahlmöglichkeiten gegeben, schlechte Wahlmöglichkeiten, und doch uns keine Wahl gelassen. *Und es ist Zeit für sie zu gehen.*»

Und nach vier weiteren Anschuldigungen, die jeweils mit dem rhythmischen *«Und es ist Zeit für sie zu gehen»* abschließen, steigert Gore bei der siebten Wiederkehr seines Refrains seine Rede zu folgender Zwiesprache mit dem Publikum:

«Sie haben unsere Demokratie mit politischen Ablenkungsmanövern herabgewürdigt, mit Ablehnung und Verzweiflung. Welche Zeit ist es?
(Menge): Es ist Zeit für sie zu gehen.
Welche Zeit ist es?
(Menge): Es ist Zeit für sie zu gehen.
Welche Zeit ist es?
(Menge): Es ist Zeit für sie zu gehen.»

147 Bill Clinton, Al Gore, a.a.O.

Eine größere Distanz als diejenige zwischen der hohen Moralität der Buddha-Wesenheit und dieser niedrigsten Art von Demagogie ist kaum denkbar. In ihrem Duktus erinnert sie unwillkürlich an Goebbels' berüchtigtes «Wollt ihr den totalen Krieg?» und ist ein gutes Beispiel für die geistigen Verschmutzungen, die die Bahnen der öffentlichen Meinung durchziehen.

Die damit erreichte zu starke Bindung des Menschen an reine Erdenereignisse belastet seine Entwicklung bis über den Tod hinaus. Doch gerade hier, im Leben zwischen Tod und neuer Geburt, finden wir die Buddha-Impulse als individualisierenden Ausgleich wirksam: Die Christuswesenheit selbst, so Rudolf Steiner, führt die Seelen durch die vom Buddha befriedete Marsregion, damit sie unter dessen heilenden Einfluß kommen:

«So daß die Menschen in der Sphäre des Mars frei werden können von dem, was sie – untauglich für ihren weiteren Fortschritt auf der Erde – durch das Uniformierende der öffentlichen Meinung aufnehmen. Und wenn der Mars tatsächlich in früheren Zeiten bezeichnet wurde als der Planet der kriegerischen Tugenden, so hat allerdings der Buddha nach und nach die Aufgabe, diese kriegerischen Tugenden so im Menschen zu verwandeln, daß sie *freien unabhängigen Sinn* in der heute notwendig gewordenen Art begründen. Während der Mensch heute sein Freiheitsgefühl hinzugeben geneigt ist an das, was als öffentliche Meinung die Menschen immer mehr fesseln will, wird er gerade auf dem Mars zwischen Tod und neuer Geburt das Streben haben, sich diesen Fesseln zu entwinden und sie nicht wieder in das Leben hereinzubringen, wenn er wieder zur neuen Verkörperung kommt.»[148]

Als einen regelrechten Schutzgeist gegen das «Untermenschliche» der öffentlichen Meinung können wir die Buddha-Wesenheit bezeichnen.

Die Art dagegen, wie durch Clintons und Gores Auftreten die schützenden Buddha-Impulse verballhornt und in die

148 Siehe Anmerkung 9. Hervorhebung: J.M.G.

Niederungen der Medienmanipulation gezogen werden sollen, um persönliche Macht daraus zu gewinnen, muß man als ein Wirken im Geiste unlauterer Magie bezeichnen.

Clintons Auftritt auf der Bühne der Politik hat massiv zu einem weiteren Magisch-Werden derselben beigetragen. Mit Merkur, dem Heiler und Götterboten, mit Buddha, dem Marsbefrieder, hat das nichts zu tun.

Erstveröffentlichung in: «Pressespiegel ZEITGESCHEHEN», Nr. 18/1, 1993. Der Artikel wurde für diese Ausgabe überarbeitet.

FELIX SCHULTZ

«Für ein schöneres Leben im kollektiven Geist»

Computervernetzung und die Zukunft der Menschheit

Nur zwanzig Jahre nach der Entwicklung des Personalcomputers (PC) wird auf den Wellen einer explosionsartig sich vollziehenden technologischen Innovation zunehmend beschworen, daß die Menschheit an der Schwelle zum dritten Jahrtausend in ein neues Zeitalter eintrete: Die Computerrevolution sei im Begriff, die ganze Welt auf den Kopf zu stellen.

Am 19. September 1994 konnte man in der englischen «Financial Times» einen Aufruf des US-Vizepräsidenten *Al Gore* lesen, in dem an alle Nationen der Welt appelliert wird, sich an der Schaffung eines globalen Computers zu beteiligen. Globale Informations-Infrastruktur (GII): So nennt sich das ambitionierte Projekt, ein Netzwerk von Netzwerken, das auf der Übertragungsbasis eines Systems von Hunderten von Satelliten in erdnaher Umlaufbahn dazu beitragen soll, weltweit Demokratie und Wirtschaft zu stärken, effektive Umweltschutzmaßnahmen zu ermöglichen, die medizinische Versorgung zu verbessern und ein Verantwortungsbewußtsein für «unseren kleinen Planeten» (Gore) zu entwickeln. Daran wird in den USA im Rahmen eines Aktionsprogramms des Präsidentenduos (Ausbau der Informationshighways und so weiter) bereits konkret gearbeitet:

«Präsident Clinton und ich haben zu konkreten Regierungsmaßnahmen aufgerufen, um die GII bis zum Jahrhundertende in alle Klassenzimmer, Bibliotheken und Krankenhäuser der Vereinigten Staaten auszuweiten. Die Schulen und Bibliotheken aller Länder können an Internet, das weltweit größte Computernetz, angeschlossen werden, um eine globale digitale Bibliothek zu schaffen. Das würde Millionen von Studenten, Akademikern und Geschäftsleuten den Zugang zu den für sie notwendigen Informationen eröffnen, sei es nun in Albanien oder in Ekuador.»

Man hat es hier offensichtlich nicht nur mit einem *Kulturphänomen*, sondern auch mit einer hochgradig *politischen Angelegenheit* zu tun: Wie die Mondlandung in den 60er Jahren, so markiert die GII die Version des amerikanischen Traumes für das Medien- und Informationszeitalter, das 21. Jahrhundert. Wissen gleich Macht, so lautet die angewandte Gleichung, und mit diesem Projekt soll die neue Macht, so Gore, weltweit demokratisiert werden – selbstverständlich unter Führung der USA.

Hier ein Kommentar zu dieser neuen politischen Linie:

«Es ist ein großartiges Gefühl, endlich mit Politikern zu tun zu haben, die von der Bedeutung dieser Technologie überzeugt sind. Wir leben schließlich im Informationszeitalter, und unsere Vision läßt sich ohne superschnelle Informationsnetze nicht umsetzen. Wenn wir Computer in jeder Wohnug wollen, brauchen wir auch die Datenautobahn.»[149]

Diese Worte spricht ein Mann, der seit ganz jungen Jahren eine zentrale Rolle in der Innovation der Computertechnik gespielt hat, ein genialer, visionärer Kopf, dessen erklärtes Ziel es war, mit 25 Jahren seine erste Million Dollar gemacht zu haben. Das hat er erreicht. Am 28. Oktober 1995 feiert er seinen vierzigsten Geburtstag und ist inzwischen als Multimilliardär zum reichsten Mann der USA – und zum zweitreichsten der Welt avanciert. Er gehörte zu den Begründern und ist heute Chef der Firma *Microsoft*, die mit etwa 90 Prozent weltweit marktführend ist auf dem Gebiet der Software, der Anwenderprogramme, ohne die ein Computer nicht arbeiten würde. In der Computerbranche wie auch in der Wirtschaftswelt ist er längst zu einem Mythos geworden: *Bill Gates*. In großen

149 In: Bernhard Günter, *Bill Gates. Vom Computerfreak zum reichsten Mann Amerikas*, München 1995, S. 19.

Bill Gates, Gründer und Besitzer der Computerfirma Microsoft

Anzeigen von Microsoft[150] sieht man ihn auf dem Foto als junger Student aus Seattle, daneben übergroß ein Paar abgelatschter Turnschuhe und über dem ganzen in großen Buchstaben die Frage: «Where do you want to go today?» Darunter der Text:

«‹Was mach' ich denn heute?› ..., mag sich der junge Bill Gates gefragt haben, als er sein Harvardstudium schmiß. Er gründete eine Softwarefirma und träumte, daß auf jedem Schreibtisch ein PC stehen sollte. Der Rest ist Geschichte und der Traum, dank Windows®, keiner mehr ...»

150 Siehe z. B. «Spiegel Spezial», Nr.3/95, *Abenteuer Computer,* S. 84 f.

Das *computer whizz kid* hat es geschafft; seine Turnschuhe haben Gates schnurstracks in den amerikanischen Olymp des Erfolgs getragen. Vor zwanzig Jahren hat er das erste Programm entwickelt, das einen Computer zum Laufen brachte, der auf einen Schreibtisch paßte – der PC war geboren. Dieser geht 1981 erstmalig als IBM-Computer mit einem Microsoft-Programm (MS-DOS) in industrielle Massenproduktion und erreicht im Laufe der 80er Jahre tatsächlich nahezu alle Büro- und anderen Schreibtische.

Mit dem Beginn der 90er Jahre wird ein erweitertes Ziel anvisiert: Der Computer soll nicht nur Arbeitsinstrument sein; über Kabel und Satellit vernetzt mit unzähligen Computern in der ganzen Welt, soll er zu *dem* umfassenden Medium überhaupt ausgebaut werden. Über ihn wird man Fernsehen empfangen, Videos, Schallplatten, Zeitungen ins Haus (das heißt auf den Bildschirm) geliefert bekommen, man wird einkaufen, seine Bank- und Postgeschäfte erledigen, telefonieren, arbeiten (das «virtuelle Büro») – kurz: Nahezu alle Kommunikation wird über den Computer laufen können. Wie Bill Clinton es ausdrückt, geht es darum, «eine Informationsrevolution auszulösen, die ein für allemal die Art und Weise ändern wird, wie Menschen leben, arbeiten und miteinander interagieren»[151].

In engem Einvernehmen mit Clinton und Gore, mit dem er bereits 1993 bei einem gemeinsamen Abendessen Kontakt aufgenommen hatte, arbeitet Bill Gates an der technischen Realisierung der globalen Vernetzung mit der dazu notwendigen Entwicklung von Multimediatechnologie und dementsprechender Software. Daß auf diesem Feld Hunderte von Millionen Dollar allein in die Forschung investiert werden und das nur ein Bruchteil dessen ist, was da verdient werden kann, dürfte kaum noch Erstaunen auslösen.

In diesem Zusammenhang ist es interessant zu verfolgen, *woher* die Technologie der Vernetzung ursprünglich stammt.

151 Bernhard Günter, a.a.O., S. 18 f.

Dazu sei aus einem Artikel von Amnon Reuveni zitiert:

«Als globales Netz mit etwa 30 Millionen Benutzern entwickelt sich das *Internet* in den letzten Jahren immer mehr zum chaotischen Datenlabyrinth. Ausgegangen ist es 1969 vom Experiment des Forschungsinstitutes am Verteidigungsministerium der USA und war ursprünglich für die Kommunikation zwischen vier Computerzentralen vorgesehen. Doch schon 1972 hatten sich ihm mehr als 50 Institutionen angeschlossen. Heute muß man sich einen Weg in dem inzwischen zu einem undurchdringlichen Urwald gewachsenen Netz durch Unmengen interner Daten bahnen. Ohne Orientierungshilfen kann man sich schnell darin verirren. Und deshalb ist das virtuelle Spinnennetz, das *World Wide Web* (WWW), entstanden. Wenn das Internet die Personifizierung der kommenden ‹Computerautobahn› ist, dann ist das World Wide Web gleichzeitig deren Planer, Koordinator und Treibstofflieferant.

Wie das Internet durch die Militärbranche zur Welt kam, so ist das WWW bekannterweise als Nebenprodukt des europäischen Kernforschungsinstitutes in Meyrin bei Genf entstanden. Es wäre nicht übertrieben zu sagen, daß seine Erfinder im *CERN* wirklich *den Nerv* der so beschwärmten ‹Zukunftsgesellschaft.› voll getroffen hatten, als sie 1989 (!) mit der Entwicklung des ‹Web› begannen. Um in der gewaltige Dimension von Daten bei der Kernforschung Ordnung herzustellen, entwickelten die CERN-Programmierer ein *Vereinfachungs*konzept. Es baut auf Hypertext, eine Software, die das Hüpfen von Information zu Information erlaubt – per Mausklick. Jeder WWW-Benutzer kann sich also mühelos sein privates Digitalgewebe selber spinnen. Doch darin ist man nie allein. Das ‹Welt-Weite-Weben› knüpft um die ganze Welt ein *übergeordnetes* Gewebe. Darin verbinden Verweise die zahllos verstreuten Daten, Dokumente, Bilder und Informationsanbieter miteinander. Und diese Ordnung im Netz, die es zu einem nach besonderer Gesetzmäßigkeit geordneten und überschaubaren Digitalspinnennetz macht, verdankt vor allem das Internet dem brilliant ‹gewebten› WWW.»[152]

Dies alles geschieht nun unter einer Prämisse, die Bill Gates folgendermaßen auf den Punkt bringt: «*Der Compter soll allein*

152 Amnon Reuveni, *Das «WWW» und des Mondes Rückkehr*. In: «Das Goetheanum», 2.4. 1995.

dazu dienen, um Spaß zu haben: für ein schöneres Leben im kollektiven Geist.»[153] Aber nicht nur das: Die Technik befreie auch den Zuschauer und unterstütze ihn bei der Entfaltung seiner Persönlichkeit, wie Time-Warner-Chef Gerald Levin in einem Interview ausführt:

«Unsere Technik befreit den Zuschauer: Er kontrolliert, was im Fernsehen läuft – und nicht mehr die TV-Sender. [...] Ein Mensch definiert sich über die Zeitschriften, die er liest, über die Filme, die er im Kino sieht, über sein Lieblingsprogramm im Fernsehen, über die Musik, die er hört. Wenn unser digitales Netz den Menschen erlaubt, mehr Informationen und Unterhaltung gezielt zu konsumieren, dann werden sie als Personen wachsen.»[154]

«Personen», die sich über Konsum und Unterhaltung identifizieren, werden mittels Vernetzung wachsen – aber Individualitäten? Diese sollen «ein schöneres Leben im kollektiven Geist» führen. Vom «Streben nach einem kollektiven Geist» und den begrüßten Anfängen einer «kollektiven Gesellschaft»[155] ist bei Gates häufig die Rede. Und tatsächlich benennt er damit die generelle Zielsetzung der US-amerikanischen Medien- und Informationspolitik. So strahlte der US-Nachrichtensender CNN Ende Januar 1992 die erste globale Werbekampagne aus: Einen Tag lang, zu jeder vollen Stunde erreichte *Coca Cola*, die Gallionsfigur der westlichen Warenwelt, in über hundert Ländern angeblich über 3,8 Milliarden Fernsehzuschauer. Dazu Konzernpräsident Donald R. Keough in Anspielung an die Außenpolitik des damaligen Präsidenten Bush: *«Mit einer neuen Weltordnung kommt die Gelegenheit, mehr Menschen mit einer einzigen Stimme zu erreichen.»*[156] Unter dem Gesichtspunkt der globalen Vernetzung könnte man es auch andersherum formulieren: Mit dieser kommt die Gelegenheit, Milliarden von Menschen in einem einheitlichen, kollektiven

153 Bernhard Günter, a.a.O., S. 19.
154 In: «Der Spiegel», 27.2. 1995.
155 Bernhard Günter, a.a.O., S. 183.
156 In: «die tageszeitung», 25.1. 1992.

Bewußtsein derart zusammenzuschweißen, daß damit die mentale Voraussetzung für die Einführung einer neuen Weltordnung geschaffen ist. Die zunehmende Manipulierbarkeit und Entindividualisierung des einzelnen, die damit einhergeht, wird aufgewogen durch den «Spaß», den es macht.

Mit anderen Worten: Es wird, von den USA ausgehend, heute mit ungeheurer Dynamik daran gearbeitet, rund um den Erdball und in der Erdatmosphäre eine virtuelle Sphäre zu installieren, in welche die Menschen mit ihrem Bewußtsein untertauchen sollen. Diese Kunstwelt, die – wie der Computer, der sie vermittelt – aus der Kraft der Elektrizität gespeist ist, gewinnt ihre Faszination und ihren Glanz aus den Myriaden von Möglichkeiten, die sie dem *user* bietet, und nicht zuletzt den Bildern, aus denen sie sich konstituiert. *Eine im Untersinnlichen lokalisierte Sphäre der Imagination* wird dadurch geschaffen.

Diese hat ihr äußeres Gegenbild in den über 400 Satelliten, die heute bereits die Erde umkreisen. Zur Zeit kommen jährlich etwa hundert neue Satelliten hinzu, die Telefongespräche vermitteln, Fersehprogramme senden oder die Erdoberfläche, Wettererscheinungen und so weiter erkunden. In der Erdumlaufbahn kreisen zudem noch ausgediente Satelliten und Satellitenschrott von militärischen Experimenten der 80er Jahre, explodierte Raketenstufen und technischer Abfall der Raumstationen, so daß man sagen kann: «Oberhalb der sensiblen äußeren Lufthülle ist die Erde von einer Sphäre von ‹High-Tech-Teilchen› umgeben.»[157] Welche Auswirkung dieses Netz auf die Verbindung der Menschenseele zur Sternenwelt hat, wäre Thema einer weiteren Untersuchung; was man jedoch lapidar bemerken kann: Es befindet sich *dazwischen.*

Wie wirkt nun die virtuelle Computerwelt auf die Menschenseele? Ein grundlegender Hinweis darauf findet sich in der

157 Wolfgang Held, *Die Technikhülle der Erde.* In: «Das Goetheanum», 4.6. 1995. Aus dem Artikel sind die Informationen dieses Absatzes entnommen.

Autobiographie von Ernst Lehrs: «Gelebte Erwartung». Hier schildert Lehrs einen erstaunlichen Zusammenhang, den Rudolf Steiner einmal in der Beantwortung einer Frage Guenther Wachsmuths, was *der am meisten demoralisierende Einfluß der Großstadt* sei, entwickelte:

«Das könne er sehr wohl sagen; denn das zu beobachten habe er in der Zeit seines Lebens in Berlin Gelegenheit gehabt. Da habe er gefunden, daß das dort gewesen sei, wo die Stadtbahn zwischen den Mietshäusern hindurchgefahren sei und die Schlafzimmer der Bewohner dorthinaus gingen. Wenn dann noch zu ihrer Schlafenszeit alle paar Minuten ein solcher Zug vorbeifuhr und [...] das Licht aus den Abteilen der Züge durch die Fenster fiel und über die Schlafenden hinwegstrich, dann habe das seiner okkulten Beobachtung nach die stärkste demoralisierende Wirkung auf die Menschen gehabt.

[...] Mit seiner Antwort hat Rudolf Steiner uns gezeigt, daß es in heutiger Zeit in solchen Dingen darauf ankommt, den Blick in erster Linie nicht auf subjektiv-luziferische, sondern auf objektiv-ahrimanische Ursachen zu richten. [...] Ich meine, diese Wirkung so zu verstehen: Da findet in rhythmischer Wiederholung durch das durch die Zimmer hindurchstreichende Licht ein wiederholtes leises, dem Schlafenden unbewußt bleibendes Hereinfahren seines Astralleibes in den Ätherleib mit seiner diesen abbauenden Wirkungen statt. Das gibt unguten Wesen des Astralplanes die Möglichkeit, sich in diesen einzunisten.»[158]

Das konstante leise Flackern der Bildschirme von Computern, Fernsehern, Monitoren ist letztlich nichts anderes als solch ein rhythmisches Streichen von Licht über den Betreffenden, der sich das zumeist jedoch nicht bewußtmacht, da er seine Konzentration auf das Gerät richtet. Zumal man nach einiger Zeit am Bildschirm leicht das Raum- und Zeitgefühl verlieren kann, ist es legitim von einem Schlafen gegenüber diesen Wirkungen zu sprechen, von denen «die stärkste demoralisierende Wirkung auf die Menschen», die größte Schwächung der Menschenseele ausgeht.

158 Ernst Lehrs, *Gelebte Erwartung*, Stuttgart 1979, S. 306.

Neben den gegenwärtigen Wirkungen der Computertechnologie auf die einzelne Menschenseele sei an dieser Stelle noch auf einen weiteren Aspekt hingewiesen, der allerdings die zukünftige Entwicklung der gesamten Menschheit betrifft. In vielen Zusammenhängen spricht Rudolf Steiner von einem Geschehen, das in nicht allzuferner Zukunft stattfinden wird: Im 7. Jahrtausend, in maximal 5000 Jahren, liegt der Zeitpunkt, «wo der Mond sich wiederum mit der Erde vereinigen wird»[159]. Dieses Ereignis – wie bereits der Mondenaustritt in weiten Vergangenheiten – hat nun einschneidende Folgen für die Menschheit. Wenn bisher gegolten hat, daß alles, was der Mensch denkt, keine unmittelbaren Folgen für die sichtbare Welt hat (Gedanken sind eben «zollfrei»), und seien es auch noch so automatische, schattenhafte und tote Begriffsbildungen, so ändert sich das schlagartig mit dem Eintritt des Mondes in das Erdensein:

«Und alle diejenigen Wesen, welche nun vom Menschen unrichtig gedacht werden, [...] die bekommen mit einem Schlage Wirklichkeit, wenn der Mond sich mit der Erde vereinigt. Und aus der Erde wird aufsprießen ein furchtbares Gezücht von Wesenheiten, die in ihrem Charakter zwischen dem Mineralreich und dem Pflanzenreich drinnenstehen als automatenartige Wesen mit einem überreichlichen Verstande. Mit dieser Bewegung, die über der Erde Platz greifen wird, wird die Erde überzogen werden wie mit einem Netz, einem Gewebe von furchtbaren Spinnen, Spinnen von einer riesigen Weisheit, die aber in ihrer Organisation nicht einmal bis zum Pflanzendasein heraufreichen, furchtbare Spinnen, die sich ineinander verstricken werden, die in ihren äußeren Bewegungen alles das imitieren werden, was die Menschen ausdachten mit dem schattenhaften Intellekt [...]. All dasjenige, was die Menschen an solchen Gedanken denken, die irreal sind, das wird wesenhaft. Die Erde wird überzogen sein, wie sie jetzt mit einer Luftschicht überzogen ist, wie sie sich manchmal mit Heuschreckenschwärmen überzieht, mit furchtbaren mineralisch-pflanzlichen Spinnen, die sehr verständig, aber furchtbar bös-

159 Rudolf Steiner, Dornach, 13.5. 1921. GA 204. Sowie das folgende Zitat.

artig sich ineinanderspinnen. Und der Mensch wird, insoweit er nicht seine schattenhaften intellektuellen Begriffe belebt hat, [...] sein Wesen mit diesen furchtbaren mineralisch-pflanzlichen Spinnengetieren vereinigen müssen. [...]

Sehen Sie, das ist dasjenige, was durchaus in der Realität der Erdenmenschheitsentwickelung liegt, und was von einer großen Anzahl derjenigen Menschen, die die Menschheit zurückhalten von der Aufnahme geisteswissenschaftlicher Erkenntnisse, heute durchaus gewußt wird. Denn es gibt auch solche, welche durchaus die bewußten Verbündeten des Verspinntwerdens des Erdenmenschendaseins sind.»

Was Rudolf Steiner aus hellsichtiger Schau hier darlegt, ist nun nicht im übertragenen Sinne oder bildhaft zu verstehen, sondern als eine reale Eventualität der Zukunft der Menschheitsentwicklung, wobei es sich offensichtlich um einen Umstülpungsprozeß handelt: Der Inhalt des toten Denkens wird wesenhaft und führt ein Eigenleben, das das Sinnesdasein seines Schöpfers ebenso in Mitleidenschaft zieht, wie dieser zuvor mit seinem Denken die übersinnlichen Welten. Denn in Wirklichkeit sind Gedanken nicht zollfrei – und sind es nie gewesen. Rudolf Steiner hat oftmals darauf hingewiesen, daß wir nicht nur für unsere Taten Verantwortung tragen, sondern auch für unsere Gefühle und Gedanken, da diese im Übersinnlichen sogar noch wesentlich realer sind als unsere Erdentaten:

«Derjenige, der weiß, was infolge von Gedanken und Gefühlen in der unsichtbaren Welt erfolgt, der bringt es schließlich dahin, daß es ihm ebenso wichtig wird, einem anderen Menschen kein böses Gefühl entgegenzusenden, wie es ihm wichtig ist, ihn nicht mit Flintenkugeln zu traktieren. Er weiß, daß es ebenso schlimm ist für den astralen Menschen, einen Haßgedanken auf ihn zu werfen, wie es für den physischen Menschen schädlich ist, wenn ein Ziegelstein auf ihn geworfen wird.»[160]

Wenn man bedenkt, in welchem Maße heute die Kräfte des hochgezüchteten Intellektualismus, des im verschärften Maße

160 Rudolf Steiner, Berlin, 23.10.1905 (abends). GA 93.

abstrakten und schattenhaften Intellekts auf das Gebiet der Innovation der Computertechnologie gerichtet werden, wird deutlich, was diese Ausführungen mit unserem Thema zu tun haben. Einen weiteren Zusammenhang bezeichnet auch Reuveni in seinem bereits zitierten Artikel, in welchem er im WWW «ein Vorausbild dieser apokalyptischen Vision» der furchtbaren Spinnentiere konstatiert.

Die dem zugrunde liegende Denkart wirkt sich allerdings schon heute in direkter Weise verheerend auf unsere Umgebung aus. So stellt Rudolf Steiner einmal in einem Vortrag dar, wie die Elemente der Natur durch die toten Gedanken der Menschen zerstört werden: Heute ist es das Wärmeelement, der Träger der Ich-Organisation des Menschen, in der nächsten Kulturepoche die Luft, der Träger der Seelenorganisation, des Astralischen, in der übernächsten Kulturepoche das flüssige Element, der Träger der Lebensorganisation, des Ätherischen, und in der ersten Epoche des 2. nachatlantischen Zeitalters ist es das mineralisch-feste Erdenelement selbst, der Träger der physischen Leiber des Menschen und der Naturreiche.[161]

Wie können wir uns also zu der charakterisierten Technologie stellen? Allgemein kann man sagen, daß es sinnlos ist, diese Entwicklungen einfach als «böse» abzutun und zu ignorieren oder sogar verhindern zu wollen; Fortschrittsfeindlichkeit – auch wenn sie auf den Säulen der okkulten Einsicht zu ruhen scheint – hilft hier nicht weiter. Man sollte sich vielmehr über die neuen Möglichkeiten freuen, die damit auch für die anthroposophische Arbeit gegeben sind. Eines ist dabei allerdings von grundlegender Bedeutung: Je weiter wir in der technischen Entwicklung voranschreiten, je mehr wir die Unternatur mit ihren Kräften der Elektrizität, des Magnetismus und so weiter erobern, um so weiter müssen wir auch in der okkulten Entwicklung voranschreiten, uns immer weiter in

161 Siehe: Rudolf Steiner, Dornach, 23.3.1923. GA 222.

die Übernatur erheben.[162] Es geht darum, als Mensch das Gleichgewicht zu finden, um die Aufrechte in diesen beiden Sphären halten zu können. Forderte das vielbeschworene «Gutenberg-Zeitalter» (das des Buchdrucks) von uns, die abstrakten Zeichen, die mit Tinte oder Druckerschwärze auf Papier gebannt sind, mittels eines ausgebildeten Denkens zu verlebendigen, so fordert die Computertechnologie des «Informationszeitalters» eine viel weiter reichende Erkraftung des Denkens: die anfängliche Ausbildung einer übersinnlichen Wahrnehmung, der Imagination.

Über den Weg dorthin spricht Rudolf Steiner in dem oben bereits ausführlicher zitierten Vortrag, wo es um das so dringend notwendige Beleben des schattenhaften Denkens geht. Dieses ist nun allerdings nicht allein Angelegenheit der einzelnen Menschen, «es ist ein kosmisches Ereignis». Denn im Erdensein gibt es seit dem Ende der 80er Jahre des 19. Jahrhunderts (ungefähr zehn Jahre also nach dem Anbruch der Regentschaft des Erzengels Michael) übersinnliche Wesen, die in engem Zusammenhang mit dem Beleben des Denkens stehen. Rudolf Steiner bezeichnet sie als «Vulkanwesenheiten, vulkanische Übermenschen, Venus-Übermenschen, Merkur-Übermenschen, Sonnen-Übermenschen und so weiter», die «zur weiteren Entwicklung ihres Daseins darauf angewiesen sind, auf die Erde zu kommen und auf der Erde mit Menschen in ein Verhältnis zu treten», die regelrecht aus dem Kosmos «hereinstürmen» ins Erdendasein. Man sollte sich hier nicht an dem Begriff der «Übermenschen» stoßen, mit dem Rudolf Steiner diese willensstarken Geistwesen belegt; er ist als Terminus technicus zu verstehen für eine Entwicklungsstufe, die zwischen der des Menschen und der des Engels liegt. Man könnte sie also auch als «Unterengel» bezeichnen. Es sind dies also in der Weltentwicklung zurückgebliebene Engelwesen, die ihren Wohnsitz auf den verschiedenen Planeten haben

162 Siehe dazu: Rudolf Steiner, *Von der Natur zur Unter-Natur*. März 1925. In: *Anthroposophische Leitsätze*. GA 26.

und seit dem Beginn des Michaelzeitalters mit sehr entschiedener Geste auf die Erde, zu den Menschen wollen.

«Wir haben im Erdendasein schon überirdische Wesenheiten. Und diesem Umstand, daß überirdische Wesenheiten die Botschaften herunterbringen in dieses irdische Dasein, diesem Umstande ist zu verdanken, daß wir überhaupt eine zusammenhängende Geisteswissenschaft haben können.

Aber im ganzen, wie benimmt sich das Menschengeschlecht? Dieses Menschengeschlecht benimmt sich in einer, man möchte sagen, kosmisch-rüpelhaften Weise gegen diese aus dem Kosmos, auf der Erde allerdings erst langsam, aber eben doch erscheinenden Wesenheiten. Es kümmert sich nicht um sie, es ignoriert sie, dieses Menschengeschlecht. Und das ist dasjenige, was die Erde in immer tragischere und tragischere Zustände bringen wird; denn unter uns werden im Laufe der nächsten Jahrhunderte immer mehr und mehr Geistwesen wandeln, deren Sprache wir verstehen sollten. Und wir verstehen sie nur, wenn wir dasjenige zu verstehen suchen, was von ihnen kommt: den Inhalt der Geisteswissenschaft. Das wollen sie uns geben, und sie wollen, daß im Sinne der Geisteswissenschaft gehandelt werde, daß umgesetzt werde die Geisteswissenschaft in die soziale Handlungsweise des Erdendaseins.»

Offensichtlich handelt es sich bei diesen Wesen also um Helfer des Michael-Geistes. Es sind in luziferischer Weise zurückgebliebene Wesen, die sich nun jedoch mit den Impulsen des Zeitgeistes durchdrungen haben, die ihre luziferische Kraft des Enthusiasmus, ihr «Hereinstürmen» in den Dienst des Christus gestellt haben. Aus dem Kosmos tragen sie in ihrem Wesen eine Kraftentfaltung auf die Erde, die es ermöglicht, *«daß wir überhaupt eine zusammenhängende Geisteswissenschaft haben können»*. Ihr Wesen bewirkt also das *Weben*, die lebendige *Vernetzung* der Begriffe und Ideen der Anthroposophie untereinander, das erfaßt werden kann in einem verlebendigten Denken.

«So kann man es auch schildern, was ich vorhin schilderte, daß wir unseren schattenhaften Intellekt mit den Bildern der Geisteswissenschaft beleben müssen. So schildert man es abstrakt. Konkret schildert man es, wenn man sagt: Geisteswesen wollen herunter ins irdische Dasein, und sie sollen empfangen werden. Erschütterung über Erschütterung wird es geben, und zuletzt müßte das Erdendasein in das soziale Chaos einmünden, wenn diese Wesenheiten herunterkommen und das Menschendasein nur Opposition gegen das Herunterkommen dieser Wesenheiten wäre.»

Das Chaos würde kulminieren in der Eventualität der furchtbaren Spinnenwesen, die sich beim Mondeneintritt im Irdischen materialisieren würden. Unter diesem Aspekt betrachtet, kann man die globale Computervernetzung als einen Akt der auf die Spitze getriebenen «kosmisch-rüpelhaften» Ignoranz, der schärfsten Opposition gegen den Eintritt dieser Wesen in das Erdensein verstehen. Andersherum kann man auch sagen, daß man mit dieser Technologie nur in gesunder Weise wird arbeiten können, wenn man sich mit diesen Wesen in stärkster Weise verbindet.

Auch in anderen Zusammenhängen spricht Rudolf Steiner wiederholt über die geistigen Wesenheiten, welche die Durchdringung des Denkens mit den Kräften des Lebendigen bewirken. Wenn dies geschieht, dann wird eine feine, aber durch und durch vitale, vitalisierende Ausstrahlung frei, die man als die «*Vitalstrahlung*» der Anthroposophie bezeichnen kann. Diese Lebensstrahlung ist die elementare Voraussetzung dafür, daß Anthroposophie tatsächlich auf der Erde wirksam werden kann:

«Das soll hauptsächlich gelernt werden, nicht tot zu wirken mit dem, was aus der geistigen Welt kommt, sondern unmittelbar lebendig zu wirken mit dem, was aus der geistigen Welt kommt. Lebendige Ideen, lebendige Begriffe, lebendige Anschauungen, lebendige Empfindungen, nicht tote Theorien zu finden, das ist die Aufgabe des Zeitalters. Das kommt unmittelbar von den Gestalten, die mit dem Wesen, das wir als Michael bezeichnen, vereinigt sind.»[163]

163 Rudolf Steiner, Torquay, 18.8. 1924. GA 243.

Die Vitalisierung des Denkens ist also die Aufgabe unseres Zeitalters, das unter der Regentschaft des Erzengels Michael steht. Seine Scharen sind diejenigen Geistwesen, welche durch das von Menschen verlebendigte Denken ins Erdensein eintreten wollen. Es ist evident, daß auch die bereits angeführten hereinstürmenden Planeten-«Übermenschen» zu den Scharen Michaels gehören.

Von diesen ist nun in sehr besonderer Weise und an sehr zentraler Stelle bei Rudolf Steiner wieder die Rede: in seiner «letzten Ansprache»[164]. Die letzten Worte, die er vor seiner Erkrankung am Michaelstag 1924 an die Mitglieder der Anthroposophischen Gesellschaft richten kann, sind ihnen gewidmet. In einer wunderbaren Imagination beschreibt er sie als das «Lichtstrahlenkleid» der Sonne konstituierend, mit dem Michael angetan ist. Sie, die «Sonnenmächten entsprossenen», «*hellen Ätherwelten-Wesen*», bahnen Michael den Weg ins Erdendasein, indem sie «das Christuswort», die Anthroposophie, zum Menschen tragen. Sie bewirken eben, «daß wir überhaupt eine zusammenhängende Geisteswissenschaft haben können».

Diese mit Michael verbundenen Gestalten, die «hellen Ätherwelten-Wesen», sind heute unter uns – «und sie sollen empfangen werden»! Wenn das immer mehr Platz greifen kann in der Verlebendigung des Denkens und in dessen Umsetzung im Leben zwischen den Menschen, dann braucht man der zunehmenden Computerisierung nicht mehr angstvoll entgegenzusehen. Es soll dies natürlich gerade verhindert werden; aber wenn man sich mit der Sicherheit durchdringt, daß man kein isoliertes Wesen ist, das schlimmstenfalls mit einem einsamen Leben vor dem Monitor zu rechnen hat, sondern daß neben den anderen Menschen auch Michaels Scharen da sind, die mit all ihren Kräften die Entwicklung unterstützen, dann kann man zu der Haltung gelangen, mit der man sich als Mensch in den Kräften der Unternatur halten

164 Rudolf Steiner, Dornach, 28.9. 1924. GA 238.

kann. In diesem Sinne seien zum Abschluß die Worte wiedergegeben, in denen Rudolf Steiner die Imagination von Michael und den Seinen mantrisch zusammenfaßte und mit denen er seine letzte Ansprache beendete:

«Sonnenmächten entsprossene,
Leuchtende, Welten begnadende
Geistesmächte; zu Michaels Strahlenkleid
Seid ihr vorbestimmt vom Götterdenken.

Er, der Christusbote, weist in euch
Menschentragenden, heil'gen Welten-Willen;
Ihr, die hellen Ätherwelten-Wesen,
Trägt das Christuswort zum Menschen.

So erscheint der Christuskünder
Den erharrenden, durstenden Seelen;
Ihnen strahlet euer Leuchte-Wort
In des Geistesmenschen Weltenzeit.

Ihr, der Geist-Erkenntnis Schüler,
Nehmet Michaels weises Winken;
Nehmt des Welten-Willens Liebe-Wort
In der Seelen Höhenziele wirksam auf.»

III.
RUSSLAND / KAUKASUS

JOHANN-MICHAEL GINTHER

Für ein Verständnis Rußlands

Die politischen Veränderungen in Rußland nehmen seit Jahren einen festen Platz im westlichen Bewußtsein ein – als Medienereignis ebenso wie in den Regionen der internationalen Diplomatie und Wirtschaftspolitik. Bei der Frage nach der gegenwärtigen Verfassung des Landes und den Perspektiven seiner Entwicklung stößt man schnell auf einige immer wiederkehrende Anschauungen, die sich der Westen vom Zustand Rußlands bildet: Rußland steht heute inmitten eines gigantischen Umbruchgeschehens. Auf den Trümmern der Sowjetunion werden die Grundrisse für eine pluralistische Gesellschaftsordnung gezogen. Demokratie und Marktwirtschaft sollen an die Stelle der geistigen, politischen und wirtschaftlichen Zwangsstrukturen des Bolschewismus treten, Kooperation mit der westlichen Welt an die Stelle der militärischen Bedrohung des Kalten Krieges. Es handelt sich augenscheinlich um einen Wandel zum Besseren, hin zu wünschenswerteren Zuständen.

Die tiefe Krise, in der sich das Land dennoch befindet, ist ein notwendiges Übel, da sich der Wandel erst gegen das Alte – psychologisch, institutionell und so weiter – durchsetzen muß. Die beharrenden Kräfte der «Reaktion» bedrohen ihn. Als Ganzes gesehen, scheint die Entwicklung dennoch unumkehrbar: Glasnost und Perestroika, nukleare Abrüstung, Liquidierung des Sowjetimperiums und die mit dem Westen koordinierten politischen und wirtschaftlichen Reformbestrebungen sprechen eine deutliche Sprache: Zwei Putschversuche sind gescheitert. Und so begegnet man auch den zyklisch wiederkehrenden politischen Schrecksituationen – wie jüngst die Wahl des nationalistischen Agitators Schirinowski – besorgt, aber ohne Panik. «Das Gute wird sich durchsetzen», so die allgemeine Hoffnung, die sich in diesem Falle auf die faktische Überlegenheit des westlichen, freiheitlichen Gesellschaftsentwurfes bezieht. Niemand kann sich eine Rückkehr in den grauen Alltag der sowjetischen Stagnation ernsthaft vorstellen.

Trotz dieses festen Bildes wird kaum jemand behaupten, die Gesamtgestalt dieses historischen Umbruchs sei aus der unmittelbaren Teilnehmerperspektive und nach so kurzer Zeit schon mit Sicherheit überschaubar. Die oben skizzierten Anschauungen können demnach nur eine momentane Orientierungshilfe darstellen. Sie *interpretieren* die wirtschaftlichen und politischen Fakten, ausgehend von der «Richtigkeit» des eigenen Systems, vom «Sieg des Kapitalismus» und so weiter – und vom verständlichen *Wunsch*, das immense, in den Jahren des Wettrüstens aufgebaute militärische Gefahrenpotential möge ohne größere Katastrophen entschärfbar sein.

Eine nüchterne Betrachtung der Fakten selbst liefert demgegenüber ein gleichbleibendes Panorama des *Niederganges*. Die Ökonomie krankt in der Substanz, die industrielle Produktion geht weiter zurück, Rußland lebt mit Hyperinflation und Dollarisierung. Im landwirtschaftlichen Alltag, der von den Mechanismen der Planwirtschaft besonders hart getroffen worden war, hat sich fast nichts verändert, und die Bevölkerung erwacht erst langsam für das volle Ausmaß der ökologischen Verwüstung des Landes. Der politische Alltag ist bestimmt von den demokratischen Fassadenkämpfen der «Reformer» und «Reaktionäre», hinter denen der Geheimdienst, alte Seilschaften und die Mafia ungehindert weiter agieren, um Macht und Pfründe neu zu verteilen. Neben den KGB-Strukturen ist es vor allem die schweigsame Armee, die ihren Einfluß bis in die jüngst verabschiedete, neoimperialistische Militärdoktrin erhalten und ausgebaut hat. An ihren Taten geprüft, zeigen sich die prowestlichen «Reformer», «Demokraten», «Monetaristen» bislang als diplomatisch effektvoller, intern gerade geduldeter Zuckerguß, der unfähig und meist auch kaum wil-

Freiheit? Moskauer Demonstranten mit der von Peter dem Großen gestifteten russischen Flagge während des August-Putsches 1991

lens ist, die wirklichen, aus KP- und Gosplan-Zeiten stammenden Machtverhältnisse anzutasten.

Im Osten also nichts Neues? – Wirklich gedeihen nach dem Aufbau der ideologischen Fassaden vor allem die alten Zerrbilder der russischen Gesellschaft: Zentralbürokratie, Korruption und apathische Untertanenmentalität. Mächtig meldet sich das Vermächtnis Peter des Großen zurück. Seine Fahne weht über Moskaus Reformen, die die von diesem Zaren initiierte Janusköpfigkeit von *ideeller Westorientierung* und *militärisch-nationalem Imperialismus* gegenüber den Nachbarvölkern wieder zum Leitfaden russischer Politik erhoben haben. Um so wichtiger ist deshalb ein Bewußtsein davon, daß der Kommunismus auch deshalb siebzig lange Jahre seine zerstörerische Macht entfalten konnte, weil er seine unmenschliche und unattraktive Utopie geschickt mit dem Despotismus des zaristischen Rußlands und eben jener petrinischen Ideologie zu verbinden wußte.

Die Möglichkeit, mit diesen Schattenseiten zu wirtschaften, ist heute so gut gegeben wie 1917. Durch den Kollaps der UdSSR allein entstehen in Rußland nicht menschenwürdigere und wirklichkeitsnähere Verhältnisse.

In unserer global verflochtenen Welt wird viel davon abhängen, zu welchen *positiven Taten* Rußlands Nachbarn – vor allem im Westen – fähig sind. Positive Taten wären solche, die Rußlands Eigenart berücksichtigen und so fördern, daß das Land ein wirkliches Osteuropa mitgestaltet. Doch woran anknüpfen? Was ist im guten Sinne russisch? Um diese Fragen macht man gerne einen Bogen, denn für ihre Beantwortung müßte man sich auf das heikle Terrain der Volkscharaktere und der Kulturgeschichte begeben, ja sogar eine gewisse «Kulturprophetie» entwickeln. Da fällt es leichter, dem Osten eine Nachhilfestunde in politischer und ökonomischer Theorie zu verordnen.

Daß diese Theorie auf universellen Werten aufgebaut und deshalb weltweit anwendbar sein soll, ist allerdings eine weitere unreflektierte und gefährliche Voraussetzung, die allgemein gemacht wird. Schon die globale ökologische Krise spricht dafür, daß der Kapitalismus westlicher Prägung nicht weltverträglich ist. Es ist bis heute eine offene Frage, ob der westliche Kapitalismus überhaupt eine globale Wirtschaftsform darstellen kann, oder ob er auf kapitalschwache, der Wachstumsdynamik nicht unterworfene Gebiete angewiesen ist, um selbst prosperieren zu können. Kühles Abwägen der ökonomischen Folgen, zum Beispiel für Wohlstand und Arbeitsplatzsicherung im Westen, könnte zu dem Schluß kommen, daß ein schnell hiesige Verhältnisse erreichendes Rußland gar nicht im Interesse Westeuropas und der USA liegen kann. Dann wären die Parolen von Demokratie und Marktwirtschaft allerdings blanker Zynismus, der bereits mit kommenden Katastrophen im Osten rechnet und einen nationalrussischen Gegenschlag mitzuverantworten hätte.

Ohne so weit gehen zu müssen, kann hier schon deutlich werden, daß niemand ökologische und politische Verfahren heilbringend verpflanzen kann, ohne auf die nationalen, historischen, psychologischen und anderen Eigenarten der betroffenen Menschen einzugehen. Denn auch westliche Handlungsmuster sind nur auf der Basis solcher Eigenarten entstanden. Selbst wenn alle Menschen vor der Marktwirtschaft gleich wären – von ihrer kulturellen Prägung her sind sie es sicher nicht. Was nützt ein perfekt nach westlichem Vorbild eingerichtetes Finanzwesen, wenn das Verhältnis der Menschen zum Geld in Rußland ein grundlegend anderes wäre als in Amerika? Dem kann man nicht durch den Einwand begegnen, daß sich die Mechanismen schon «von selbst», in der Lebenspraxis an die kulturellen Verhältnisse anpassen werden: Rußland hat eben erst siebzig Jahre gegenteiliger Erfahrung hinter sich. Soll Rußlands Zukunft aus weiteren Zyklen dieser Art bestehen?

Wenn nicht, dann muß jedes wirtschaftliche und politische Beurteilen, Beraten und Handeln seinen Ausgangspunkt im Verständnis dessen nehmen, was man mit notwendiger Unschärfe das «russische Wesen» nennen kann.

Folgende Frage muß man sich im Zuge einer Charakterisierung dieses russischen Wesens stellen: Weshalb fällt die erste Blüte des zaristischen Imperialismus mit dem Augenblick zusammen, als Peter westliches Denken aus Holland und England importiert? Weshalb konnte eine westliche, von dem Deutschen Marx in England konzipierte ökonomische Theorie Rußland bis zur Selbstverleugnung eingepflanzt werden? Weshalb ist es selbstverständlich, daß nach dem Fall des Eisernen Vorhanges sofort westliche Berater und Investmentfirmen die Wirtschaftsreformen prägen, daß im politischen Denken westliche Rhetorik unbesehen übernommen, westlicher Parlamentarismus schlicht kopiert werden sollen? Man kann dies alles für historisch notwendig, man kann es für dunkle Machenschaften halten, kann es verurteilen – am Phänomen, *daß eben dies möglich ist*, ändert es nichts. Man mache sich einmal die Mühe, einen ähnlichen Einfluß russischer Macht und Denkungsart auf die französische Gesellschaft zu denken. An der Absurdität der Vorstellung kann deutlich werden, daß es sich hierin um einen für Rußland charakteristischen Wesenszug handelt: *Rußland will etwas von anderen lernen.*

Darin offenbart sich Rußland als junge Nation, im Gegensatz etwa zu Frankreich oder Italien, deren internationaler Gestus im Grunde Respekt für bereits – in der Vergangenheit – entfaltete Größe erheischt. In seiner Jugendlichkeit ist Rußland nur mit Nordamerika zu vergleichen. Dieses will vor allem *von sich selbst lernen*, indem es die europäische Kultur auf amerikanischem Boden neu erfindet. Rußland blickt dagegen seit Jahrhunderten erwartungsvoll ins westliche – vereinzelt auch östliche – Ausland.

Westeuropa will gebildet *sein*, die USA bilden sich *selbst*, *Rußland will gebildet werden*. Diese Eigenart Rußlands hat weitreichende Konsequenzen: Sie macht jedes Eingreifen in die Geschicke dieses Kulturraumes zu einer *pädagogischen Tat* – nicht, weil unbedingt eine pädagogische Intention bei den Handelnden vorliegt, sondern in einem mehr faktischen Sinne, weil es sich als tiefere Signatur aus dem Verhältnis der Kulturräume selbst ergibt. Angesichts der traditionellen Tendenz des Westens, in Rußland *einzumarschieren* – sei es ideell, wirtschaftlich oder militärisch –, muß diese Charakterisierung eine besondere Verpflichtung zu redlichem Verhalten mit sich bringen, wenn sie nicht zu Recht als unerträgliche Anmaßung abgetan werden will. Andererseits muß daraus für den Westen die Gewißheit erwachsen, daß alle Reformen und sonstige praktische Maßnahmen Stückwerk bleiben müssen, insofern sie zu einfach auf Erfolg in der Gegenwart bezogen sind. Ihren vollen Sinn entfalten sie erst dadurch, daß die Volksindividualität in Zukunft innere Gestaltungskräfte aus ihnen ziehen können wird.

Pädagogisches Handeln rechnet mit der Zukunft und übt Gelassenheit gegenüber der Gegenwart. Das mag angesichts der brennenden gegenwärtigen Probleme Rußlands wie Hohn klingen, stimmt aber mit einer handfesten Erfahrung überein, die man vielfach in Rußland machen kann: Es liegt gar nicht im Interesse der russischen Mentalität, die irdischen Verhältnisse in westlicher Manier vollständig zu ordnen. Eine Ordnung, die nicht Provisorium ist, erscheint der russischen Seele fremd, vielleicht *«etwas für Deutsche»* (wofür diese bewundert und beargwöhnt werden).

Wer für Rußland Patentlösungen parat hat, die einfach – am besten unter westlicher Kontrolle – umgesetzt werden sollen, muß sich den Verdacht gefallen lassen, daß er sich mehr für sich und die eigenen Bedürfnisse interessiert als für das Zukunftsgeschöpf, dem er begegnet. Wer den Vorsatz faßt, «westliches ökonomisches Denken in die russischen Zentralnervensysteme zu implantieren», wie es eine deutsche Tageszeitung unmißverständlich formuliert hat, wird Rußland gegenüber den Typus eines Pädagogen verkörpern, den es eben *auch* gibt: den lieblosen und geistlosen Pauker, der die Seele nicht bildet, sondern durch Drill vergewaltigt und womöglich bleibend schädigt.

Was soll man sich nun unter einer zukünftigen Individualität Rußlands vorstellen? Aus den gegenwärtigen russischen Verhältnissen wird sich im Laufe von Jahrhunderten ein neues geistiges Zentrum entwickeln, das West- und Mitteleuropa ablösen und gemeinsam mit Nordamerika die Weltkultur prägen wird. Diese zukünftige kulturelle Mission muß man heute im Auge haben, wenn man zur Gestaltung Rußlands beiträgt, *denn sie wird durch unser heutiges Tun vorbereitet*. Das ist der wahre Inhalt des gesellschaftlichen Wandels in Rußland: nicht das augenblickliche Erscheinungsbild des Übergangs von Marx zu Markt, sondern die Suche nach den unverwechselbaren sozialen Formen, die das Heranwachsen dieser zukünftigen Kultur fördern können. Es soll etwas gefördert werden, das es noch gar nicht gibt – unmöglich deshalb, Rußland im Rückgriff auf irgendwelche staatlichen und nationalen Traditionen umzugestalten; da wird man bloß auf Überzeichnung, Zerrbilder, auf erste einseitige *Setzungen*, auf ein «Quasi-Rußland» treffen. Möglich ist allein, an die Substanz der Volksseele selbst anzuknüpfen: an das Urbild einer in menschlichem Leiden und Streben noch zu erringenden, wahrhaft sozialen Kultur, die vom Impuls des Christentums nicht zu trennen ist. Das sozialistische Experiment muß man demgegenüber als eine Vergewaltigung der Volksseele bezeichnen, die noch lange hemmende Nachwirkungen zeitigen wird. Aber auch das harte ökonomische Denken der neuen, prowestlichen Gangart dient nicht Rußlands Zukunft, denn diese wird wenig mit der materiellen Kultur und der materiellen (Wahl-)Freiheit zu tun haben, die uns heute als zivilisatorische Errungenschaften so teuer sind. «Freiheit» wird in dieser russischen Kultur von der Selbstlosigkeit durchdrungen sein, im Tun das zu *geben*, was der andere nötig hat: *Brüderlichkeit*, eine religiöse Stimmung, die das soziale Leben durchweht, wird sich einmal als Blüte der Zivilisation entfalten; keimhaft lebt sie schon heute in den Untergründen der russischen Seele. Eine Freiheit, die das Göttliche im anderen Menschen, in jeder Kreatur, in der Erde selbst sucht, wird als russischer Beitrag in die Menschheitskultur einfließen.

Die Freiheit, die die materiellen Gegebenheiten im Dienste der *Selbstverwirklichung* beherrscht und nutzbar macht, wird weiter von Nordamerika aus ihre Wirkungen entfalten, in denen wir heute bereits unverkennbar stehen. Dann werden sich der spirituelle und der materielle Kulturimpuls aneinander reiben und dadurch die Weltverhältnisse völlig umgestalten. Heute ist es dafür zu früh: Die Konfrontation des Kalten Krieges und die jetzige Amerikanisierung der russischen (Massen-) Kultur erscheinen wie karikaturhafte Vorwegnahmen zukünftiger Auseinandersetzungen. Heute braucht Rußland vor allem den Einfluß einer Seelenverfassung, die sich *für das Werden des anderen* interessieren kann, statt sich selbst reproduzieren zu müssen. Diese Fähigkeit – die Essenz des Pädagogischen – ist wohl am bewußtesten im Bildungs- und Entwicklungsdenken des deutschen Idealismus gefaßt worden. Sie gehört zum Besten, was eine mitteleuropäische Kultur zu geben hat. Deutsches Wirken in Rußland sollte sie sich zu eigen machen! Dadurch könnte ein Element bewußt gepflegt werden, das schon heute der heimliche Grund ist, der viele Menschen auch beruflich immer wieder nach Rußland zieht: die überwältigende, wärmende Menschlichkeit, die so leicht zwischen den Bruchstücken sowjetischer Gehirnwäsche und den ewigen praktischen Unzulänglichkeiten hervorsprießt.

Förderung der wirtschaftlichen Zusammenarbeit und der Gesellschaftsgestaltung auf Grund westlicher Erfahrung, zugleich *bewußte Pflege des allgemein Menschlichen,* weil erkannt wird, daß sich in ihm zukünftiges Geistiges vorbereitet: so stellt sich ein Rußland angemessenes westliches Engagement im Idealbild dar. Es wird in der Praxis damit beginnen, die ökonomischen und politischen Realitäten mit Gedanken und einem seelischen Gepräge zu durchdringen, die dem Zukunftsstrom der russischen Kultur entstammen.

Ein solcher Denkansatz müßte zum Beispiel die *Schicksalsgemeinschaft von Menschen* zum *Urprinzip sozialer Strukturen* machen. Nicht allein berufliche Qualifikationen, Einkommensverhältnisse, Parteikarriere und Wettbewerb bänden in diesem Ansatz die Menschen aneinander, sondern das gemeinsame Durchleben der Höhen und Tiefen des Menschlichen in der Arbeit wie im Persönlichen. Ein Bewußtsein von der Verantwortung für das gemeinsame Schicksal müßte da einigend und impulsierend wirken, wo die ökonomische Konditionierung nach westlichem Muster versagt. Dies käme einer Wiedergeburt des alten, durch den Bolschewismus vernichteten, russischen Dorfes auf einer höheren, universellen Ebene gleich. *«Jeder Betrieb ein Dorf»*, ein solcher Gedankenhintergrund könnte ganz neue Ausblicke auf das politische und ökonomische Reformvorhaben Rußlands freigeben.

Ebenso müßte eine Auffassung Platz greifen, welche die Seelenhaltung des Menschen gegenüber der landwirtschaftlichen Arbeit zum Urbild jeder produktiven Tätigkeit machte: Alles, was hergestellt wird, wird zugleich auch aus Gottes Hand gegeben; es *wächst*. So wie der Bauer nur mithilft beim Gedeihen der göttlichen Wachstumskräfte in der Natur, so ist alle Arbeit *Zusammenarbeit* mit dem produktiven Geistigen in der Welt. Dieses unterbewußte Empfinden, das tief im russischen Nationalcharakter verwurzelt ist, muß mit den Bedingungen der industriellen und postindustriellen Fertigung versöhnt werden, wenn es zu einer Erneuerung des positiven Verhältnisses zur Arbeit überhaupt kommen soll. Dies würde unter anderem die Aufgabe beinhalten, die *unterschiedlichen Zeitgestalten* von Jahreslauf, menschlichem Lebensrhythmus und maschinellem Produktionsrhythmus in einen der russischen Kultur entsprechenden Einklang zu bringen. Am Beginn eines Reformprozesses stünde so ein *ganzheitliches Arbeitsbild*, das die Natur als Lebensgrundlage und den seelisch empfindenden Menschen mit einschließt. Dies entspräche dem russischen *«Alles wächst»* ungleich mehr als das amerikanische *«Do it yourself»*, das wirtschaftliche Reformen konsequenterweise bei der *Geldpolitik* beginnen will, also in dem für östliches Empfinden *abstraktesten*, aber vom Menschen eben *am leichtesten manipulierbaren* Bereich des Wirtschaftslebens.

Die jüngsten politischen Entwicklungen in Rußland haben offengelegt, daß eine neue west-östliche Gegnerschaft eine ernstzunehmende Möglichkeit der weiteren Entwicklung ist. Der schwelende Bosnienkrieg ist nur der offensichtlichste Konfliktherd, an dem diese Gegnerschaft *bis in kriegerische Auseinandersetzungen* eskalieren könnte. Will der Westen nach Osten blicken wie ein Dompteur, der mit Zuckerbrot und Peitsche den russischen Bären im Zaum hält? – Er wird damit Mißtrauen und Aggression züchten und die Kräfte wecken, die er so sehr fürchtet. Oder wollen Menschen im Westen, die bereit sind, ihr Tun zu verantworten, Rußland in seiner Eigenart, in seiner Andersartigkeit verstehen lernen? – Dann wäre eine Zusammenarbeit möglich, die die gegenwärtigen Gefahrenpotentiale dadurch entschärft, daß sie Zukunft veranlagt.

Das natürliche Terrain einer solchen Zusammenarbeit ist die *Wirtschaft*. Hier steht der Westen vor der Herausforderung, einmal auf dem Boden der ökonomischen Beziehungen nicht pragmatisch zu handeln, sondern so, daß gleichzeitig *Kultur* geschaffen wird. Anders werden Ideologisierung, Nationalismus und Militarismus – allesamt lebensgefährliche Erbschaften des neunzehnten Jahrhunderts – nicht zu handhaben sein: Es muß im westlichen Sensorium etwas neu werden, damit der Weg von der *wirtschaftlichen Manipulation* zur *militärischen Konfrontation* im Herzen Europas nicht erneut eingeschlagen wird. *1993/94*

FELIX SCHULTZ

Gegen den Strom

Zur Arbeitsweise der «Neuen Weltordnung» am Beispiel Georgiens

«Mit dem Strom schwimmen nur die toten Fische und die Leichen der Rinder.»
dem Gautama Buddha zugeschriebenes Sprichwort

Suchen wir nach einem komprimierten Urbild der Weltpolitik des 20. Jahrhunderts, nach einer präzisen Standortbestimmung der heutigen Situation, so werden wir bei Rudolf Steiner fündig, der am 9. Januar 1921 prophetisch ausführt:

«Versuchen Sie doch einmal, ohne hinzuhorchen auf das, was aus Vorurteil heraus gesagt wird, was vielleicht in ihrem eigenen Gemüt aus Vorurteil heraus gesagt wird, zusammenzufassen dasjenige, was die heutigen Ereignisse in ihrem Schoße tragen für das Schicksal Mitteleuropas in geistiger Beziehung. Tendiert nicht alles, alles darauf hin, diese mitteleuropäische Geistigkeit eigentlich auf der Erde auszurotten? Man müßte schon, wenn man unbefangen diese Tatsachen ins Auge faßt, in sich den Impuls erglimmen fühlen, alles, was man tun kann zum Fortgang dieser wirklichen mitteleuropäischen Geistigkeit, zu tun. Wenn nicht ganz bedeutsame Kraftentfaltungen geschehen, so wird sowohl der Osten der Erde wie der Westen der Erde über Mitteleuropa hin sich verbinden, zuerst wahrscheinlich in einer furchtbaren Feindschaft, aber dann doch über diese Feindschaft hinweg zu irgendeiner Strömung, die eigentlich von Mitteleuropa aus nicht gewollt sein darf, zu irgendeiner Strömung, die sich dann fortpflanzen will als Weltkultur, als Weltzivilisation. […]

Das sind die beiden Extreme, die sich eigentlich, vielleicht über eine furchtbare Feindschaft hinweg, die durch die äußeren Verhältnisse und den inneren Gegensatz bewirkt ist, die Hand reichen möchten von beiden Seiten her. Und weil diese Strömungen vorhanden sind, und weil das der Fall ist, geht es, wollte man es trivial ausdrücken – es ist aber wahrhaftig nicht trivial, sondern tragisch gemeint –, den Menschen der mitteleuropäischen Gegenden gerade geistig so schlecht.

Das ist dasjenige, was man mit wachem Seelenauge verfolgen sollte.»[165]

«Weltkultur», «Weltzivilisation» – man könnte ebensogut «Neue Weltordnung» dazu sagen –: eine «Strömung, die eigentlich von Mitteleuropa aus nicht gewollt sein darf» ...! Diese Strömung entwickelte sich aus den großen weltpolitischen Umwälzungen der jüngsten Vergangenheit.

Mit der Maueröffnung am 9. November 1989 war das Ende der «furchtbaren Feindschaft» zwischen Ost und West im Kalten Krieg besiegelt. Die deutsche Einheit und das plötzliche Verschwinden des Eisernen Vorhanges machte 1990 zum Jahr der gesamteuropäischen Euphorie, die im Januar 1991 umschlug in Angst: Mit einem brutalen, vermeidbaren, hochtechnologisierten Krieg (inklusive Medienspektakel) zeigten die USA am Golf allen Verbündeten und Feinden, unter wessen Vorherrschaft Europa und die gesamte «Völkerfamilie» zu stehen habe.

In George Bushs «Rede zur Lage der Nation» vom 29. Januar 1991 klingt das folgendermaßen: «Wir sind Amerikaner. Wir haben eine einzigartige Verantwortung, die harte Arbeit der Freiheit zu leisten. Und wenn wir das tun, funktioniert Freiheit.» Es stellt sich die Frage, wie eine Freiheit aussehen kann, die erstens von den USA gebracht, also *von außen* an die Menschen herangetragen wird und zweitens dann auch noch «funktioniert» («freedom works»).

Der Begriff der «neuen Weltordnung» deutet auf eine geplante weltweite Einheitsregierung unter Führung der USA bzw. der UNO. Durch den Sieg des US-amerikanisch dominierten Westens über den Ostblock im kalten Krieg geht die geistfeindliche Polarität von Ost und West über in eine einheitliche westliche Vormundschaft. Oder: Mit der Auflösung des dialektischen Gegensatzes von Ost und West entsteht eine Synthese auf einer höheren Ebene, die gleichzeitig mit dem

165 Rudolf Steiner, Dornach, 9. 1. 1921. GA 203.

Eduard Schewardnadse und Michail Gorbatschow

Ende der Blöcke das «Ende der Geschichte»[166] markiert. In Eduard Schewardnadses Buch «Die Zukunft gehört der Freiheit»[167] liest sich das Denkergebnis dieser merkwürdigen Dialektik, der ein weiterführender Entwicklungsgedanke abgeht, wie folgt:

«In staatlich-politischer Hinsicht hat sich in der Welt nahezu alles stabilisiert und beständige Gestalt angenommen. Versuche einer Neuregelung stoßen auf kollektiven Widerstand. [...] Kein Land existiert heute abgetrennt vom Leben der Weltgemeinschaft und von ihren Problemen.»

Die Frage, was diese vagen Worte Eduard Schewardnadses bedeuten mögen, klärt sich weiter unten in der politischen Praxis am Beispiel Georgiens.

166 Vgl. dazu die Position, die der der Washingtoner Regierung nahestehende Denker Francis Fukuyama in seinem u.a. von Schewardnadse hochgeschätzten gleichnamigen Buch vertritt.

167 Eduard Schewardnadse, *Die Zukunft gehört der Freiheit*, Reinbek 1991, S. 272 f.

Nach dem Zusammenbruch der UdSSR gab es überall große Hoffnungen, daß nun ein neues, friedliches Zeitalter anbrechen möge, daß Ost und West zusammengehen; gerade Gorbatschows Perestroika ließ hier viele Menschen aufhorchen. Wenn man aber hinter die großen Worte horcht und schaut, was wirklich in der Welt geschieht, sieht man, daß die westliche Geistes- und Wirtschaftsart, die nach 1945 Mitteleuropa bis zu dem Eisernen Vorhang überschwemmte, nun in den Osten getragen wird: eine grenzenlose Medien- und Konsumkultur, eine parlamentarische Scheindemokratie (wenn Demokratie wirklich Herrschaft des Volkes bedeuten soll ...), freie Marktwirtschaft und viele andere «Segnungen» des sendungsbewußten Westens. Wer diese «Segnungen» auch als solche betrachtet und annimmt, hat nichts zu befürchten; wer sich aber gegen diesen Einheitsstrom stellt, sich keine autoritären Schemata von außen aufdrücken läßt, bekommt die Macht der Neuen Weltordnung mit aller Gewalt zu spüren.

Beispiel Georgien

Die Arbeitsweise dieser Macht offenbart sich am Beispiel Georgiens. Das beginnt schon in den Medien: Die Berichterstattung des Gros der deutschsprachigen Presse stiftet durch unkritische Weitergabe von Verleumdungen, Lügen und gezielter Desinformation mehr Verwirrung, als daß sie wahrheitsgemäß informiert. In einem Nebensatz konnte man in der taz vom 10. Juni 1992 über ein «nationalfaschistisches Regime unter Swiad Gamsachurdia» lesen – ein Beispiel für die Geschütze, die da aufgefahren werden.

Im folgenden soll ein knapper Abriß der jüngsten Ereignisse in Georgien gegeben werden: Am 26. Mai 1991 wird Swiad Gamsachurdia mit 86,5 Prozent der Stimmen zum Präsidenten Georgiens gewählt. Der ehemalige Dissident, Menschenrechtler, Gründer der ersten Helsinki-Gruppe des Landes

Swiad Gamsachurdia, 1991

und Anthroposoph hat schon in der finstersten Stagnationsära für ein freies Georgien gekämpft – und dafür jahrelang im Gulag und in Gefängnissen gesessen. Während dieser Zeit hat Eduard Schewardnadse in Georgien eine bürokratische Bilderbuchkarriere absolviert: Seit 1964 fungierte er als Innenminister und Polizeichef, schließlich als KP-Chef und KGB-Offizier. Unter seinem Regime wurden politische Gefangene gefoltert und hingerichtet. Im Lande gilt er als der meistgehaßte Politiker.

Als Präsident steht Gamsachurdia für den Freiheitswillen der Georgier, welcher sich am 31. März 1991 in einem Referendum für die Unabhängigkeit zu 98 Prozent niederschlägt. Konsequenterweise verweigert er den von Gorbatschow geforderten Anschluß an den sowjetischen Unionsvertrag, worauf dieser ihm in einem Telefonat mit «großen Schwierigkeiten in Südossetien» droht, die bald darauf auch eintreten. Das verschafft dem Präsidenten und seiner Regierung neben anderen Beschuldigungen schließlich im Westen den Vorwurf der «Diktatur». Die jüngsten Ereignisse in Südossetien zeigen allerdings, daß sich der Konflikt unter Schewardnadse weit verschärft hat, also offenbar unabhängig von Gamsachurdias «Diktatur» zu betrachten ist.

Ein weiterer Vorwurf war der der Unterdrückung der Opposition: Es gebe politische Gefangene. Wirft man einen näheren Blick auf die Köpfe dieser «Opposition», die auch immer in den Medien genannt werden, so wird man alles andere als integre, demokratische Politiker finden:

- *Tengis Sigua*, Wendekommunist und Vorzeigeoppositioneller, Ministerpräsident unter Gamsachurdia, bis er sich auf die Seite der bewaffneten «Opposition» stellte;
- *Tengis Kitowani*, ehemaliger Kommandant der Nationalgarde, der mit ungefähr vierhundert seiner Männer desertierte;
- *Georgi Tschanturia*, Gründer der außerparlamentarischen «Nationaldemokratischen Partei» und dazugehöriger Schlägertrupps (gegen seine Verhaftung legte die deutsche NPD vehementen Protest ein);
- *Dschaba Iosseliani*, Raubmörder und Unterweltboß mit eigener Privatarmee («Mchedrioni»-Reiter), die sich mit Drogenhandel, Schutzgelderpressung und so weiter durchschlagen. Heute ist er der zweite Mann im Staat, die rechte Hand Schewardnadses.

Die «politischen Gefangenen» unter Gamsachurdia waren Tschanturia, Iosseliani und Mitglieder der damals verbotenen «Mchedrioni». Sie alle waren allein aufgrund von strafrechtlichen Delikten, zum Beispiel Barrikadenbau, Besetzung des Fernsehzentrums im September 1991, Gewaltverbrechen inhaftiert. Es gab keine politischen Gefangenen.

Eine merkwürdige Karriere machte z.B. Gela Landschawa, der einen Milizeinsatz leitete, bei dem am 2. September 1991 in eine Anti-Gamsachurdia-Demonstration geschossen wurde, was in unseren Medien unter der Rubrik «Gamsachurdia-Diktator» in die Schlagzeilen kam. Derselbe Landschawa tauchte kurz darauf als einer der Putschführer auf und wurde unter Schewardnadse zum Garnisonskommandanten von Tbilissi befördert.

Zur Art der «Öffentlichkeitsarbeit» dieser Männer ließe sich noch folgendes Beispiel anführen: Kitowani behauptete am 27. September 1991 im Zuge der gewaltsamen Besetzung des Fernsehzentrums, daß Gamsachurdia sechzig seiner unbewaffneten Leute habe niedermetzeln lassen, was unsere Zeitungen («Frankfurter Allgemeine Zeitung», taz vom 28. September) mit großen Überschriften brachten. Tatsächlich wurde niemand umgebracht. Der englische «Independent» druckte am selben Tag ein Statement Kitowanis, daß er diese Lüge nur gestreut hätte, um in der Bevölkerung Mißtrauen gegen die Regierung zu schüren. Davon war in Deutschland nichts zu lesen.

Diese «Opposition» hat sich teilweise von der Regierung abgesetzt oder hatte von vornherein kein Interesse, sich an demokratischen Prozessen zu beteiligen. Sie wurde getragen von der mafiamäßig organisierten Schattenwirtschaft, dem (bis in die oberste Etage der orthodoxen Kirche) allgegenwärtigen KGB und der alten, linientreuen Kulturelite der «Nomenklatura Intelligenzia», die ihre Privilegien unter Gamsachurdia schwinden sah. – Trotz alledem gab es damals zwanzig oppositionelle Zeitungen, heute: keine einzige!

Gamsachurdia spricht in seiner direkten und völlig undiplomatischen Art (die man sicherlich verschiedentlich beurteilen mag) deutlich wie kein anderer von den wirtschaftlichen und machtpolitischen Vernetzungen zwischen Moskau und Washington – wo dies nicht gerne gehört wird. Im August 1991 fällt George Bush in einem CNN-Interview über Gamsachurdia das Urteil:

> «Ich denke, Präsident Gamsachurdia wird ein bißchen zu arbeiten haben an der Art der Statements, die er abgibt. Ich meine, es ist *lächerlich*. Das ist ein Mann, der auch gegen den Strom schwimmt, so scheint es mir ein wenig, und – ich möchte nicht übertreiben – er sollte mit ihm schwimmen und verstehen, was rund um die Welt passiert.»[168]

– Eine latente Drohung und ein Startsignal für den Putsch!

Am 22. Dezember 1991 fallen die Putschisten – bestens ausgerüstet mit Waffen der ehemaligen Sowjetarmee – in Tbilissi ein und setzen den Regierungspalast mit Panzern und Granatwerfern unter Beschuß. Am 6. Januar muß Gamsachurdia fliehen. Am selben Tag meldet sich Eduard Schewardnadse

168 Aus dem «Decision Brief for Immediate Release. No. 91-D 85» des *Center for Security Policy* vom 21. 8. 1991.

aus Paris zu Wort, erklärt den Putsch als «demokratische Revolution» und ist einige Wochen später als Vorsitzender des «Staatsrates» im Lande. Seine Regierung hat keinerlei demokratische Legitimation. Angesagte Wahlen sind auf Oktober ausgesetzt worden.

Obwohl sich Swiad Gamsachurdia im Exil befindet, ist er Hoffnungsträger für viele Menschen in Georgien. Sie wollen das neue Regime nicht hinnehmen: Seit dem Putsch, vom Dezember bis in den April, fanden beinahe täglich gewaltfreie Demonstrationen von Tausenden und Zehntausenden von Menschen für die Wiedereinsetzung ihres gewählten Präsidenten statt, die unter Einsatz von Schußwaffen, Messern und scharfen Hunden aufgelöst wurden. Mitte April war Hans-Dietrich Genscher auf Staatsbesuch in Tbilissi, um kurz vor seinem Abtritt das Land noch anzuerkennen und diplomatische Beziehungen aufzunehmen. Er wurde Zeuge, wie gegen eine große Demonstration mit Schlagstöcken und scharfen Hunden vorgegangen wurde. Ende Mai wurde James Baker, den Schewardnadse als seinen besten Freund bezeichnet, Zeuge einer blutig niedergeschlagenen Protestkundgebung gegen die neuen Machthaber. Für die Medien fanden diese Vorfälle nicht statt.

Heute ist Georgien nach einem blutigen Putsch und ohne gewählte Regierung von der EG anerkannt und in die KSZE und die UN aufgenommen. Unter Gamsachurdia war das Land international isoliert. Das gilt für Swiad Gamsachurdia heute noch. Am 9./10. Juli 1992 war er von finnischen Parlamentariern eingeladen, auf einer Parallelveranstaltung des 4. KSZE-Folgetreffens in Helsinki zu sprechen. Das hätte eine Konfrontation mit Schewardnadse herbeigeführt, der Georgien in der KSZE vertritt. Dazu ist es nicht gekommen, da dem Präsidenten ohne Angabe von Gründen die Einreise verweigert wurde. Ein Visum hätte er erst für den 15. Juli bekommen.

Heute ist die Versorgungslage in Georgien kritisch; aufgrund der andauernden Kämpfe herrscht wirtschaftliches

Chaos im Land. Schewardnadse hat bislang keine Anstalten gemacht, Iosselianis marodierende und mordende Mchedrioni-Banden aufzulösen. Er lobte sie stattdessen «ausdrücklich für ihren Beitrag zur ‹demokratischen Revolution›»[169]. Die Todesopfer der Junta zählen seit dem Putsch allein in Tiflis mindestens 47 Menschen (Stand: Mitte Juli 1992). Eine große Verhaftungswelle fand statt im Zuge der angeblichen Besetzung des Fernsehzentrums von Gamsachurdia-Anhängern am 24. Juni. Diese sollen zum Widerstand gegen die Machthaber aufgerufen haben («Putschversuch» – «Frankfurter Allgemeine Zeitung») und wurden innerhalb kürzester Zeit von den Juntatruppen unter massivem Waffeneinsatz gestellt. Die ganze Aktion war fingiert. Im oben bereits zitierten NZZ-Artikel schreibt Ulrich Schmied:

> «Regierungstruppen verschleppten einige Anhänger Gamsachurdias in das Gebäude und lancierten dann selbst einen Aufruf an die Regimekritiker, sich vor dem Gebäude zu versammeln – in der Absicht natürlich, so auf einen Schlag einer großen Zahl von Oppositionellen habhaft zu werden. Die Rechnung ging auf. Zahlreiche Gegner Schewardnadses, unter ihnen viele Parlamentsabgeordnete, wurden an Ort und Stelle verhaftet.»

Im August berichtet die «Internationale Gesellschaft für Menschenrechte» (IGFM) von über 300 politischen Gefangenen, von denen ein Teil im selben Monat per Amnestie freigelassen wurde, wie es Schewardnadse über die Medien angekündigt hat. Wichtige oppositionelle Politiker blieben allerdings weiter in Haft, und neue Verhaftungen folgten dieser Amnestie.

Durch die brutalen Repressalien der Putschisten wird der ursprünglich friedliche Widerstand entweder verängstigt oder zum Schweigen gebracht oder in den bewaffneten Untergrundkampf gedrängt. Das ganze Jahr waren die westlichen Landesteile Mingrelien und Abchasien für Schewardnadse unregierbare Kriegsgebiete. Der einzige Grund, warum der

169 «Neue Zürcher Zeitung», 25.7. 1992

Widerstand gegen die schlecht organisierte Nationalgarde und Mchedrioni-Banden nicht siegreich hervorging, war das massive Eingreifen von GUS-Truppen auf Seiten der Regierungskräfte. Das taucht in keiner offiziellen Berichterstattung auf, weil Georgien – auch unter Schewardnadse – nicht Mitglied der GUS ist, diese Einsätze also völkerrechtlich als eine Invasion angesehen werden müßten.

Abchasien hat sich im Juli für unabhängig erklärt. Im August hat Schewardnadse die tatsächliche Entführung des Vize-Ministerpräsidenten und die höchst fragwürdige Entführung des Innenministers der Junta von westgeorgischen Widerstandskämpfern zum Anlaß genommen, den Westen des Landes einzunehmen. Am 18. August wurde mit massivem Militäraufgebot (insgesamt 5000 Mann, darunter mehrere Divisionen GUS-Luftlandetruppen) die Hauptstadt Abchasiens, Suchumi, gewaltsam besetzt. Mit diesem Schritt hat Schewardnadse Ende August seine Macht im Land weitgehend konsolidiert. Swiad Gamsachurdia wird dagegen immer wieder als «neuer Gaddafi» und Urheber der Gegengewalt kriminalisiert. In zahlreichen Erklärungen hat er aber immer wieder betont, daß er von den Aktionen der Widerstandsbewegung nicht einmal informiert gewesen sei, geschweige denn Befehlsgewalt über diese habe.

Schewardnadse sprach im März kurz nach seiner Ankunft in Georgien von seinen «Freunden in sechzig Ländern der Welt», die das Land in «die Schweiz des Kaukasus» verwandeln helfen würden. Daß diese Verwestlichung nicht gelingt, liegt an dem Widerstand, den viele Georgier dem illegitimen Gewaltregime entgegensetzen. Es ist zumindest erstaunlich zu sehen, wie sich um dieses kleine Georgien in einem großen Konsens von Bush, Baker, Gorbatschow, Genscher – alles Protagonisten der Neuen Weltordnung und «Freunde» Schewardnadses – derartig massive Machtkonfigurationen bilden. In den Mitteln der Lüge, Manipulation der öffentlichen Meinung bis zur physischen Vernichtung offenbart sich eine

Seite dieser weltumfassenden Einheitsströmung, die ihrer weltbeglückenden Phraseologie diametral entgegengesetzt ist. Am Fall Georgien kann man den Mechanismus der lautlosen Vernetzung der Neuen Weltordnung hinter den Kulissen erahnen.

Erstveröffentlichung in: «Die Drei», Nr. 10, 1992. Der Artikel wurde für diese Ausgabe überarbeitet.

FELIX SCHULTZ / JOHANN-MICHAEL GINTHER

Notizen einer Kaukasus-Reise

Um glaubwürdig und aus erster Hand über die verworrene Lage in Georgien berichten zu können, haben wir das Land im August/September 1992 bereist. Wir, das waren: Janet Haacke, Johann-Michael Ginther, Felix Schultz (Freie Akademie Sammatz) und Rusudan Mandschgaladse (ehemalige Pressesprecherin Swiad Gamsachurdias). Am 27. August 1992 fuhren wir von Eriwan (Armenien) nach Tiflis (Georgien). Dort blieben wir neun Tage und sprachen mit Mitgliedern des friedlichen Widerstandes, einfachen Menschen und Angehörigen des Staatsrates, der derzeitigen Regierung Georgiens. Am 5. September verließen wir Tiflis in Richtung Grozny (Tschetschenien), wo wir nach einer abenteuerlichen Zugfahrt vier Tage mit dem gewählten georgischen Präsidenten Swiad Gamsachurdia, Mitgliedern seiner Exilregierung, dem tschetschenischen Präsidenten Dschochar Dudajew und anderen Kaukasiern zubrachten. Am 10. September machten wir uns auf den Rückweg. – Die nachfolgenden Notizen dieser Reise können vielleicht zum Verständnis der Vorgänge im Kaukasus, vor allem in Georgien, eine Hilfe sein.

Der Weg nach Tiflis, Hauptstadt Georgiens, führte für uns, von Eriwan kommend, durch die weite Stein- und Grasberglandschaft Armeniens. Zehn Stunden Fahrzeit für 300 Kilometer geben vielleicht einen Eindruck von der Art der Fortbewegung. In sommerlicher Hitze ging es am Epizentrum des großen Erdbebens von 1988 vorbei, durch belebte Dörfer, deren orientalisches Treiben die Schmiergeld kassierenden Verkehrspolizisten harmonisch miteinschloß. Schon den redseligen Taxifahrer in Eriwan hatte unser Reiseziel Georgien schlagartig zum Verstummen gebracht. Schlimm soll es dort zugehen, es herrsche Krieg, aber er wisse nichts Genaues, und er machte auch nicht den Eindruck, etwas daran ändern zu wollen.

An der armenisch-georgischen Grenze holte uns diese Stimmung wieder ein. Unrasierte, verlotterte Polizisten im Verband mit kalaschnikowbewehrten Zivilisten kontrollierten mißtrauisch unseren Wagen. Insgesamt fünf Straßensperren bis Tiflis führten uns in allen Kombinationen das Spektrum georgischer «Ordnungskräfte» vor; von der schon erwähnten Polizei über die Nationalgarde, die in einer Kehre versteckt einen Panzerwagen postiert hatte, bis zur «Spezialität» der neuen Machthaber: in Rambomanier mit spiegelnder Sonnenbrille versehene, möglichst schwarz gekleidete Burschen, deren Macht allein aus der betont nachlässig herumgeschwenkten Maschinenpistole kommt. «Mchedrioni» – Kämpfer oder Reiter – heißt die bekannteste dieser Banden, von denen heute viele Parteien der Junta eine unterhalten («Leibwache» heißt es dann offiziell). Zumeist marodieren sie als Teil der Nationalgarde oder auf eigene Faust im Lande. Gründer und Anführer der Mchedrioni ist der ehemalige Raubmörder und heutige engste Mitregent Eduard Schewardnadses, Dschaba Iosseliani. Hier kontrollieren sie etwas abseits stehend die kontrollierenden Polizisten und deuten «zum Spaß» das Feuern auf vorbeifahrende Wagen an. In Tiflis finden wir sie später wieder beim «Überwachen» der Einnahmen einer Polizeistreife. In der Mehrheit operieren sie jedoch gerade im Westen, in Mingrelien und Abchasien.

Die letzte Polizeisperre am Stadtrand von Tiflis begrüßt unseren armenischen Fahrer mit den Worten: «Die Gnade, das schöne Tiflis sehen zu dürfen, wird dich eine gute Stange Geld kosten.» Nur die Tatsache der «deutschen Journalisten» in seinem Auto bewahrt ihn davor, seinen Lohn schon auf der Hinfahrt wieder abgenommen zu bekommen.

Tiflis ist eine malerische, zwischen steilen Hügeln gelegene mediterrane Stadt. Als wir auf den prächtigen Rustaveliprospekt einbiegen, sehen wir die Reste des Januar-Putsches:

mehrere große, völlig ausgebrannte Häuserkomplexe und das schwer beschädigte Regierungsgebäude. «Aus der Zeit des Krieges», so die offizielle Terminologie; «Kitowanis Ausstellung», so der Galgenhumor der Bevölkerung. Tengis Kitowani, Gründer der Nationalgarde unter Gamsachurdia, gehörte zu den Köpfen der Januar-Putschisten und ist heute Verteidigungsminister. Als Beruf gibt er den des Malers an. Von dem Mann mit dem Impetus und Ausdruck einer Bulldogge hat noch niemand in Georgien auch nur ein Gemälde zu sehen bekommen. Und so heißt das zerschossene und ausgebrannte Regierungsviertel eben «Kitowanis Ausstellung». Die zweite Exposition dieses «Aktionskünstlers» ist Mingrelien, die dritte: Abchasien.

Einige hundert Meter weiter auf der anderen Straßenseite steht das Gebäude, in dem heute Schewardnadses Staatsrat tagt – das frühere «Institut für Marxismus-Leninismus». Nur wenige Schritte entfernt erhebt sich die an Pharaonenzeiten erinnernde riesige Betontribüne, auf der sich Schewardnadse in den 70er und 80er Jahren als KP-Chef des Landes von sozialistischen Aufmärschen huldigen ließ. Heute ist sie verwaist.

Durch die schöne Altstadt gelangt man zum «Kolchischen Turm», dem ehemaligen Wohnsitz Präsident Gamsachurdias und Museum seines Vaters, des berühmten Schriftstellers Konstantine Gamsachurdia. Im März wurde das Haus überfallen und in Brand gesteckt. Der schlichte rote Backsteinbau steht auf einem Hügel. Wir stehen in einem kleinen Garten, in dem Wein wächst. Bis auf die fehlenden Fenster sieht von außen alles intakt aus. Innen ist das Gebäude vollständig ausgebrannt. Vor der Tür stehen große Pappkartons mit versengten Resten kostbarer Bücher. Unser georgischer Begleiter ist tief getroffen, als er altgeorgische Evangeliare, Goethe-Ausgaben und Seiten des Johannesevangeliums findet. Es ist ihm unbegreiflich, warum Menschen so etwas tun: sinnlose und barbarische Kulturvernichtung.

Der Kolchische Turm ist ein exaktes Bild der sozialen Lage

in Tiflis überhaupt: eine intakte äußere Fassade, die flüchtigen Beobachtern das Ausmaß der Zerstörung, Gewalt und Angst nicht zu Bewußtsein kommen läßt. Schon im August erreichte uns im Westen die Meldung, daß der Ausnahmezustand aufgehoben sei – eine Bedingung für das Abhalten von Wahlen. Nachts gebe es keine Ausgangssperre mehr. Das entspricht auch den Tatsachen. Nur verhält es sich so, daß nachts niemand freiwillig auf die Straße geht. Denn wo tagsüber vorwiegend unbewaffnete Uniformierte zu sehen sind, entstehen nachts Straßensperren mit Verstärkung von Mchedrioni und anderen Formationen. Sie sind ohne Uniform, ohne Legitimation, bewaffnet und strahlen rohe Gewalt und absolute Willkür aus. Jede Nacht hören wir die Salven der Maschinenpistolen. Einmal wurde jemand direkt vor unserem Fenster angeschossen. In Tiflis herrschen heute die verschiedendsten bewaffneten Banden, die – auch wenn sie sich gegenseitig bekämpfen – gemeinsam den exekutiven Arm der Machthaber bilden.

In den nächsten Tagen, in vielen Gesprächen und Erlebnissen lernen wir verstehen, was diese Stadt und das ganze Land unter einer Glocke von Angst und kollektiver Suggestion hält. Immer krasser widersprechen sich in unserem Empfinden diese Eindrücke und die Fassade, die scheinbar ausgelassen-mondäne Art, in der die Jugend über den Rustaweliprospekt flaniert. Zu den nationalen Eigenarten, so wird uns erklärt, gehöre auch der Stolz, sich in Zeiten der Angst und der Not – wenigstens nach außen hin – den Flair des leichten, genußreichen Lebens nicht nehmen zu lassen.

Friedlicher Widerstand

Ganz anders sieht es hinter der Fassade aus. Zum Beispiel: Nika Kilassonia, den wir am 31. August in Tiflis (in der Wohnung einer westgeorgischen Familie) besuchten. Er war Abgeordneter des alten Parlaments und ehemals Leiter einer Wirtschaftskommission. Im Zuge der großen Säuberungsaktion nach der ominösen Fernsehzentrumsbesetzung am 24. Juni wurde das Ehepaar Kilassonia in seiner Wohnung verhaftet und sie für eine, er für vier Wochen eingesperrt. Er erzählte uns: «Die Haftbedingungen waren unerträglich: 15 Menschen in einem Raum der höchstens fünf faßt, kaum Luft, kein Wasser, von draußen hörten wir die Schreie der Mißhandelten, die nach der Folter in unsere Zelle gebracht wurden.» Haftbefehl, Verfahren, offizielle Dokumente gab es nicht. Mit falschen Zeugen sollte bewiesen werden, daß er am «Putschversuch» teilgenommen hätte. Die Besetzung des Fernsehzentrums hält er für eine große Falle, mit der die restliche Opposition zerschlagen werden sollte. Warum er nicht gefoltert wurde? – «Meinen Namen kennt man hier und da im Westen. Andere, Unbekannte, wurden dafür schrecklich geschlagen.»

Heute ist er untergetaucht wie viele Menschen in Tiflis, die sich nicht mehr in ihre Wohnungen trauen. Sie leben versteckt wie Nika Kilassonia bei Freunden oder bleiben nachts auf der Straße wie der Journalist Temo Rachwiaschwili, der weiß, daß auch er wegen «terroristischer Aktivitäten» gesucht wird. Dasselbe gilt für seinen Bruder Ramaz, Historiker, der sich meist auf dem Land versteckt hält. Das sei noch relativ sicher, sagt er, da die Junta außerhalb der Hauptstadt oft nicht mehr Einfluß habe als eine ausländische Besatzungsarmee und sogar in Tiflis, ihrer Hochburg, weit davon entfernt sei, alles zu kontrollieren. Die Brüder sollen ein Sprengstoffattentat auf Iosseliani verübt haben – mit einer Autobombe, die mit größter Sicherheit von der Junta selber gezündet wurde, um einen Grund für Verhaftungen zu haben. So wurde zum Beispiel der Physiker Sasa Ziklauri angeklagt, die Bombe gebaut zu haben, und im Gefängnis beinahe zu Tode gefoltert, da er nicht gestehen wollte, was er nicht getan hat.

«Wir sind jetzt alle Terroristen», bekennt Nika Kilassonia mit grimmigem Humor. Er gibt uns in breitem Amerikanisch Auskunft über die wirtschaftliche und politische Situation im Lande und schildert die Ansätze der alten Regierung, um ohne allzu scharfe soziale Ungerechtigkeiten zu einer marktwirtschaftlichen Ordnung zu kommen. Achillesferse war die Privatisierung: «Wenn man die Wirtschaft entpolitisiert, heißt das noch lange nicht, daß sie frei ist. Es heißt nur, daß sie nicht mehr Sklave der Regierung ist. Aber dann wird sie Sklave der Mafia. Deshalb mußten wir von der Regierungsseite vor allem die Bank-Aktivitäten scharf kontrollieren. Das Mafiageld ist bekanntlich der sogenannte russische Holzrubel, und eine eigene Währung, die wir nach unserem Zeitplan schon im März dieses Jahres eingeführt hätten, wäre die wirksamste Waffe gegen die Mafia geworden. Hätte sie im Herbst 1991 noch andere Mittel zur Verfügung gehabt, hätte es keinen Staatsstreich gebraucht. Sie hatten keine Wahl mehr, also griffen sie zu den Waffen.»

Auf die Junta angesprochen, meint er: «Es sitzt nicht ein einziger Englisch oder Deutsch sprechender Politiker in der Führung des Staatsrates – alles ehemalige kommunistische Nomenklatura, Lokalfunktionäre und rote Intelligenzia.» Bei aller Ohnmacht klingt das Selbstbewußtsein durch, daß mit der alten Regierung auch die fachliche Kompetenz vertrieben wurde: «Heute erleben wir den schlimmsten wirtschaftlichen Kollaps. Das Land wird von der Mafia buchstäblich geplündert. Alles wird in die Türkei verschoben, sogar Telefonsysteme und Eisenbahnschienen zum Metallwert. Arsen und Mangan verschwinden tonnenweise zu Dumpingpreisen. In Georgien wird nichts mehr hergestellt. Im Gegenteil: die Produktion wird ruiniert, es gibt nur noch Handel in den unsaubersten Formen. Während die Bevölkerung hungert, wird die westliche humanitäre Hilfe zu Höchstpreisen auf dem Schwarzmarkt verkauft. Die Menschen leben heute von den Notvorräten. Keine Ahnung, wie wir den Herbst und erst recht den Winter überleben sollen.»

Die Angst vor neuen Repressalien, der Druck der unmenschlichen Zustände in seinem Land sind Kilassonia ins Gesicht geschrieben. Trotzdem verbindet uns sofort ein unmittelbares freundschaftliches Band. Er hat praktisch alles verloren, aber in seinem ständig bedrohten Leben hat er sich die Freiheit seines Ich bewahrt.

Ähnliches begegnet uns im Gespräch mit Tamar Gamilagdischwili, einer jungen Journalistin, die ebenfalls bedroht und eingesperrt wurde. Im Herbst letzten Jahres, so erzählt sie uns, versuchten die späteren Putschisten, mit Provokationen aller Art Gamsachurdia zu stürzen. Damals kam die alte Lebensweise zu einem Endpunkt: Konnte man früher leben, arbeiten und so weiter, ohne seine Position zu definieren, so war nun jeder Mensch vor die Entscheidung gestellt, entweder mit Gamsachurdia oder mit seinen Gegnern zu gehen. Eine mittlere Position gab es nicht. In diesem Moment hielt es die Musikredakteurin für ihre Pflicht, als Mensch politisch zu werden: denn in der Politik wurde ein eigentlich moralischer, prinzipieller Kampf ausgetragen. Die Positionen der Parteien sind für sie unvermittelbar, weil sie gar nicht aus politischen Forderungen entstanden sind. Es ist vielmehr eine Prüfungssituation für das Innerste jedes einzelnen Menschen. Der Riß, den sie mit sich bringt, teilt die Kirche, die Parteien, die Nachbarn, die Familien. Ihre Entscheidung war richtig, sagt sie. Das zeigt der Abgrund, in den Gamsachurdias Gegner Georgien stürzen. Deren Triumphen zum Trotz gibt ihr eine intuitive Religiösität die Sicherheit, daß die bewahrte menschliche Integrität letztlich die Zerstörung überwinden muß.

Aus demselben Herzensoptimismus lebt auch Professor Kikatscheischwili. Dieser Anführer des friedlichen Widerstandes, ein etwa sechzigjähriger Literaturprofessor, hat sich erst im Frühjahr angesichts des Terrors für das politische Engagement entschieden. Im Mai wurde er wegen «umstürzlerischer Tätigkeit» verhaftet. Im Verhör wurde er vom Tiflisser Garnisonskommandanten persönlich schwer zusammengeschlagen. Immer wieder schrie dieser Landschawa auf ihn ein: «Komm zu uns, dann kannst du Geld, ein Auto, ein schönes Leben haben! Laß doch diesen Gamsachurdia! Was findet ihr bloß an dem Mann?!»

Wie die meisten aktiven Oppositionellen ist er wiederholt durch das Erlebnis gegangen, als Teilnehmer einer friedlichen Demonstration von Mchedrioni oder Gardisten mit abgerichteten Hunden und Knüppeln angegriffen und offen aus Maschinenpistolen beschossen zu werden. In besonderem Maße ist er von seelischer Wärme und Güte erfüllt. Im Gespräch ist keine Spur von Fanatismus und Haß zu erleben. Er strahlt absolute Friedfertigkeit aus.

Die eindrücklichsten Erlebnisse in der Begegnung mit diesen Menschen waren eine selbstverständliche Spiritualität, eine ungeheuere – durch die Verfolgung noch gestärkte – Zivilcourage und überraschende seelische Offenheit und Gelassenheit. Gerade das Element der inneren Freiheit fanden wir andererseits sofort in Gefahr, wo Menschen sich gezwungen sahen, den Ansprüchen der jetzigen Machthaber in irgendeiner Form Zugeständnisse zu machen.

Internationale Beziehungen

Bitterkeit herrscht überall über den «freien, demokratischen Westen». «Wir sind von der ganzen Welt im Stich gelassen worden», sagt man uns immer wieder. Zwei Besuche werden uns vor Augen gehalten: Im April benutzte Hans-Dietrich Genscher die letzten Tage seiner Amtszeit noch für einen demonstrativen Hilfsauftritt für seinen «alten Freund» Schewardnadse. Während Genscher auf der Pressekonferenz der Junta bescheinigte, sie brächte das Land auf den Weg der Demokratisierung, wurden vor dem Hotel demonstrierende Studenten mit Knüppeln zusammengeschlagen. Ein Oppositionspolitiker, der eine Protestnote überreichen wollte, wurde vom Fleck weg verhaftet.

Im Mai machte Amtskollege James Baker seinen Besuch. Sein öffentlicher Auftritt endete damit, daß seine Worte: «Ich finde hier ein Land auf dem Weg zur Demokratie» immer lauter übertragen werden mußten, um die Schüsse zu übertönen, mit denen eine Zehntausende zählende Protestdemonstration von den Juntabanden aufgelöst wurde.

Ein geflügeltes Wort ist inzwischen: «Wenn das, was Schewardnadse jetzt in Georgien macht, Demokratie ist, dann laßt uns doch bitte zum Bolschewismus zurückkehren.» Die ostentative Unterstützung der Putschisten kam von den zwei Nationen, von denen sich die Georgier gerade am meisten Hilfe versprochen hatten:

- Für viele Georgier ist Deutschland Inbegriff europäischer Kultur: Von Hegel bis Heidegger bewundert man den deutschen Geist; Novalis' «Hymnen an die Nacht» sind ins Georgische übersetzt; Rudolf Steiners Anthroposophie wird in Kreisen, die den deutschen Idealismus schätzen, als dessen zeitgemäße Fortführung respektiert und mit Interesse betrachtet. Das «Mitteleuropa des Kaukasus» wähnte sich in brüderlicher Verbundenheit mit Deutschland und muß jetzt feststellen, daß nur kaltes politisches Kalkül zurückfließt, bundesrepublikanischer Genscherismus, statt Unterstützung aus der Kulturnation Deutschland.
- Die Vereinigten Staaten waren während der Sowjetherrschaft Symbol für Demokratie und Freiheit. Hinter der Schranke des eisernen Vorhanges vermutete man, die USA arbeiteten wirklich mit allen Kräften an der Vernichtung der totalitären UdSSR. Der starke Schutz für die sowjetischen Dissidenten war immerhin eine Realität. Reagans Wort vom «Reich des Bösen», im Westen als Schauspielerpathos belächelt, wurde im Osten vielerorts mit großen Hoffnungen aufgenommen. Aber die weitere US-Politik bewies und beweist noch eindrücklich, daß der Westen einen Osten vorzieht, der vielleicht nicht so frei ist, dafür aber überschaubar und kontrollierbar bleibt. Dafür nahm man in Kauf, daß die alten Sowjetstrukturen mit einem neuen Etikett erhalten bleiben: als «Gemeinschaft Unabhängiger Staaten».

Später, im Exil in Grozny, erzählt uns Besarion Guguschwili, Premierminister seit August 1991, von einem Gespräch mit US-Außenminister James Baker: «In einem gewissen Sinn handelt der Westen noch kollektivistischer als die alten Kommunisten», lacht er. «Als ich Baker traf, traf nicht nur ich ihn, sondern alle Premierminister der elf neuen Republiken zusammen – es war eben ein kollektives Treffen. Sehen Sie, ich kenne die Umgangsformen der alten kommunistischen Führer, und er benahm sich genau wie ein Generalsekretär des ZK: ‹Tun Sie dies, tun sie jenes …›. Baker war der Generalsekretär und die Premiers der neuen Republiken waren die Sekretäre der Regionalkommitees der Partei: ‹Ja, ja, wir tun alles …›. Und da erklärte Baker, daß keine Republik, die nicht der GUS beitritt, auf irgendeine Hilfe aus Amerika rechnen könnte. Nicht einmal humanitäre Hilfe, das sagte er ganz offen. Ich antwortete, daß unser Grundgedanke die Unabhängigkeit sei. Unsere Regierung kämpfe für echte Unabhängigkeit, nicht für so eine kollektive Kolchosenunabhängigkeit. Und darauf sagte er nichts, gar nichts.»

Demzufolge wurde die Regierung Gamsachurdia international weitgehend ignoriert, der Putsch zur Jahreswende gedeckt und Schewardnadse als «Retter Georgiens» begrüßt. «Wir sind zur Überzeugung gelangt, daß es nicht nur nicht im Osten, sondern nirgends auf der ganzen Welt echte Demokratie gibt», sagt uns Klara Dadiani, unsere Wirtin.

Nationalismus – Kosmopolitismus

Im Versteck bei seinen Freunden treffen wir Bedsina Dangadse, einen Abgeordneten des gestürzten Parlamentes. Die Anfang August von Schewardnadse verkündete politische Amnestie hält er für einen schlechen Witz: «Was soll eine Amnestie, wenn es niemals eine offizielle Anklage oder Gerichtsverhandlung gab?» Er fordert eine Rehabilitation oder aber den Nachweis eines Verbrechens. Einen Tag nach unserem Gespräch wurde er von acht bewaffneten Männern, die sich als Sicherheitspolizei ausgaben, festgenommen, in einen Wald gebracht und unter Druck gesetzt, im Fernsehen als terroristischer Gamsachurdia-Anhänger aufzutreten. Er weigerte sich und hatte das Glück, nach einigen Stunden wieder freigelassen zu werden.

Dangadse, ein einfacher, prinzipieller Mann, spricht aus dem Gemüt und mit Überzeugung von seiner Sicht der großen Zusammenhänge: Schewardnadse liebe seine Heimat nicht, weder seine Heimat noch die Welt. Er und andere Politiker arbeiten an einem neuen Turmbau zu Babel, einer neuen Weltordnung, die nationale Eigenheiten, Sitten, kulturelle Traditionen, Religion und so weiter ausrotten will. Diese Weltordnung sei verheerend gerade für kleine Nationen. So wendet sich Dangadse scharf gegen diesen Begriff; er bedeute Untergang von Moral und Kultur. Dagegen setzt er seine Anschauung, den Nationalismus. Die nationalen Traditionen müssen erhalten bleiben. Man müsse seine Heimat lieben können, um die Welt zu lieben. Und so wie das Sowjetimperium unter dem Stichwort «Internationalismus» gegen die georgische Kultur kämpfte, tue es jetzt Schewardnadse unter der Flagge des Kosmopolitismus. Wenn alle Völker einen gesunden Nationalismus entwickeln, das heißt ihre Heimatliebe, werden sie sich auch gegenseitig achten und miteinander in fruchtbaren Austausch kommen.

Allen Alarmglocken zum Trotz, die bei diesem Begriff läuten mögen, hat der «Nationalismus» Bedsina Dangadses nichts mit dem zu tun, was man im Westen sofort damit verbindet; es schwingen kein Chauvinismus, keine Ausgrenzung, keine Abwertung mit. Was hier gemeint ist, ist das Gegenteil des falschen Kosmopolitismus der Neuen Weltordnung: der Drang nach Freiheit und dem Ausleben der eigenen Volksindividualität – eigentlich ein «Independentismus». «Kosmopolitismus» bedeutet in Georgien die Übernahme westlicher (Konsum- und Lebens-)Vorstellungen, wie sie sich karikaturhaft äußern in der Sonnenbrillen-, Pepsi Cola- und Morphium-

Ideologie der Mchedrioni oder im Beschriften georgischer Polizeiautos mit «Police Patrol». Diese aus Surrogaten bestehende Welteinheitskultur ist ein Gegenbild des Kosmopolitismus und schiebt sich als solche vor das, was als georgische Kultur volksseelenhaft ausgebildet werden will. Immer wieder wird betont, daß in Georgien achtzig Ethnien seit Jahrhunderten friedlich zusammenleben, während die zur russischen Grenze hin politisierten Konflikte um das Autonome Gebiet Südossetien und die Autonome Republik Abchasien in verkürzten Darstellungen ins Bewußtsein der Weltöffentlichkeit geholt werden. Von einem Nationalismus, der sich auf ethnisch homogene Gebiete stützt, ist weit und breit nichts zu sehen; von demonstrativem, aus der Unterdrückung geborenem Patriotismus, der so sicher noch nicht seine endgültige Verfassung erreicht hat, dagegen viel mehr.

Manipulation

Am 7. Januar konnte man in den deutschen Nachrichten vom Ende des Putsches in Georgien hören. Man hörte von der «Opposition», die den Sturz des Präsidenten Gamsachurdias «feierte». Aus Paris bezeichnete Eduard Schewardnadse die Vorgänge als «demokratische Revolution». Die Konnotation dieses Begriffes in Westeuropa ist durch die sieghaften Bürgerbewegungen in Osteuropa 1989 bekannt. Die Fernsehbilder, die man zu dieser Meldung sah, waren allerdings anderer Art: Etwa dreißig korkenknallende finstere Gestalten mit Maschinenpistolen waren auf dem leeren Platz vor dem Regierungspalast zu sehen; vom Volk war keine Spur. Das wurde uns in Georgien von vielen Seiten bestätigt.

Später lobte der «weltbekannte Demokrat» Eduard Schewardnadse die Verbrechen der Mchedrioni als «Beitrag zur demokratischen Revolution» (georgisches Fernsehen) – sie hatten gerade die erste demokratische Einrichtung Georgiens zerstört: das Parlament. Heute ist Schewardnadse Vorsitzender eines Parteienblocks namens «Frieden»[170].

Eduard Schewardnadse, der sich noch vor zwei Jahren als Sozialisten bezeichnet hat, erscheint nun im Fernsehen nur noch mit Ikone im Hintergrund und betont seine Nähe zur orthodoxen Kirche (ihr Patriarch, Ilya II., ist unter dem Decknamen «Iwereli» ein im Westen mit Akte und Mitgliedsnummer bekannter KGB-Agent). Als er beim Versuch, im juntafeindlichen Westgeorgien medienwirksam Frieden zu stiften, von der wütenden Bevölkerung so mit Eiern und Tomaten beworfen wurde, daß er fluchtartig den Rückzug antreten mußte, zeigte das georgische Fernsehen diese Aufnahmen parallel montiert mit Geißelungsszenen aus einem Christusfilm: Schewardnadse auf dem Leidensweg Christi.

Unser Besuch im Staatsrat führt uns über die Pressestelle des Außenministeriums. Hier ist die neueste westliche Zeitung drei Wochen alt. Journalisten, zumal aus Deutschland, werden wie rohe Eier behandelt. «Wir sind dankbar für die starke Unterstützung, die Ihr Land unserem Vorsitzenden Eduard Schewardnadse gewährt», umreißt ein Mitarbeiter die georgisch-deutschen Beziehungen. Schewardnadse sei der einzige Politiker von Weltformat, den es hier zur Zeit gäbe. Sein persönlicher Eindruck? – Ein freundlicher, volksnaher Mensch. Wann immer er sein Büro betrete, stünde Schewardnadse auf, um ihm die Hand zu schütteln. «Das hat Gamsachurdia nie getan!»

Im Staatsratsgebäude, dem ehemaligen Institut für Marxismus-Leninismus, empfängt uns ein Dutzend mit Maschinenpistolen bewaffneter Jugendlicher. Die Kontrollen sind streng. In den Gängen kann man das ungebrochene alte Bürokraten-

170 Sein Buch «Die Zukunft gehört der Freiheit» trägt im russischen Original den Titel «Meine Wahl», obwohl er in Wahlen, die diese Bezeichnung verdienen, noch nie irgendwo gewählt wurde. Auch die jüngste vom Oktober 1992 hätte einem ernsthaften internationalen Blick auf ihre demokratische und pluralistische Fundierung niemals standgehalten.

Die georgische Junta beim Gebet: v.l.n.r. Dschaba Ioseliani, Eduard Schewardnadse, Tengis Signa, Patriarch Ilya II.

leben beobachten: Funktionäre alten Schlages schütteln sich tatsächlich an allen Ecken und Liftausgängen mit genossenhafter Jovialität die Hände; der Sowjetmensch – als soziales Experiment gescheitert – scheint sich doch, wenigstens in den Partei- und Verwaltungsbereichen, nationenübergreifend behauptet zu haben.

Staatsratssekretär Wachtang Gogoadse empfängt uns an allen demütig wartenden Bitt- und Antragstellern vorbei. Daß Georgiens Schicksal von der westlichen Berichterstattung abhängt, weiß auch er. «Wir halten es mit Hegel: Das Notwendige ist das Gute und das Gute das Notwendige», antwortet er uns auf die Frage, wie man sich denn fühle als Vertreter einer Regierung, die sich von einer Militärjunta hat nominieren lassen: «Herr Schewardnadse hat einmal halb im Scherz gesagt, daß die Georgier sehr originell seien und auch ihre Gesetze sehr originell schaffen.» Die Originalität dieser Gesetze bekommt vor allem die politische Opposition zu spüren. Danach befragt, entwickelt uns der Staatsratssekretär seine Sicht der

Dinge: Heute gebe es gar keine Anhänger Gamsachurdias mehr; selbst seine alten Anhänger würden sich so für ihr Idol schämen, daß sie ihre Überzeugungen verheimlichten. Aber alle Menschen und Überzeugungen seien im politischen Prozeß zugelassen. Auf die konkreten Namen der Verfolgten reagiert Gogoadse dialektisch: «Ich meine, man könnte in diesem Sinne tagelang sprechen – wir müssen uns an einen Tisch setzen, diese Seite und wir, und sie müssen dann konkret sagen, wer wann ausgeschlossen wurde.» Das Konkrete ist aber nicht eben Gogoadses Stärke: Die Liste der politischen Gefangenen und Ermordeten, die Gamsachurdias Anhänger im Westen kursieren lassen, sei unseriös. «Viele von denen, die auf dieser Liste stehen und ermordet sein sollen, kenne ich persönlich. Sie sind heute an der Uni, und niemand hat sie je berührt.» Auf mehrmaliges Nachfragen kann er sich jedoch an keinen Namen erinnern. Er verspricht uns eine Liste mit den Namen der «Untoten», die jedoch in den folgenden Tagen bei mehrmaliger Nachfrage jedesmal gerade nicht verfügbar ist.

Sasa Ziklauri sei aus dem Auto gefallen, Irakli Godsiridzes Sohn wäre psychisch labil gewesen, und von den Verhaftungen verfolgter Parlamentarier wisse er nichts. Und Gamsachurdia selbst? – «... sitzt mit Dudajew in Grozny unter der Leninbüste»! Er kämpfe gegen das georgische Volk, «als Werkzeug der schwarzen Kräfte des imperialistischen Zentrums in Moskau». Dasselbe erzählte uns schon Sandro Kawsadse, stellvertretender Innenminister und prominentes Entführungsopfer der mingrelischen Partisanen: Gamsachurdia wäre ein klassischer Kommunist mit faschistischen Elementen gewesen. Im ersten Mehrparteienparlament, dessen freie Wahl der «Kommunist» Gamsachurdia im Oktober 1990 durchsetzte, saß Kawsadse übrigens als Abgeordneter der Kommunistischen Partei. Das vereint ihn mit Gogoadse, der als strammer Parteimann die Ideologieabteilung der Universität leitete. Doch das ist heute alles vergessen: «Ich bin Philosoph und bitte Sie, diesen Prozeß im ganzen zu sehen. Schewardnadse hat einmal gesagt, wir sind noch kein demokratischer Staat, doch wir sind bestrebt, einer zu werden. Und da uns so viel Liebe und Unterstützung von Deutschland entgegengebracht wird, können wir sagen, daß Georgien nur dank dieser Beziehung existiert.»

Ein Stockwerk unter Gogoadses, drei unter Schewardnadses Büro, befindet sich noch heute das Kellergefängnis aus Stalins und Berijas Zeiten. Tamar Gamilagdischwili, die junge Journalistin, die auch am 24. Juni verhaftet wurde, war hier 42 Tage inhaftiert.

In dem innergeorgischen ideologischen Machtkampf spielt – mit den auf Linie gebrachten Zeitungen – das völlig degenerierte georgische Fernsehen die zentrale Rolle. Im Schutz einer für die meisten internationalen Journalisten nicht verständlichen Sprache wird seit Monaten so hemmungslos gelogen, daß die Menschen von einer kollektiven Informationspsychose erfaßt werden. Schon im Januar wurde in der Art von Schauprozessen versucht, verhafteten Regierungsmitgliedern Sadismus, Folter und Veruntreuung von Staatsgeldern vorzuwerfen. Das geschah nur im Fernsehen, nicht in geregelten Gerichtsverfahren, wo die Unhaltbarkeit der Anschuldigungen sofort ans Licht gekommen wäre. Im Namen Gamsachurdias erfindet das georgische Fernsehen Aufrufe, in denen er angeblich den bewaffneten Kampf propagiert, die Teilung des Landes, die Neugründung eines westgeorgisch-tschetschenischen Staates und so weiter. Seine eigentlichen Petitionen werden verschwiegen. Als wir in Tiflis waren, berichtete das Fernsehen zum Beispiel davon, daß Gamsachurdia erklärt hätte, die Ostgeorgier seien eigentlich gar keine Georgier; dazu wurden empörte Bauern aus Ostgeorgien interviewt. Ganz offen erklären Politiker in den Medien, alle Anhänger der alten Regierung müßten ihren Arbeitsplatz verlieren und kein Brot mehr bekommen, überhaupt vertilgt werden.

Aber auch im russischen Fernsehen wurde während unseres Aufenthaltes in den Nachrichten mehrmals die Meldung ausgestrahlt, Swiad Gamsachurdia (mit Foto) halte sich gerade in England auf, habe eine Pressekonferenz gegeben und fliege demnächst weiter nach Washington. Wenige Tage später trafen wir ihn in Grozny – nichts von alledem war wahr.

Die Verdrehung der Begriffe ist in Georgien System geworden, Lügen bestimmen den Alltag. Hier ergibt sich die Wahrheit nicht mehr automatisch aus der Summe der Informationen. Für denjenigen, der angesichts der widersprechenden Informationen vor der Urteilsbildung nicht völlig kapitulieren will, bleibt nur die eigene Aktivität des nüchternen logischen Denkens und das Vertrauen auf ein inneres Wahrheitsempfinden. Das gilt für die Menschen in Georgien wie auch für uns als Betrachter. Die offensichtliche und allgegenwärtige Manipulation in Georgien ist aber nur die extreme Ausprägung einer Tendenz, die weltweit im Zunehmen begriffen ist. – Georgische Probleme sind europäische Zukunftsprobleme.

Zerstörerische Kräfte

Die Repression in Tiflis reicht vom wirtschaftlichen Druck bis zur physischen Vernichtung. Und doch ist das alles nur ein schwacher Vorgeschmack auf das, was fern jeglicher internationaler Kontrolle auf dem Land geschieht. Mingrelien, die rebellische westliche Provinz, wurde regelrecht erobert. Dabei gingen «polizeiliche Maßnahmen» und brutalste Plünderungen Hand in Hand. Viele junge Gardisten bekommen eine Waffe in die Hand gedrückt – mit den Worten, für ihren Lohn hätten sie selbst zu sorgen. Vielen wurde ausdrücklich gesagt, sie seien völlig frei, mit Gefangenen und Oppositionellen zu tun, was sie wollten.

Aus der mingrelischen Stadt Tzalendjicha erhielten wir Berichte und Videoaufzeichnungen: Ganze Dörfer wurden vernichtet, Menschen zu Tode gefoltert. Tiefsten Eindruck machte auf uns ein einfacher Mann, der, von Leid und Erschütterung aufgewühlt und doch gefaßt, in die Kamera sprach: «Junge

Menschen sind umgebracht worden. Das haben die Henker getan, die gegen die Unabhängigkeit Georgiens kämpfen. Das haben keine Menschen getan; das waren Dämonen. Georgien wird heute von Dämonen regiert. Es herrscht keine Demokratie, sondern Dämonokratie. Das hat nichts mit Demokratie zu tun, was heute passiert. Es ist ein Unding, einen verwundeten Menschen zu erschießen. In keinem zivilisierten Land geschieht so etwas. Wenn jemand krank ist, muß man ihn heilen. Wieso wird ein verwundeter Mensch erschossen und den Schweinen zum Fraß vorgeworfen? Unser Land wird vom Satan regiert. Es sei, daß Jesus Christus einmal auf uns blickt und sieht, was passiert. Wir wollen doch, daß die Wahrheit herrscht. Sonst kann ich nichts sagen.»

Dämonokratie, Dämonenherrschaft – das ist auch der Eindruck, den diese Bilder hinterlassen: eine Macht, die gegen die heilige Form des menschlichen Leibes anrennt, sie zu vernichten trachtet. Das verdeutlicht vielleicht, warum die christlich empfindenden Georgier vom Antichristen sprechen, der durch die Junta wirke. – Wie grenzenloser Hohn und bornierte Denkverweigerung scheint es von hier aus, wenn Schewardnadses Rolle und Verantwortung im Westen heruntergespielt wird, wo er doch mit den Anführern dieser Truppen täglich zusammensitzt und sich von ihnen seine Politik stützen läßt.

Als wir Georgien in Richtung Aserbeidschan verlassen, fällt ein Alb von uns ab. Sogar die uns begleitenden Georgier freuen sich zum ersten Mal, ihre Heimat zu verlassen. Rückblikkend bleibt ein starker Eindruck von einer das Land umschließenden Glocke, die das außergeorgische Interesse abweist und in deren Schutz das Land seelisch einer Wüste gleichgemacht wird.

Zu Besuch bei Swiad Gamsachurdia[171]

300 Kilometer nördlich von Tiflis liegt Grozny, die Hauptstadt der Tschetschenischen Republik. Hier treffen wir Swiad Gamsachurdia und die Spitzen seiner Exilregierung. Weitgehend ignoriert von der Weltöffentlichkeit, spielt er im Kaukasus eine wichtige Rolle: Gemeinsam mit dem tschetschenischen Präsidenten Dschochar Dudajew arbeitet er an der Bildung einer gesamtkaukasischen Vereinigung, des «Kaukasischen Hauses». Daneben ist er für Georgien als der gewählte Präsident nach wie vor die Leitfigur des friedlichen Widerstandes gegen die Junta. Der stattliche, grauhaarige Mittfünfziger spricht Englisch, Französisch und Deutsch mit knappem Gestus. Bei aller Freundlichkeit bleibt er doch geprägt von dem Miterleben der fortschreitenden Chaotisierung, in die Georgien getrieben wird. In unseren Gesprächen ergibt sich bald ein deutlicher Eindruck, der Gamsachurdias gängigen Mediencharakterisierungen als wahnsinnigem Diktator diametral entgegensteht.

Swiad Gamsachurdia ist in der sonderbaren Lage, als gewählter Präsident im Widerstand zu sein. So wie er in seinen Tagen als Dissident die Menschenrechte gegen den totalitären Sowjetstaat verteidigte, kämpft er heute für den Rechtsstaat gegen die Putschisten, die sich unter Schewardnadse als Staatsrat zusammengefunden haben. Zu seiner besonderen Lage als Präsident erzählt Gamsachurdia: «Ich wurde zum Präsidenten gewählt und blieb doch Dissident gegenüber Moskau. Ich war halb Dissident und halb Präsident. Denn Moskau blieb das Zentrum, der KGB blieb derselbe, die Unterdrückung blieb dieselbe, die Armee blieb dieselbe, und ich mußte als Präsident weiterhin gegen all das ankämpfen.»

171 In gekürzter Form unter dem Titel: *Vorbild ist der Drachentöter – Widerstand im Kaukasus: Zu Besuch beim gestürzten georgischen Präsidenten Gamsachurdia* im «Rheinischen Merkur» vom 20.11.1992 erschienen

Swiad Gamsachurdia, Grozny 1992

Geboren am 31. März 1939, wuchs er in ungebrochenen Traditionen auf, die ihm sein Vater, Konstantine, ein berühmter georgischer Schriftsteller, lebendig vermitteln konnte. Diese waren neben der christlichen Blüte des mittelalterlichen Georgien vor allem der deutsche Idealismus Goethes, Schillers, Novalis', der Ende des 19. Jahrhunderts die zweite georgische Renaissance beflügelte. Dieser kulturelle Aufschwung fand seinen Ausdruck in der freien georgischen Republik von 1918, die auch nach der baldigen bolschewistischen Annexion Symbol des georgischen Unabhängigkeitsstrebens blieb. So kämpften auch die georgischen Dissidenten gar nicht erst für etwaige Reformen des Sowjetapparates, sondern für dessen Abschaffung und die Freiheit der Kulturnation. «In der Sowjet-Ära war ich Dissident und Oppositioneller wie jeder gewissenhafte und wache Mensch», sagt Gamsachurdia rückblickend. Das brachte ihn und seinen engsten Freund und Mitstreiter Merab Kostawa schon 1956 als 17jährige ins Gefängnis.

Gamsachurdia arbeitete als Universitätsdozent für englische und amerikanische Literatur und englische Sprache. Er übersetzte Werke Shakespeares, Baudelaires, Oscar Wildes und Fragmente von Homers Ilias ins Georgische. Sein Leben lang fühlte er sich neben dem orthodoxen Glauben der Anthroposophie Rudolf Steiners verbunden und übersetzte auch dessen Werke, zum Beispiel die «Theosophie». Sein wissenschaftliches Interesse richtete sich vor allem auf das Verständnis der mythologischen und spirituellen Tiefenschichten der klassischen georgischen Literatur vor allem im «Recken mit dem Pantherfell», dem großen georgischen Nationalepos aus dem 12. Jahrhundert.

Die Formulierung der allgemeinen Menschenrechte in der Helsinki-Schlußakte von 1975 ermutigten Gamsachurdia und Kostawa in ihrer dissidentischen Tätigkeit. Sie gründeten die Helsinki Gruppe Georgiens als eine der ersten auf sowjetischem Boden. Hauptaufgabe war das Publizieren von Menschenrechtsverletzungen wie der systematischen Folter in Gefängnissen, der rechtlichen Benachteiligung ethnischer Gruppen und der Repressionen gegen die Entfaltung des kulturellen und religiösen Lebens. Dazu kam der Kampf gegen ökologisch gefährliche Großprojekte, die Korruption und die gezielte Zerstörung alter Baudenkmäler durch Manöver der Roten Armee. Die Herausgabe der Untergrundzeitschriften «Das Goldene Vlies» und «Der Bote Georgiens» brachte ihnen schließlich 1977 die neuerliche Verhaftung und mehrjährige Strafen in Gulag und Exil. 1978 wurde Gamsachurdia zusammen mit anderen Mitgliedern sowjetischer Helsinki-Gruppen von den USA für den Friedensnobelpreis vorgeschlagen.

Der schärfste Gegner der Dissidenten war Eduard Schewardnadse, der damals erst als Polizei-, dann als KP-Chef Georgiens von Glasnost und Perestroika denkbar unberührt war. Sein Georgien war eine sowjetische Musterkolonie unter dem Motto: «Für uns geht die Sonne im Norden auf».

Während Eduard Schewardnadse, von Gorbatschow nach Moskau geholt, in der internationalen Politik Berühmtheit erlangte, entwickelte sich in Georgien Schritt für Schritt eine den Rahmen der Perestroika sprengende Unabhängigkeitsbewegung. Geburtsstunde des Freien Georgien war rückblickend der 9. April 1989. Als eine friedliche Demonstration von aus Moskau gerufenen Sondereinheiten blutig zerschlagen wurde, offenbarte das System sein wahres Gesicht. «Der 9. April war unser Sieg, denn sie kamen mit Spaten und Giftgas», so der Präsident, der diesen Tag erlebt hat. Er forderte mehr als zwanzig Tote, und Tausende Menschen erlitten bleibende Gasvergiftungen.

Der Umschlag in eine echte Volksbewegung drängte zum Sturz der georgischen Kommunisten. Die durch zivilen Widerstand erzwungenen ersten Freien Wahlen im Oktober 1990 brachten Gamsachurdias Wahlbündnis, dem «Runden Tisch Freies Georgien», die absolute Mehrheit. Ein Plebiszit über die Unabhängigkeit und die Präsidentschaftswahlen bestätigten seinen radikalen Unabhängigkeitskurs. Georgien erklärte sich zur freien Republik; der Rest – vor allem die Befreiung aus der Abhängigkeit von der Moskauer Planwirtschaft – schien nur noch eine Frage der Zeit.

Doch der Gegenschlag der alten Eliten ließ nicht lange auf sich warten. Eingeleitet wurde er von einer beispiellosen Diffamierungskampagne, die Gamsachurdia mit dem Image eines faschistischen Nationalisten und Diktators belegte. Angespornt von der zögerlichen Unterstützung Georgiens durch die westliche Welt rief eine bewaffnete, außerparlamentarische Opposition im Interesse der kommunistischen Nomenklatura und Schattenwirtschaft dreist zum Sturz der Regierung auf. Dies gelang schließlich mit der Unterstützung der Roten Armee in einem blutigen Putsch zur Jahreswende 1991/92. Am 6. Januar verließ Gamsachurdia Tiflis, «um weiteres Blutvergießen zu vermeiden».

Swiad Gamsachurdia wurde als Politiker, als Wissenschaftler und als Mensch aus dem öffentlichen Leben Georgiens getilgt. Hätte der Literaturwissenschaftler Gamsachurdia nicht besser an der Universität bleiben sollen? «Wie hätte ich angesichts der Zustände in unserer Gesellschaft zuhause sitzen und zusehen können? Christ ist man nicht nur in geistigen Höhen, sondern auch ganz praktisch auf der Erde. Wie der barmherzige Samariter, der das Leid sieht und handelt.»

Ein kämpferisches Christentum ist seiner Auffassung nach überhaupt der innere Gehalt der georgischen Kultur, versinnbildlicht in der Verehrung des drachentötenden Heiligen Georg.

An diese Qualität appellierte Gamsachurdia auf einer Kundgebung vor Hunderttausenden Menschen vor den ersten Wahlen. Bezugnehmend auf die beginnenden gewalttätigen Provokationen sagte er: «Heute gibt es zwei Wege für Georgien: Der eine ist der Barrabas-Weg. Das ist der Weg der Gewalt. Der andere Weg ist der Chistus-Weg. Das ist der friedliche Weg, der durch das Leid geht. Heute muß sich jeder Georgier entscheiden, welchen Weg er gehen möchte.»

Die Ereignisse scheinen Gamsachurdias hohem Ethos nicht recht zu geben. Aber das Bewußtsein, daß Politik vor allem ein moralischer Kampf ist, hat er – heute noch wahrnehmbar – in Georgien hinterlassen.

Erstveröffentlichung in: «Die Drei», Nr. 12, 1992. Der Artikel wurde für diese Ausgabe erweitert.

FELIX SCHULTZ/JOHANN-MICHAEL GINTHER

Tschetschenien

Über den Hintergrund eines sinnlosen Krieges

Am 11. Dezember 1994 ist die russische Armee mit 40000 Mann, 400 Panzern, schwerer Artillerie, Kampfflugzeugen und Hubschraubern in die Tschetschenische Republik – ein Land von ungefähr der Größe Schleswig-Holsteins mit etwa einer Million Einwohnern – einmarschiert. Bis Sylvester gelang es der russischen Armee nicht einmal, bis zu den Randbezirken der Hauptstadt Grozny vorzudringen. Anfang Januar waren die Invasionstruppen bereits auf 250 000 Mann angewachsen. Ein Großteil von ihnen waren jedoch frisch eingezogene und völlig unvorbereitete Rekruten, die auf den Widerstand einer Bevölkerung trafen, die ihr Land und ihre Familien bedingungslos verteidigte. Das pausenlose Bombardement und das Hinzuziehen von Eliteeinheiten Anfang Januar haben die 400000-Einwohner-Stadt Grozny zwar zu einer Geisterstadt gemacht, einen Sieg gegen die überall verschanzten Verteidiger konnten die Russen damit bis heute nicht erreichen. Der Kieg hat bislang mehrere zehntausend Todesopfer gefordert; Hunderttausende sind in die umliegenden Landstriche geflüchtet.

Die Invasion ist die größte russische Militärbewegung seit dem Afghanistan-Krieg. Der tschetschenische Präsident Dschochar Dudajew hat Anfang Dezember auf die Frage nach den Folgen einer gewaltsamen Einnahme seines Landes durch Rußland geantwortet: «Die Russen werden bei uns ihr zweites Afghanistan erleben.» Die Tschetschenen haben diese Progose inzwischen teilweise wahrgemacht: Das militärische Debakel der übermächtigen russischen Armee hat gezeigt, daß Moskau seinen Gegner massiv unterschätzt hat. – Wie kam es zu diesem Krieg?

Grozny, 1995

Rußland und der Kaukasus

Als im Dezember 1991 die Sowjetunion aufgelöst und statt dessen die «Gemeinschaft Unabhängiger Staaten» (GUS) gegründet wurde, war klar, daß es nur eine Frage der Zeit sein würde, bis die Richtgedanken russischer Imperialpolitik, die seit den Zeiten Zar Peters Rußlands Größe mit einer aggressiven Ausdehnung des Reiches gleichsetzen, ihre Wirkung wiederum entfalten würden. Mit Ausnahme der baltischen Staaten sind heute alle ehemaligen Sowjetrepubliken Mitglieder der GUS, die allerdings mit dem «U» für Unabhängigkeit nicht viel zu tun hat: Im Bereich der Nuklearwaffen, in der Wirtschaftspolitik und zunehmend auch durch direkte militärische Gewalt hat Rußland das Zepter – wie zu Zaren- und Bolschewistenzeiten – einmal mehr fest in die Hand genommen.

In den Staaten des Kaukasus, deren Unabhängigkeitserklärungen mit dem Willen verbunden waren, *nicht* in diese «Gemeinschaft» einzutreten, wurden die demokratisch gewählten Präsidenten durch von Rußland bewaffnete Putschisten gestürzt und von moskautreuen Marionettenregierungen ersetzt, die sich vorwiegend aus alten KP- und KGB-Funktionären und Mafiagrößen konstituieren: So in Georgien (Januar 1992) und Aserbeidschan (Juni 1993). Im Falle Georgiens wurde der blutige Putsch noch als «demokratische Revolution» (Eduard Schewardnadse im Januar 1992) verkauft; in Aserbeidschan lagen die Karten unübersehbar auf dem Tisch – was vom Westen jedoch allenfalls mit einem Achselzucken quittiert wurde.

Der letzte Staat, der heute noch um seine Unabhängigkeit kämpft, ist ausgerechnet ein Teil des russischen Staates selbst: die im Nordkaukasus gelegene Tschetschenische Republik. Diese, offiziell eine autonome Republik der Russischen Föderation, hat sich am 6. September 1991 für unabhängig erklärt, was die Russen, die noch nicht einmal den ehemaligen Sowjetrepubliken echte Unabhängigkeit zugestehen wollten, niemals anerkannt haben.

Die Tschetschenen

Das Image der Tschetschenen, das die öffentliche Meinung in Rußland propagiert (und so auch international verbreitet), ist das von unberechenbaren, bis an die Zähne bewaffneten, mordlustigen Mafiosi. Das ist jedoch nur ein Zerrbild dieses eigenwilligen Volkes. Neben seiner Verwegenheit, mit der einige seiner Vertreter tatsächlich beachtliche Erfolge in der russischen Unterwelt erzielen, ist vor allem seine mutige Aufrechte sprichwörtlich. Gegen die bolschewistische Okkupation in den 20er Jahren haben die Tschetschenen so erbittert gekämpft wie gegen die Ausweitung des Zarenreiches im 19. Jahrhundert. Stalin ließ das sowjetresistente Volk geschlossen nach Sibirien deportieren. Doch auch das konnte die Tschetschenen nicht brechen. Alexander Solschenizyn erinnert sich an ihre Unbeugsamkeit, als er über seine Zeit der

Verbannung schreibt: «Es gab da eine Nation, die der Psychologie der Unterwerfung ganz und gar nicht unterlag; kein Tschetschene versuchte je, den Vorgesetzten zu gefallen, immer zeigten sie Stolz und sogar offene Feindschaft.» Heimgeholt wurde das um die Hälfte dezimierte Volk erst 1957 von Chruschtschow.

Dem Stalinismus gelang es, mit eiserner Faust ein Sechstel der Erde in seine unwirklichen und menschenfeindlichen Strukturen hineinzuzwingen. Wie konnte das winzige tschetschenische Volk diesen Kräften innerhalb der Mauern des Sowjetimperiums so unbeirrbar standhalten? Dieser außergewöhnliche Widerstand erforderte die Fähigkeit zur Konfrontation mit dem dämonischen Wesen des Bolschewismus selbst, zu dessen Repräsentant sich Stalin gemacht hatte.

Wie viele kaukasische Völker gehören die Tschetschenen zu den alten, vor-indogermanischen Ethnien Europas. In Jahrtausenden bildeten sich die ausgeprägten Form- und Willenskräfte des seit prähistorischen Zeiten im Nordkaukasus siedelnden Bergvolkes heran. Im Angesicht des sich ausbreitenden russischen Imperiums wurden sie im 18. und 19. Jahrhundert durch die Berührung mit dem Islam und den strengen Geheimorden des Sufismus noch einmal konzentriert und konserviert. Dadurch unterscheiden sich die Tschetschenen grundsätzlich von dem jungen, in seiner Zukünftigkeit noch bildsamen Charakter des russischen Volkes. Dieser Unterschied spielt in der Psychologie des tschetschenisch-russischen Verhältnisses eine wesentliche Rolle. Noch schärfer als zum russischen Element, mit dem das tschetschenische im Alltag sehr gut zusammenlebt, ist der Gegensatz zur Ideologie des Kommunismus: Deren verfrühter, das volksseelenhafte Erbe der Geschichte zerstörende Internationalismus trifft hier auf ein Konzentrat alter Volkskräfte, auf ein retardierendes Moment, das aber – anders als etwa bei den Völkern Mittelasiens – den starken Freiheits- und Unabhängigkeitsimpuls der europäischen Kultur in sich trägt.

Das Kaukasische Haus

Der 1944 in der Verbannung geborene Dschochar Dudajew ist ein drahtiger, beherrschter Willensmensch, der Bestimmtheit und Selbstbewußtsein ausstrahlt: ein typischer Vertreter seines Volkes. Er war der erste Tschetschene, der es in der Roten Armee bis zum Rang eines Generals (der Luftwaffe) gebracht hat. Zur Zeit seiner Stationierung in Estland unterstützte er die dortige Unabhängigkeitsbewegung. In einem Drahtseilakt von Diplomatie und Selbstbehauptung hat er nach 1989 maßgeblich dazu beigetragen, Tschetschenien ohne Blutvergießen in die Unabhängigkeit zu führen. Am 6. Oktober 1991 wurde er mit großer Mehrheit zum Präsidenten gewählt. Als Tschetschenien im selben Jahr seine Unabhängigkeit erklärte, nahm es Boris Jelzin beim Wort, der den russischen Regionen unter Gorbatschow einst zugerufen hatte: «Nehmt euch soviel Souveränität, wie ihr schlucken könnt!» Derselbe Jelzin verhängte im November 1991 den Ausnahmezustand über die «abtrünnige Republik». Russische Spezialeinheiten wurden entsandt, scheiterten jedoch bereits auf dem Militärflugplatz von Grozny, wo die tschetschenische Garde sie umstellte und in Bussen nach Hause schickte. Dort wurde Jelzins Dekret schleunigst annulliert, um diese Peinlichkeit zu verschleiern. Hals über Kopf verließen noch im selben Jahr die letzten russischen Soldaten das Land.

Eine realistische Zukunftsperspektive ergab sich für Tschetschenien allerdings nur in einem Zusammenschluß mit den anderen kaukasischen Nationen. Gemeinsam mit Swiad Gamsachurdia, dem Präsidenten Georgiens, war Dudajew führender Vertreter einer Vereinigung des Kaukaus. Anfang September 1992 fand in Grozny die Gründungskonferenz des «Runden Tisches Kaukasisches Haus» statt. Schon damals versuchte Rußland mit Flug- und Informationsblockaden und Truppenaufmärschen an der Grenze jegliche Ausstrahlung dieses Projektes im Keim zu ersticken. Teilnehmer waren Vertreter aller kleinen nordkaukasischen Völker und der Republiken Aserbeidschan, Armenien (Beobachterstatus)

Der tschetschnische Präsidentenpalast 1992

und Georgien. Letzteres war vertreten durch die Exilregierung Gamsachurdias. Dudajew hatte dem Anthroposophen Gamsachurdia, den er als seinen «Lehrer, Bruder und Freund» bezeichnet, nach dem Putsch in Georgien großzügig Asyl gewährt. In der Freundschaft des Moslem Dudajew mit dem Christen Gamsachurdia liegt eine Keimzelle der übergreifenden Impulse, durch die der Kaukasus vereinigt werden sollte. Gamsachurdia charakterisierte den Autoren gegenüber die Idee des Kaukasischen Hauses einmal als eine übernationale und überkonfessionelle Vereinigung, die mit der europäischen Integration beispielsweise kaum vergleichbar sei, weil es sich hier nicht um Normierung und Standardisierung, sondern um ein Netzwerk individueller Verträge zwischen einzelnen Nationen, Staaten und Volksgruppen handeln werde. Durch eine nationenübergreifende Differenzierung und schließlich Abwertung der künstlichen Grenzen (ein Erbe der Sowjetzeit) sollte im Gegensatz zur Abstraktion «GUS» auf einem geographisch, kulturell und geschichtlich realen Territorium eine freiheitliche Vereinigung erwirkt werden.

Solange sie nicht künstlich angeheizt werden, gibt es keine religiösen oder ethnischen Konflikte im Kaukasus. Das zeigt zum Beispiel Georgien, wo nicht weniger als achtzig Ethnien friedlich zusammenlebten. Konflikte wie in Südossetien entstehen allein durch die Machtmittel der sowjetischen Minderheitenpolitik in Verbindung mit gezielter Hetze und Waffenlieferungen – mit Vorliebe an beide Seiten. Der Krieg in Abchasien wurde beispielsweise allein durch den zynisch kalkulierten Überfall von Schewardnadses Truppen auf diese Region ausgelöst. Toleranz und Religionsfreiheit haben sowohl im christlichen Georgien als auch im muslimischen Tschetschenien Tradition. So erklärt Dudajew im Gespräch: «Es gibt vielleicht keinen anderen Ort auf der Erde, an dem so viele verschiedene Glaubensgemeinschaften in ihren Interessen so sehr übereinstimmen. In der gegenseitigen Achtung der Religionen ist der Kaukasus ein Vorbild für die ganze Welt.»

Nach der «ganzen Arbeit», die der Moskauer Imperialismus in der Zwischenzeit im Kaukasus geleistet hat, liegt dieser Impuls heute in Trümmern. Doch Dudajew bleibt optimistisch: «Das Kaukasische Haus wird unbedingt weiterentwikkelt. Es ist lebenswichtig, daß sich diese Plattform gründet. Das Fundament dafür baut sich von selbst, entgegen aller Widerstände. Was hier allerdings nicht hilft, sind irgendwelche Protokolle, viel eher die Tatsache, daß die Menschen dafür einstehen – ohne Gewalt, ohne Unterdrückung.»

Hinter den Kulissen des Krieges

Wie konnte sich nun der chronisch schwelende Konflikt zwischen Rußland und Tschetschenien innerhalb weniger Wochen zu einem offenen Krieg auswachsen? Der tschetschenischen Führung war selbstverständlich klar, daß der Unabhängigkeitskurs gegen Rußland nicht ohne Folgen bleiben würde.

Das Verhalten der Tschetschenen drohte zum Präzedenzfall zu werden; zumindest formal stand der Fortbestand der russischen Föderation auf dem Spiel. Dudajew im Jahre 1992: «Rußland würde alles dafür geben, in Tschetschenien dieselbe Art von Konflikten anzuheizen wie in Berg-Karabach, aber das gelingt ihnen nicht: weder über die Religionen noch über die Nationalitäten, weder durch Terror noch durch wirtschaftliche oder militärische Schikanen.»

Dennoch tat Moskau seitdem unter Anwendung der üblichen Arbeitsweise sein möglichstes, um Tschetschenien von innen zu sprengen. Auf Dudajew wurden mehrere Attentatsversuche unternommen. Die Regierung sah sich mit diversen von Rußland finanzierten und bewaffneten Banden konfrontiert, die die Macht an sich reißen wollten. In den Medien wurden diese dann, wie auch schon beim Putsch in Georgien, als «Opposition» bezeichnet. Dudajew, der immer wieder auf Rußland als Ursache der Unruhen hinwies, konnte sich dennoch halten. Bei Kämpfen zwischen seinen Truppen und dieser «Opposition» gerieten Ende November dieses Jahres schließlich etwa achtzig russische Soldaten in tschetschenische Gefangenschaft. Dies strafte die russischen Militärs, die bis dahin immer wieder versichert hatten, daß ein direkter Einsatz russischer Truppen nicht vorläge, offensichtlich Lügen. Der kritische Punkt war mit dieser Blamage überschritten. Hier liegt der konkrete Anlaß für die russische Invasion. Ihre tieferen Ursachen sind damit aber noch nicht geklärt.

Noch im Sommer 1994 vertrat Jelzin die Einschätzung: «Wenn wir Gewalt gegen Tschetschenien anwenden, wird sich der gesamte Kaukasus erheben, und es wird soviel Unruhe, soviel Blut geben, daß uns das niemals jemand verzeiht.» Woher nun der plötzliche Sinneswandel? Warum hat Rußland den gefürchteten Krieg dennoch vom Zaun gebrochen? Wenn man hier allein den russisch-tschetschenischen Konflikt in Betracht zieht, wie es in den Medien ausgiebig getan wird, wird man diese Frage nicht beantworten können. Die Motivation für den russischen Gewaltakt ist nicht zu trennen von wesentlichen Verschiebungen auf der Bühne der internationalen Politik.

Wie hat der Westen auf die russische Invasion reagiert? Clinton bezeichnete sie gleich zu Beginn als eine «interne Angelegenheit» Rußlands, von der man hoffe, daß sie mit einem Minimum an Blutvergießen gelöst werden könne. Einige Tage darauf sicherte Helmut Kohl Jelzin die vollste Unterstützung Deutschlands zu. Der amerikanische Vizepräsident Al Gore und Verteidigungsminister Perry begaben sich nach Moskau. Agenturbilder zeigten Gore zusammen mit dem russischen Ministerpräsidenten Tschernomyrdin vor einer Landkarte Rußlands, auf der letzterer seinem Gast die Situation in Tschetschenien erläuterte. Hier äußerte sich Gore nur ermutigend. So sprach er von der «wunderbaren, außerordentlich guten Diskussion», die er am 16. Dezember mit Jelzin zum Thema Tschetschenien hatte.

Anders als in Rußland selbst, wo die Unterstützung des Krieges kaum über Jelzins unmittelbaren Umkreis, die Mehrheit der Militärs und Ultranationalisten wie Schirinowsky hinausgeht, wird ihm aus dem Westen also der Rücken gestärkt. Nur in Andeutungen äußerte der US-Politiker, daß der Zusammenhang des erstarkenden russischen Militarismus mit den Demokratisierungsbemühungen des Landes der öffentlichen Meinung Amerikas immer schwerer zu vermitteln sei. Wer die Untertöne der amerikanischen Diplomatie kennt, wird in diesen Worten durchaus erste Anzeichen eines sich zusammenbrauenden Gewitters finden können, denn die westliche Politik ist doppelbödig: Überall in Europa und den USA werden Sorge, Beunruhigung und Kritik an dem «neuen harten Kurs» Rußlands angemeldet – zugleich spornen die führenden westlichen Politiker mit positiven Statements Rußlands imperialistisches Gebaren geradezu an.

«Rußland», so äußerte sich Dudajew einmal, «ist wie ein verletztes Tier, das seine Wunden leckt. Bei solch einem Tier muß man auf alles gefaßt sein.» – Zumal, so möchte man hinzufügen, wenn sein Wüten dem Kalkül des Westens entspricht …

Die Medien haben ihre Sympathie für die «Gallisches Dorf»-Mentalität der Tschetschenen entdeckt. Ihr Kampf paßt ins große Bild eines wiedererstehenden «bösen» Rußlands, das seit längerem über vielfältige Kanäle in das Bewußtsein der westlichen Welt geschleust wird. Die Tschetschenen werden dabei als folkloristisch reizvoller Stolperstein mißbraucht. Ihr Schicksal interessiert ebensowenig wie das des russischen Volkes, das durch neue Wirren weiter von einer gesunden Ent-

Der tschetschenische Präsident Dsdochar Dudajew, 1991

wicklung abgeschnitten wird. Eine Gefahr für die Weltordnungsbestrebungen des Westens wäre Tschetschenien ohnehin nur mit einem freien Georgien im Rücken gewesen. Und dieses Georgien ist – obgleich ihm bis in Einzelheiten dasselbe geschehen ist, wie heute Tschetschenien – mit voller Unterstützung des Westens zerstört worden.

Dudajew bleibt unter den gegebenen Umständen nichts anderes übrig, als zu kämpfen. Als ehemaliger General weiß er, worauf er sich dabei einläßt; er ist kein Hasardeur, dem es nur um den eigenen Machterhalt geht. Das wurde deutlich, als er Anfang August 1994 der Russischen Führung seinen Rücktritt anbot, falls Moskau im Gegenzug die Unabhängigkeit Tschetscheniens anerkennen würde. Seine Entschlossenheit weist oft martialische Züge auf, aber die Reaktion der Welt zeigt, daß erst die Bereitschaft zur Gewaltanwendung Sympathie und Respekt einträgt. Hinter dem Waffengeklirr steht jedoch eine existenzielle Freiheits- und sogar Friedensliebe: «Die Russen werden uns niemals dazu bringen», so Dudajew, «dieselben Grausamkeiten an ihnen zu verüben, die sie an uns verübt haben.» Und, in einem anderen Gespräch im Februar 1994: «Rußland wird anerkennen müssen, daß man mit Waffen und physischer Gewalt in unseren Zeiten nichts erreichen kann. Was hat die ‹stärkste Militärmacht› – wie sie sich selber genannt haben – über zehn Jahre in Afghanistan erreicht? Nichts! Und die andere ‹stärkste Militärmacht› in Vietnam? Nichts! Und solange sie ihren Kopf in Waffen und Kriegsmaschinerie vergräbt, wie in den Sand, wird sie auch nichts sehen.»

Erstveröffentlichung: In: «Info3», Nr. 2, 1995.

FELIX SCHULTZ

Das große Spiel ums Öl

Geopolitik im Kaukasus

Dreißig bis vierzig Milliarden US-Dollar haben westliche Investoren bereits zugesagt für die Ausbeutung der Bestände an hochwertigem Erdöl und Erdgas in der Kaspischen Senke. Auf dem Gebiet, das den Kaukasus von Mittelasien trennt, lagern 32 Milliarden Barrel dieser kostbaren Bodenschätze unter dem Zugriff der ehemaligen Sowjetrepubliken Aserbeidschan, Kasachstan und Turkmenistan. Am 20. September 1994 kam es zum Abschluß eines spektakulären Vertrages zwischen dem staatlich-aserbeidschanischen Erdölunternehmen Socar und einem international besetzten Konsortium über die Erschließung der Ölfelder unter dem Kaspischen Meer vor Baku. Allein für die Unterzeichnung des Jahrhundertvertrages, der Investitionen von 7,4 Milliarden Dollar umfaßt, erhielt Aserbeidschan eine Gebühr von 250 Millionen Dollar. Die an diesem Joint-venture beteiligten Unternehmen sind: mit 17,13% British Petroleum (BP); 17,01% Amoco (USA); 10% Socar (Aserbeidschan); 10% Lukoil (Rußland); 9,82% Pennzoil (USA); 9,52% Unocal (USA); 8,56% Statoil (Norwegen); 6,75% Turkish Petroleum; 5% Exxon Corporation (USA); 2,45% McDermott (USA); 2,08% Ramco (England) und mit 1,68% Delta-Nimir (Saudi-Arabien).

Bereits zu Beginn dieses Jahrhunderts wurde Baku im Westen als zukünftige Weltmetropole für Erdölgeschäfte gehandelt. Im Jahr 1905 veröffentlichte das *London Institute of Economics* eine Studie mit dem Titel «Baku: Ölhauptstadt der Welt», die zu dem Schluß kommt: «Aserbeidschans Aussichten hängen allein von der *regionalen Stabilität* und einer *Pipeline* ab, um das schwarze Gold nach Westen zu schaffen.»[172] Im Osten brach daraufhin ein Ölfieber aus, dessen Spuren in Baku noch heute zu besichtigen sind: Die Erdölindustrie wurde damals von internationalen Unternehmern zu einer der modernsten der Welt ausgebaut; breite Alleen, Parkanlagen, große, neoklassizistische Gebäude, Theater- und Opernhäuser wurden errichtet. Unter einem britischen Gouverneur wurde 1919 die unabhängige Republik Aserbeidschan ausgerufen; britische Soldaten patrouillierten auf den Straßen. Ein Jahr später wurde die junge Republik jedoch bereits wieder liquidiert: Im Jahr 1920 okkupierte die Rote Armee das Land, und Aserbeidschan wurde in die Sowjetunion eingegliedert. In den Jahren der Sowjetherrschaft blieben die kaukasischen Ölreserven allerdings weitgehend unangetastet, da man sich an die gigantischen Ölfelder Westsibiriens hielt.

Heute bauen Investoren aus dem Westen wieder Häuserzeilen und Industrieanlagen aus. Die zentrale Frage vom Anfang des Jahrhunderts bleibt jedoch – angesichts der zumindest instabilen politischen Lage im Kaukasus – weiterhin unbeantwortet: *Wie transportiert man das Öl aus Baku auf sicherem Weg in den Westen?* Der Umgang mit dieser Frage, die aus *wirtschaftlichen* Notwendigkeiten hervorgeht, offenbart allerdings erstaunliche Ausblicke auf zentrale *geopolitische* Komponenten, die wiederum ein Licht auf den Hintergrund der Krisenherde im Nahen Osten, im Kaukasus und in der Kurdenregion werfen. Nicht zuletzt aus diesem Grund ist das internationale Tauziehen, das bereits seit geraumer Zeit um die Routenführung der Pipelines gelaufen ist und läuft – laut Vertrag sollen sie bis zum Sommer 1998 stehen –, ein so interessantes. Den Kampf um Macht und Einfluß in den Regionen des Transkaukasus und Mittelasiens hat man bereits im 19. Jahrhundert als «*The Great Game*» bezeichnet. Hauptakteure dieses «Spiels» um den *Kaukasus* sind heute Rußland und die Türkei, welche innerhalb

172 Aus: A. Baron, Rohstoffe wecken das Interesse der Vereinigten Staaten. In: «Frankfurter Allgemeine Zeitung», 9.2. 1995.

des Interessenrahmens der USA agiert; in den *mittelasiatischen* ehemaligen Sowjetrepubliken vorrangig Rußland und der Iran.

Betrachten wir im folgenden die verschiedenen Möglichkeiten des Verlaufs der Pipelines, um zu einem Überblick der herrschenden Kräftekonstellationen zu gelangen.

Die südliche Route über den *Iran*, entweder zu einer Verladestation am Golf oder zum türkischen Mittelmeerhafen Ceyhan, wäre zwar kostengünstig, da komplett beziehungsweise zum Teil schon ausgebaut, hat allerdings in Anbetracht der strikten amerikanischen Embargopolitik gegen Teheran keinerlei Aussicht auf Realisierung; man wünsche keine weitere Konzentration der Energievorkommen in der strategisch sensiblen Golfregion, so heißt es von offizieller Seite. Mit derselben Intention sprach auch Robert Dole, Clintons republikanischer Konkurrent, in seiner ersten großen Rede zur Außenpolitik im Frühjahr 1995, als er den Golfkrieg als ein Symbol für die Sorge der Amerikaner um die Sicherung der Öl- und Gasreserven bezeichnete: «*... die Grenzen dieser Sorge rücken mehr nach Norden, schließen den Kauksus, Sibirien und Kasachstan ein*»[173]. US-Diplomatie und militärische Präsenz hätten sich daran anzupassen. Nachdem Mitte März 1995 die Administration Clinton ein Milliardengeschäft des US-Konsortiums Conoco mit dem Iran aus politischen Gründen hatte platzen lassen, war es nur konsequent, daß sie im April durch Druck auf die US-Firmen bewirkte, daß der Iran aus dem Baku-Konsortium ausgeschlossen wurde. Seine Anteile gingen an Exxon und Turkish Petroleum. Weitere Verhandlungen zeigten bald, daß die USA in diesem Feld zu keinerlei Form der Zusammenarbeit mit dem Iran bereit sein würden.

Die nördliche Route führt durch *Rußland* zum Schwarzmeerhafen Novorossisk; sie ist bereits ausgebaut, müßte allerdings

173 Aus: Christian Schmidt-Häuer, *Kalter Krieg ums Öl*. In: Dossier von «Die Zeit», 16.6. 1995.

modernisiert werden. Das Öl würde ins Schwarze Meer verschifft werden und durch die Meerenge des Bosporus ins Mittelmeer Richtung Westen gelangen. Gegen eine Verdichtung des Tankerverkehrs durch den Bosporus hat jedoch die Türkei bereits prophylaktisch Einspruch erhoben – angeblich wegen umwelt- und sicherheitspolitischer Bedenken. Diese gibt es tatsächlich; der tiefere Grund für das Veto dürfte allerdings darin liegen, daß der türkischen Staatskasse Transitgebühren in Milliardenhöhe entgehen würden, wenn die Pipeline nicht über ihr Gebiet laufen würde …

Als Röhrenknotenpunkt für die russische Trassenführung, über welche auch Öl aus Kasachstan und Turkmenistan fließen könnte, ist *Grozny* von zentraler Bedeutung. Daß der Krieg, den Rußland gegen Tschetschenien im Dezember 1994 vom Zaun gebrochen hat, auch in diesem Zusammenhang zu sehen ist, zeigt sich darin, daß die russische Armee bei ihrem Einmarsch in Tschetschenien als erstes Order bekam, die Öleinrichtungen zu schützen. Und tatsächlich sind die Rohre, wie die russische Pipelinegesellschaft Transneft meldet, unbeschädigt.

Die Route durch die *Türkei*, die im bereits genannten Mittelmeerhafen Ceyhan mündet, genießt schließlich – im Gegensatz zu den beiden anderen – die volle Unterstützung Washingtons. Nachdem dies bekanntgegeben wurde, kannte der Jubel im Land keine Grenzen; die Zeitung «Sabah» schrieb: «Ein Glücksstern ist über der Türkei aufgegangen»[174], und der stellvertretende Ministerpräsident und Außenminister, Karayalcin, bemerkte euphorisch: «Wir werden den Opec-Staaten vergleichbar sein. Die Türkei wird ein Zentrum der Energieverteilung werden.»[175] Aber auch diese Lösung hat ihre Haken. Ein Problem, das allseits allerdings nicht unbedingt als das gewichtigste eingeschätzt wird, ist, daß die Route Kurden-

174 Siehe Anm. 172.
175 Ebenda.

gebiet durchzieht. So wurde die Türkei diesbezüglich vom US-Botschafter in Ankara, Grossman, explizit dazu aufgefordert, das Gebiet zu sichern. Vom Statement des Botschafters konnte man Anfang Februar 1995 lesen: «Die türkische und die amerikanische Führung könnten ihre *unterschiedlichen Standpunkte in Fragen der Menschenrechte* überwinden, wenn sie sich ihrer strategischen Bedeutung füreinander bewußt seien. Washington forderte Ankara aber auf, *die Kurdenfrage zu lösen.*»[176] Die Andeutung der «unterschiedlichen Standpunkte» in Menschenrechtsfragen, die, so Grossman, von seiten der USA durchaus zu überwinden seien, bezieht sich auf die Tatsache, daß der Einsatz von Folter in türkischen Gefängnissen bekanntermaßen nicht nur in Ausnahmefällen praktiziert wird. Und die eingeforderte Lösung der Kurdenfrage wurde bereits einen Monat darauf, im März 1995, mit der großangelegten Militäroffensive gegen die Kurden im Nordirak angegangen, welche international auf keine nennenswerten Widerstände stieß. Clinton äußerte beispielsweise sein «Verständnis» dafür, daß die Türkei mit Entschiedenheit gegen die aufständische PKK im Nordirak vorgehen müsse.

Als mögliche Transitländer auf dem Weg in die Türkei bleiben (unter Umgehung des Iran) allein *Georgien* und *Armenien*. Mit beiden Ländern hat Rußland im März 1995 Militärstützpunktabkommen mit Laufzeiten von 25 Jahren abgeschlossen. Ein solcher russischer Stützpunkt befindet sich bezeichnenderweise am georgischen Schwarzmeerhafen Batumi, dem traditionellen Umschlaghafen für aserbeidschanisches Öl, zu dem im vergangenen Jahrhundert die Rothschilds eine Eisenbahnlinie aus Baku legen ließen. Aufgrund der massiven Militärpräsenz ist Armenien also zum direkten Einflußbereich Rußlands zu zählen, während sich Georgien (in der Folge der Politik Schewardnadses in den Jahren 1992/93, insbesondere des Abchasien-Krieges) mittlerweile zu einer russischen Neokolonie entwickelt hat.

176 Ebenda.

Armenien ist zudem noch Kriegsgegner Aserbeidschans: Im Kampf um Nagorny Karabach, die armenische Enklave auf aserbeidschanischem Gebiet, haben die Armenier mit massiver Militärhilfe Rußlands zwanzig Prozent des Territoriums Aserbeidschans erobert. Begonnen hat dieser erste der neuen «ethnischen Konflikte» im Kaukasus 1988 mit einem Pogrom gegen in Baku lebende Armenier. Postwendend wurden eine Anzahl Aseris in Eriwan umgebracht. In der Folge entbrannte ein blutiger Bürgerkrieg zwischen Armeniern und Aserbeidschanern, der dazu führte, daß die ethnisch ursprünglich stark durchmischten Länder gegen die jeweiligen Minderheiten immer brutaler vorgingen und sich so zunehmend ethnisch vereinheitlichten. Im Januar 1990 mußte schließlich die Rote Armee in Baku eingreifen, um das Blutvergießen an Armeniern zu stoppen. Mittlerweile gilt es als erwiesen, daß die Initialpogrome vom russischen KGB geplant und ausgeführt worden sind. Zwar herrscht in Nagorny Karabach seit Mai 1994 Waffenstillstand, doch ist das Verhältnis zwischen den Staaten alles andere als entspannt.

Georgien und Armenien sind also Rußlands Karten im Spiel, da eine mittlere Route, die sowohl Rußland selbst als auch den Iran umgeht, durch eines der beiden Länder laufen würde.

Am 9. Oktober 1995 hat das Konsortium schließlich seine Wahl der Routenführung für den Export des «Early Oil» bekanntgegeben. Hierbei handelt es sich um eine verhältnismäßig kleine Fördermenge von täglich 75 000 Barrel (ungefähr zehn Prozent der anvisierten Menge pro Tag), die bereits 1996 fließen soll. Nachdem es zunächst den Anschein machte, als würde die Türkei – mit starker Unterstützung von US-Wirtschaft und -Politik – als der Sieger aus dem «Spiel» hervorgehen, einigte man sich innerhalb des Konsortiums doch auf eine *Kompromißlösung*: So wird ein größerer Teil der Ölmenge durch die *russische Route* über Novorossisk und ein kleinerer Teil durch die *georgische Route* über den Schwarzmeerhafen

Poti gehen. Von Novorossisk wird das Öl über das Schwarze Meer nach Burgas (Bulgarien), Istanbul und in die nördliche Türkei verschifft werden; von Burgas ausgehend kann es zum griechischen Mittelmeerhafen Alexandroupolis weitergeleitet werden. Von Poti wird das Öl zum türkischen Schwarzmeerhafen Samsun verschifft, um von dort aus nach Ankara zu gelangen. Sowohl die georgische als auch die russische Pipeline sind stark reparaturbedürftig, wobei für die Finanzierung der Reparaturen am georgischen Röhrensystem, das sich in einem besonders erbärmlichen Zustand befindet, die Türkei aufkommen wird.

Auffällig an dieser Lösung ist – gerade im Kontrast zu den ehemals so ehrgeizigen Plänen für den Bau von Superpipelines – ihre kooperative und pragmatische Ausrichtung, mit welcher alle Beteiligten (mit Ausnahme des Iran natürlich) zufrieden sind. Durch den Bosporus wird kein Tankerverkehr verlaufen, und die Pläne für den Ausbau einer Pipeline nach Ceyhan sind fallengelassen worden. Letzteres erklärt sich aus der Tatsache, daß eine lange Strecke – eben dieselbe, die durch Kurdengebiet führt – völlig neu hätte ausgebaut werden müssen. Hinzu kommt, daß der Terminal aufgrund des UN-Handelsembargos gegen den Irak ohnehin geschlossen ist.

Interessanterweise kam dieser Kompromiß durch direkte Intervention *Bill Clintons* zustande, der offensichtlich erreicht hat, daß bei den Verhandlungen neben dem nationalen Prestigedenken die wirtschaftlichen Aspekte nicht vergessen werden. Dies konnte er, indem er betonte, daß es angesichts der großen Ölfördermenge naheliegt, dieselbe durch *mehrere Pipelines* zu exportieren, was tatsächlich schwer von der Hand zu weisen ist. Im Kaukasus zeichnet sich somit eine Zusammenarbeit der ehemaligen Blockmächte und erbitterten Feinde des Kalten Krieges ab, wobei die russische Seite durch ihre militärische Präsenz die Exportrouten der Region unter Kontrolle hat, während die amerikanisch-türkische Seite, wie sie auch durch die Mehrheit des Konsortiums repräsentiert wird, das notwendige Kapital in die Waagschale legt. Im Zusammenklang der *Wirtschaftsinteressen* erfüllt sich also, was seinerzeit sowohl vom Osten als auch vom Westen als die «Neue Weltordnung» propagiert worden ist. Und auch in den großen *politischen* Zusammenhängen ist dieser Zusammenklang der Intentionen zu konstatieren: Man denke nur an die offiziellen Statements des Westens, die den Krieg Rußlands gegen Tschetschenien, der deutlich genozidartige Züge trägt, als «innere Angelegenheit» Rußlands verharmlost haben ...

Hierin ist bereits angedeutet, daß der Machtpoker von internationalen Politikern und Multis im Kaukasus seinen Preis hat, der jedoch auf einer tieferen, weniger spektakulären Ebene gezahlt wird: in der umfassenden Korrumption und dem weitgehenden Zusammenbruch des sozialen Lebens in den kaukasischen Ländern selbst – im Tschetschenien-Krieg, der neobolschewistischen Gewaltherrschaft Eduard Schewardnadses in Georgien, diversen blutigen Kleinkriegen, in Folter, Hunger, Elend und Vertreibung der Menschen.

Zu einem wirklichkeitsgemäßen Eindruck des Gesamtgeschehens gelangt man nun durch die Zusammenschau beider Ebenen und das Auffinden ihrer wechselseitigen Verknüpfungen. *Daß* diese beiden Ebenen ursächlich zusammenhängen und einander bedingen, zeigt sich beispielhaft am Fall *Aserbeidschans*.

Das derzeitige Staatsoberhaupt Aserbeidschans, *Gaidar Alijew*, ist im Juni 1993 durch einen Putsch gegen den frei gewählten Präsidenten Ebulfez Elcibey an die Macht gekommen. Alijew, geboren 1923, begann seine Karriere 1941 in Stalins NKWD (dem Vorläufer des KGB), war von 1969 bis 1982 erster Parteisekretär Aserbeidschans, bis er unter seinem Förderer Breschnew zum Politbüromitglied und stellvertretenden Regierungschef aufstieg. Es wird berichtet, daß er es einmal fertiggebracht haben soll, den Namen Breschnews in einer Rede nicht weniger als 113mal unterzubringen. 1987 wurde er wegen exzessiver Korruption von Gorbatschow entlassen, woraufhin er seine Laufbahn in Nachitschewan, der aserbeidschanischen Enklave in Armenien, als Alleinherrscher fortsetzte. Nach seiner Machtübernahme 1993 hatte Aserbeidschan also, wie zuvor schon Georgien mit Schewardnadse, seinen langjährigen ehemaligen KP-Chef und Sowjet-Spitzenfunktionär wieder. Zum Regierungschef mit weitreichenden Machtbefugnissen ließ Alijew im Juni 1993 den Mann wählen, der den Putsch für ihn ausgeführt hatte: «Oberst» *Surat Husseinow*, einen Protegé der kommunistischen Nomenklatura und Befehlshaber einer Privatarmee. Als Alijew Ende September 1994 auf dem Weg zu einem Festdiner in den USA anläßlich der Unterzeichnung des Konsortiumvertrages erfuhr, daß zwei seiner loyalsten Anhänger in Baku auf offener Straße niedergeschossen worden waren, flog er auf der Stelle zurück und konnte gerade noch einen Putschversuch verhindern, den Husseinow gegen ihn unternommen hatte. Letzterer floh in einem Hubschrauber bezeichnenderweise nach Moskau, wo auch die Urheber dieses Putschversuches sowie des Putsches gegen Elcibey zu suchen sind. Trotz dem GUS-Beitritt im September 1993 konnte sich Alijew aufgrund der starken amerikanischen Präsenz soweit den Rücken freihalten, daß Aserbeidschan heute der einzige kaukasische Staat ist, in dem keine russischen Truppen stationiert sind. Und diese Rückendekkung wird von amerikanischer Seite ganz offen betrieben. So ließ Glen Rase, der Abteilungsleiter für internationale Energiepolitik im State Department, Anfang März 1995 in London verlauten: «Damit es kein Mißverständnis gibt: Die USA werden die Interessen unserer Firmen im Kaspischen Meer verteidigen.»[177] Wenn dem nicht tatsächlich so wäre, würde Alijew wohl nicht mehr auf seinem Posten sitzen.

Neben Aserbeidschan könnte man Beispiele aus jedem anderen kaukasischen Land anführen, die in deutlicher Weise belegen, daß die Probleme der nationalen Selbstbestimmung wie auch der oben erwähnten «regionalen Stabilität» im Kau-

177 Siehe Anm. 173.

kasus in entscheidendem Maße von «außerkaukasischen» Faktoren bestimmt sind. Demgegenüber gab es bis vor einigen Jahren noch starke Volksbewegungen, die sich für die Souveränität der jungen, sich entwickelnden Kaukasus-Demokratien eingesetzt haben: Als wirkliche Vertreter ihrer Völker – im Gegensatz zu den heutigen Marionettenregimes – arbeiteten noch 1992 die Präsidenten Georgiens (Swiad Gamsachurdia), Tschetscheniens (Dschochar Dudajew) und Aserbeidschans (Ebulfez Elcibey) zusammen mit Vertretern der kleinen Volksgruppen an einer freien Konföderation der Kaukasusvölker: dem *«Runden Tisch Kaukasisches Haus»*. Die wirtschaftliche Grundlage für diesen Zusammenschluß hätte, wie man sieht, besser kaum sein können. Daß dies sowohl den russischen als auch den amerikanischen Intentionen zuwider lief, zeigt sich allein darin, wie gerade diese Initiative in den internationalen Medien weitgehend ignoriert wurde.

Damit die individuellen Volksimpulse fruchtbar werden können für die Welt, bedarf es seitens der Welt auch der Rücksichtnahme auf die Lebensbedingungen, die für ihre Entfaltung nötig sind; werden sie mit Gewalt unterdrückt, was dem traditionellen und gegenwärtigen Vorgehen Rußlands im Kaukasus entspricht, erreicht man nur, daß sie für einige Zeit aus dem politischen Leben verschwinden, um sich unter der Oberfläche in hochexplosive Zerrbilder ihrer selbst zu verwandeln. So stellt sich abschließend die Frage nach der *Harmonisierung* der individuellen Volksimpulse mit den globalen Intentionen, die auf wirtschaftlichem Gebiet ihre Berechtigung finden. Und gerade letzteres weist auf das große Ausmaß der Verantwortung, die der Westen – und vor allem die USA – dabei trägt. Denn gelingt es nicht, diese Kluft zu überbrücken, wozu im Kaukasus reichlich Gelegenheit geboten ist, dann wird sich das «Great Game» bald als ein Spiel mit dem Feuer erweisen.

Erstveröffentlichung in: «Das Goetheanum» vom 3. Dezember 1995.

FELIX SCHULTZ / JOHANN-MICHAEL GINTHER

Am Wendepunkt der Ost-West-Beziehungen

Der Tschetschenienkrieg, die nun bald ein halbes Jahr andauernde Strafexpedition der russischen Armee und Regierung gegen die nordkaukasische Republik, markiert einen Wendepunkt in der europäischen Politik nach 1989.

Schon durch den sich anschließenden, in vielem vergleichbaren Einmarsch der türkischen Armee im irakischen Kurdistan wurde deutlich, daß das russische Vorgehen im Nordkaukasus anderswo als Modellfall der «Konfliktlösung» aufgegriffen wird: Krieg ist zwar seit dem Aufflammen sezessionistischer Konflikte vor allem in Bosnien und Kroatien, aber auch in Nagorny-Karabach, Transnistrien und Abchasien, Bestandteil der gegenwärtigen europäischen Un-Ordnung. Dennoch bestand bei den nicht betroffenen Regierungen vordem zumindest verbal Konsens in der Ächtung der militärischen Gewaltanwendung im allgemeinen, der «ethnischen Säuberungen» und der Opfer unter der Zivilbevölkerung im besonderen. Sinnloses Blutvergießen, Wahnsinn, selbst «Dämonen» orteten Politik und öffentliche Meinung im Hintergrund dieser Kämpfe.

Seit der international tolerierten Vernichtung von Grozny ist dies anders: Krieg scheint wieder ein probates und legitimes Mittel der Politik demokratischer Regierungen im Großraum Europa zu werden. Die Reizschwelle gegenüber dem Einsatz brutaler Gewalt bei der Durchsetzung politischer Ansprüche wurde in diesem Winter und Frühjahr jedenfalls ein beträchtliches Stück heruntergeschraubt.

Und der Krieg in Tschetschenien ist noch lange nicht zu Ende. Entgegen aller Beteuerungen hat Rußland das kleine Land in keiner Weise unter Kontrolle. Im Gegenteil: Der von Präsident Dudajew angekündigte Partisanenkrieg läuft bereits auf Hochtouren. So hat die vom russischen Ministerpräsidenten Tschernomyrdin mit großer Geste angeordnete einseitige Waffenruhe anläßlich der Feierlichkeiten zum 50. Jahrestag des Sieges über Hitler-Deutschland am 9. Mai – an diesem Tag wolle man «leben und nicht kämpfen» – allenfalls eine provokative Wirkung: Die unmißverständliche Antwort waren vehemente Angriffe von tschetschenischen Freischärlern auf die von Russen besetzte Trümmerstadt Grozny.

Man trifft hier auf ein wenig beachtetes, gemeinsames Charakteristikum der verschiedenen, erstmals seit dem Zweiten Weltkrieg wieder entfesselten, europäischen Kriegshandlungen: Ihr Ausbruch hatte zwar stets einen konkreten, mehr oder weniger nachvollziehbaren Anlaß, aber einmal begonnen, schwelen sie endlos dahin. Keiner der Kriege, die auf diese Weise in den letzten Jahren «entstanden» sind, ist durch Sieg oder Einlenken beendet worden.

In diesem Sinne ist es sogar irreführend, von einer Renaissance des Krieges als politischem Mittel zu sprechen; die Ähnlichkeit zur historischen Erscheinung gleichen Namens, der Hegel noch als «reinigendem Gewitter» einen Sinn abgewinnen konnte, ist eine rein äußerliche. «Diffuse Gewaltentfesselung» wäre vielleicht ein treffenderer Begriff für das, was tatsächlich geschieht. Und man erfaßt etwas von der Pathologie der gegenwärtigen Weltpolitik, wenn man sieht, wie in allen genannten Konflikten (und die Liste ließe sich fortsetzen!), «Krieg» und «Frieden», die einst einander ausschließende, zeitlich sich abwechselnde Phänomene waren, zu simultanen, koexistenten Erscheinungen gemacht werden. Der «Friede», den die UNO-Blauhelme in Sarajewo repräsentieren, tangiert die «Snipers» auf den benachbarten Hügeln nicht. Der «Friede», den die OSZE nach Tschetschenien bringen will, soll helfen, ohne die Kriegstreiber in Moskau kritisieren zu dürfen. Viel weiter läßt sich die Sinnentleerung eines Begriffes kaum treiben.

Der «kurze Prozeß» der Gewalt ist in Wirklichkeit ein «Prozeß ohne Ende». Seine Opfer und Grausamkeiten sind sehr real, seine politische Handhabung und unser Bewußtsein davon werden jedoch immer virtueller.

Man sorge sich, so die erste Reaktion auf Tschetschenien (und ähnlich im Falle Kurdistans), ob die «Verhältnismäßigkeit der Mittel» beim Vorgehen gewahrt würde; eine Ausdrucksweise, die angesichts der Tatsachen mindestens so pervers ist, wie das für Bosnien aufgebrachte, Orwellsche «ethnical cleansing». Inzwischen spricht man zwar deutlicher, doch auf eine Konfrontation will es im Westen niemand ankommen lassen. Der russische Außenminister kann zum Small talk mit westlichen Kollegen oder als Friedensvermittler in den Nahen Osten fliegen, während die «Einebnung» tschetschenischer Dörfer durch russische Panzer und Luftangriffe unvermindert fortgesetzt wird. Zu unangenehmen Fragen wird geschwiegen.

Das Zögern des Westens entspringt nicht allein dem widersprüchlichen Verhältnis zwischen dem formaljuristischen Sachverhalt («innere Angelegenheiten») und der politisch-humanitären Situation («Selbstbestimmungsrecht, Menschenrechte»): Rußland kann man eben nicht einfach kommandieren. In Tschetschenien hat es sich demonstrativ in seiner alten, gefährlichen Rolle des plumpen russischen «Bären» gezeigt. Jetzt stellt der Westen wieder laut die Frage nach dem richtigen Sicherheitsverhältnis zu Rußland. Auch wenn man sich diplomatisch noch freundlich gibt: Der dünne Lack der Neue-Weltordnungs-Einigkeit «von Vancouver bis Wladiwostok» ist ab.

Wie immer kommt der Umschwung nicht unvorbereitet; die USA und ihr europäischer Anhang sind doppelt auf die neue Situation vorbereitet: Einerseits hat die Diskussion um den «Clash of Civilisations» bereits im letzten Jahr, angeblich aufgrund kulturideologischer Überlegungen, eine neue Spaltung Europas östlich von Polen vorausgesagt. Nun wird sie im Zuge des Tschetschenienkrieges Wirklichkeit: Man suche die Konfrontation mit Rußland nicht, so die scheinheilige Argumentation des Nato-Vorpostens Kinkel, doch was solle man dagegen tun, wenn Polen, Tschechien und andere sich von der wiedererwachten Aggressivität bedroht fühlten und den Westen um Schutz bäten? Die *Nato-Osterweiterung* rückt aufs Tagesprogramm; Rußland sieht sich – wie zu erwarten war – «isoliert». Der russische Verteidigungsminister Gratschow droht bereits unverhohlen mit Truppenaufmärschen «an den gefährdetsten Stellen» und dem Ende des Abrüstungsprozesses. Der Vertrag über die konventionellen Streitkräfte in Europa (CFE) und das auf der OSZE-Konferenz im Dezember 1994 vereinbarte Truppenstationierungsabkommen sind durch den russischen Aufmarsch in Tschetschenien längst gebrochen. Dafür hat Rußland Ende Februar einen Militärvertrag mit Serbien abgeschlossen. Und um das Maß voll zu machen, drohte der russische Außenminister Kosyrew im April mit dem Einsatz von militärischer Gewalt zum Schutz von Landsleuten im «nahen Ausland» – vom Baltikum bis nach Zentralasien.

Im Vorfeld dieser lawinenartigen Entwicklung nach hinten steht ein Ereignis, das Signalwirkung hatte: Im Sommer 1994 gaben die USA den Russen grünes Licht für ihre militärische Rekonquista des Kaukasus. Als Rußland damals im UNO-Sicherheitsrat die US-Invasion in Haiti durch Veto hätte verhindern können, kamen die beiden Großmächte miteinander ins Geschäft: Um die notwendige Zustimmung zu erlangen, befürworteten die USA erstmals den Einsatz der russischen Armee auf exsowjetischem Territorium unter dem Mandat der UNO. Ausgerechnet im Kaukasus, in Georgien, sollte die russische Armee ihren ersten «friedensstiftenden Blauhelm-Einsatz» durchführen. Unter dem Deckmäntelchen der UNO haben sich also die USA und Rußland gegenseitig freie Hand in ihren «Hinterhöfen» verschafft. Davon mußte Jelzin jedenfalls ausgehen – zumal nach Statements von Clinton wie dem folgenden: «Sie werden wohl in einigen Gegenden in Ihrer Nähe ebenso verwickelt werden, wie die Vereinigten Staaten in den letzten Jahren in ihrer Nähe in Panama und Grenada verwickelt worden sind.»[178]

178 In: «Die Zeit», 20.1.1995.

Das Okay der UNO verlieh der russischen Rückeroberungspolitik im Kaukasus also vorerst einen humanitären Anstrich. Für die kaukasischen Realitäten war dies allerdings grotesk: Dieselben russischen Militärs, die den Putsch gegen Präsident Gamsachurdia ausgerüstet, die Schewardnadse an die Macht gehievt und die georgischen «Nationalitätenkonflikte» aufgeheizt hatten, kehrten nun als «Befrieder» derselben Konflikte und als Schewardnadses Ordnungsmacht nach Georgien zurück – demonstrativ mit der Sowjetflagge mit Hammer und Sichel auf den russischen Panzern. Ende März wurde ein georgisch-russisches Abkommen über die Stationierung russischer Truppen unterzeichnet. In Armenien stehen bereits wieder so viele russische Soldaten wie in den Zeiten der UdSSR. Aserbeidschan, das zwar auch von Altkommunisten regiert wird, sich aber wegen der eigenen Erdölreserven besser gegen den russischen Zugriff wehren kann, wird von einem Putschversuch nach dem anderen heimgesucht.

Hier zeichnet sich die Strategie westlicher Politik ab, Rußland den Bereich der alten Sowjetunion erneut zu «überlassen», egal, was dort geschieht. Den ost-mitteleuropäischen Teil des ehemaligen Ostblocks will man dagegen in die Nato einbinden. Doch die russischen Militärs haben es zum sicherheitspolitischen Dogma erhoben, keine gemeinsame Grenze mit der Nato zuzulassen: Was geschieht also mit dem Baltikum, was mit der Ukraine, durch die der «osterweiterte» Eiserne Vorhang dann laufen müßte? – Als Folge der Aufnahme von ehemaligen Sowjetverbündeten wie Polen und Tschechien in die Nato hat General Lebed, der wohl populärste Militär Rußlands, in der ihm eigenen unverblümten Art den Ausbruch des Dritten Weltkriegs prophezeit.

Auf der anderen Seite scheinen die USA seit mindestens zwei Jahren am Fortbestand der russischen Föderation selbst zu zweifeln: Im Sommer 1993 ließ das Pentagon eine interne Studie erstellen, die das wahrscheinlichste Zukunftsszenario für Rußland zu entwerfen hatte; diese kam zu folgendem Ergebnis: Der russische Staat kann nicht erhalten werden. Nach einer zwischen drei und fünf Jahren dauernden Zeit der Wirren, des zunehmenden Zerfalls des russischen Imperiums – und Rußlands selbst – folgt dann die Wiederherstellung desselben unter einem aggressiven russischen Nationalismus, der in den ersten Jahren des nächsten Jahrtausends eine Politik der «opportunistischen Expansion» des verbliebenen Rumpfstaates betreiben wird. Der Nordkaukasus wird in dem Papier als einer der Sprengsätze des russischen Imperiums angeführt.[179] In Tschetschenien wurde er – mit tatkräftiger Hilfe des Westens in Form von fortgesetztem Appeasement und ausdrücklicher Ermutigung – bereits gezündet. Und wenn auch nicht so kompromißlos wie die Bergkaukasier, so boykottieren doch viele andere Regionen des Landes schon länger den Moskauer Zentralismus zumindest auf verwaltungstechnischer und finanzieller Ebene.

Hinzu kommt, daß der Westen wirtschaftlich bereits in Rußland «einmarschiert» ist. Die Inflation hat den Dollar zur Quasi-Währung des Ostens gemacht; westliche Waren verdrängen in weiten Bereichen die Reste russischer Produktion; unter dem Druck des Weltmarktes ist die Industrienation zum Waffen- und Rohstoffexporteur herabgesunken; die russische Regierung muß bis an die Grenze der Glaubwürdigkeit ihre Lage schönfärben, um die Kriterien für weitere Westkredite zu erfüllen. Das Wort von den «Reformen» ist dabei zur bloßen Phrase verkommen: Wenn es auch im einzelnen Optimismus und neue Ansätze geben mag – im großen geht es nur noch ums Überleben. Der demütigende «Ausverkauf» der russischen Erde an den Westen ist für viele zum Greifen nah.

Der fortschreitende Zerfall im Inneren und der Nato-Druck von außen bergen eine Dynamik, die in kürzester Zeit restlos veränderte Verhältnisse in der politischen Landschaft Europas herbeiführen kann. Der russische Militär- und Machtapparat hat sich im Kaukasus in einer Skrupellosigkeit und Menschen-

179 Intelligence International Ltd., August 1994

verachtung gezeigt, die Prinzipien von demokratischer Legitimation, sozialer Verantwortung oder Vertragstreue Hohn sprechen. Das Schicksal dieser Führungsriege ist mit dem Pulverfaß des Moskauer Zentralismus untrennbar verbunden. In dem Augenblick, da der innere Druck das russische Machtgefüge zu sprengen droht, wären sie ohne weiteres bereit, einen Krieg nach außen zu tragen, um in klassischer Manier vom Kollaps des Systems abzulenken. Um den inneren Zusammenhalt zu gewährleisten, hat das russische Imperium schon immer eine aggressive Expansionspolitik betrieben. Was, wenn sich das Feindbild nun nicht mehr allein auf den Osten oder Süden, sondern auf das prosperierende Mitteleuropa richtet? Ist diese Möglichkeit den Autoren des Pentagonszenarios bewußt, wenn sie den Zerfall Rußlands prognostizieren? Nach fünf Jahren «Neuer Weltordnung» ist die Gefahr eines Krieges in Europa größer als in den letzten Jahrzehnten des Sowjetimperiums.

Erstveröffentlichung in: «Info3», Nr. 6, 1995.

FELIX SCHULTZ

«Und Untergang des Äußern soll werden Aufgang des Seelen-Innersten»

Über einen prophetischen Ausblick auf die Jahrtausendwende von Ludwig Polzer Hoditz

Nachwort

An dem für Deutschland so schicksalsträchtigen Datum des 9. November marschierten die Nazis 1923 auf die Feldherrenhalle in München. Anna Samweber[180], eine Mitarbeiterin Rudolf Steiners seit den Jahren des Ersten Weltkriegs, war zu dieser Zeit in Dornach. Eines Nachts hatte sie die tief erschütternde Vision, daß Berlin in Flammen stehe. Damit wandte sie sich an Rudolf Steiner und fügte noch die Bitte hinzu: «Anthroposophie ist wie ein Gefäß, aus dem wir immer neu werden trinken können. Wenn einmal die schweren Zeiten über uns kommen, und wir Sie, Herr Doktor, nicht mehr haben, könnten Sie uns dafür Worte geben?» Rudolf Steiner bejahte diese Frage. Später ist berichtet worden, daß er sich über diese sehr gefreut habe. Am nächsten Tag kam die Nachricht über den braunen Putschversuch in Deutschland, den Rudolf Steiner mit den Worten kommentierte: «Wenn diese Herren an die Regierung kommen, kann mein Fuß deutschen Boden nicht mehr betreten.» Noch am selben Tag gab er Anna Samweber die erbetenen Meditationsworte, die den Titel trugen: «Den Berliner Freunden». Hier sei die vierte Strophe dieses Mantrams wiedergegeben:

«Es ist die Menschheit
Im Vergessen an das Gottes-Innre,

180 Siehe: Anna Samweber, *Aus meinem Leben. Erinnerungen an Rudolf Steiner und Marie Steiner-von Sivers*, Basel 1981. S. 43 ff.

Wir aber wollen es nehmen
In des Bewußtseins helles Licht,
Und dann tragen über Schutt und Asche
Der Götter Flamme im Menschenherzen.
So mögen Blitze unsre Sinneshäuser
In Schutt zerschmettern;
Wir errichten Seelenhäuser
Aus der Erkenntnis
Eisenfestem Lichtesweben.
Und Untergang des Äußern
Soll werden Aufgang
Des Seelen-Innersten.»

Im Angesicht derjenigen Kräfte, die Mitteleuropa zehn Jahre später in den Untergang reißen sollten, schrieb Rudolf Steiner kurz vor der Weihnachtstagung 1923/24 diese Worte nieder, welche den «Berliner Freunden» Mut und Hoffnung für die Zukunft geben sollten. Ein Geist-reales Wirkensprinzip findet hier seinen Ausdruck: In der Kulmination des Bösen, der Zerstörungskräfte auf der Erde haben auch die guten Götter die beste Möglichkeit, Menschen zu erreichen: *«Und Untergang des Äußern/Soll werden Aufgang/Des Seelen-Innersten.»* Die Zeiten werden für diejenigen, die «der Götter Flamme im Menschenherzen» tragen – verkürzt, wie es in der Apokalypse des Johannes heißt. Eine existentielle Radikalität im Menschen ist hier angesprochen, die ihn allein durch solche Zeiten zu tragen vermag, und ein weiteres: der Impuls des Errichtens von «Seelenhäusern», der Gemeinschaftsbildung. Carl von Keyserlingk, der Veranstalter und Gastgeber des «Landwirtschaftlichen Kurses», den Rudolf Steiner zu Pfingsten 1924 in Koberwitz halten konnte, hat diesen Impuls in die wunderbaren Worte gefaßt: «Stätten schaffen des Friedens und der Liebe, auf denen der Christus auferstehen kann»[181]. In solchen Gemeinschaften kann die Herzensflamme der Anthroposophie kulturwirksam durch die Jahrtausendwende hindurchgetragen werden.

181 Adalbert von Keyserlingk (Hg.), *Koberwitz 1924. Geburtsstunde einer neuen Landwirtschaft*, Stuttgart 1985, S. 24.

An dieser stehen wir heute, in einer Zeit der großen Umbrüche, der großen Möglichkeiten – im Guten wie im Bösen. Die Seelen derjeniger Menschen, welche die anthroposophische Bewegung am Anfang des Jahrhunderts aufgebaut haben, sind heute – wie durch Rudolf Steiner in der Michael-Prophetie ausgesprochen[182] – fast alle wieder inkarniert, um für eine Kulmination der Anthroposophie zu wirken. Aber nicht nur die Schüler Rudolf Steiners sind heute wieder inkarniert, sondern auch *der Lehrer selbst*, der deutlich zu verstehen gegeben hat, daß

«… *wir* wieder wirken werden auf Erden nach abgekürztem übersinnlichen Leben, wenn jene große Epoche erscheint, bei der für die Rettung der Erde geradezu in ihren wichtigsten Gliedern auf dasjenige gerechnet wird, was Anthroposophen vermögen.»[183]

In diesem Zusammenhang wandte sich ein Jugendlicher einmal an Rudolf Steiner: «Aber Herr Doktor, wir wollen doch dabei sein, wenn Sie wieder da sind.» Der so Angesprochene antwortete darauf in Form einer Frage: «Ja, sind Sie denn auch bereit, barfuß mit mir durch ein verwüstetes Europa zu ziehen?»[184] – «Über Schutt und Asche» muß heute zu gehen bereit sein, wer der Aufgabe gerecht werden will, welche die Welt an Anthroposophen stellt – wer mit Rudolf Steiner gehen will.

Ludwig Polzer-Hoditz, ein begeisterter Kämpfer für die Dreigliederung des sozialen Organismus und enger esoterischer Schüler Rudolf Steiners, hatte diese Haltung gegenüber den Zeichen der Zeit in starker Weise in seiner Seele ausgeprägt. In den folgenden Worten, die am Ende seines Buches «Das Mysterium der europäischen Mitte» (1928) zu lesen stehen,

182 Siehe u. a. die Vorträge, die Rudolf Steiner im Juli 1924 in Arnheim gehalten hat (GA 240). Hier spricht er erstmals von der Michael-Prophetie, um diese in den folgenden Vorträgen bis zu seiner letzten Ansprache am 28. 9. 1924 (GA 238) immer wiederum aufzugreifen.

183 Rudolf Steiner, Dornach, 16. 9. 1924. GA 238 (Hervorhebung: F. S.).

184 Überliefert durch Bernhard Lievegoed. In «Info3», Nr. 11, 1990.

wirft Polzer einen prophetisch-herzenswarmen Blick in unsere Gegenwart und unmittelbare Zukunft, mit dem wir diesen Band beschließen möchten:

«‹Wenn die geistsoziale Gestaltung nicht aus der Vernunft heraus werden kann, dann werden durch viele Jahrzehnte Katastrophen kommen!› So sprach Rudolf Steiner 1917 zu einigen Schülern. [...]

Viele Katastrophen werden in der nächsten Zeit die Menschheit belehren. Aus zurückgebliebenen Geistimpulsen des asiatischen Ostens und des amerikanischen Westens werden diese Katastrophen genährt werden und werden zerstörend über Europa sich entladen. Während und unmittelbar nach dieser Zeit wird versucht werden, in klösterlichen Lehrstätten den radikalen Intellektualismus religiös-wissenschaftlich, ja sogar mit okkulten Mitteln der westlichen Jugend einzuhämmern, um sie zu Organen eines europäischen, machtmäßigen Überstaates heranzubilden. Die Herrlichkeit dieses ‹heiligen› römischen Reiches wird nicht von langer Dauer sein können. Dann wird aber doch eine Zeit kommen, in der sich die Menschen besinnen werden; sie werden sich Rat holen dort, wo sich in verläßlichen, dauerhaften Herzen die Mysterienweisheit der Zukunft über Tod und Geburt hinaus erhalten haben wird. Diese Zeit ist nicht mehr sehr ferne. In Mysterienstätten werden Menschen Situationen beherrschen lernen und Möglichkeiten erhalten, neue lebensfähige, wirklich soziale Gestaltungen zu begründen. Geistige Wesenheiten werden in diesen Mysterienstätten schöpferisch mitarbeiten mit Menschenwesen.

Aus den Kräften des Grundsteines, den Rudolf Steiner in die Herzen einer Menschengruppe legte, erstand nach seinem Tode ein neues Goetheanum, welches ein Zeichen der Kraft ist und welches der Flut der aus dunklen Horizonten kommenden kurzen Gedanken standhalten wird.

Die Mitte Europas ist ein Mysterienraum. Er verlangt von der Menschheit, daß sie sich dementsprechend verhalte. Der Weg der Kulturperiode, in welcher wir leben, führt, von Westen kommend nach dem Osten sich wendend, über diesen Raum. Da muß sich Altes metamorphosieren; die Chymische Hochzeit des Christian Rosencreutz deutet es an; die Anthroposophie zeigt uns den Weg. Alle alten Kräfte verlieren sich auf diesem Gange nach dem Osten; sie können durch diesen Raum, ohne sich aus dem Geiste zu erneuern, nicht weiterschreiten. Wollen sie es doch tun, so werden sie zu Zerstörungskräften; Katastrophen gehen aus ihnen hervor. In diesem Raum muß aus Menschenerkenntnis, Menschenliebe und Menschenmut das erst werden, was heilsam weiterschreiten darf nach dem Osten hin.

Durch Rudolf Steiner wurde mir der Widerspruch in dieser Mitte, der in so vielen Menschen lebt, verständlich, so daß ich mir sagen konnte: notwendiger Untergang und hoffnungsvoller Anfang.

Heute fühlt man eine Zeit nahen, sie ist nicht allzu ferne, in welcher von Menschen gesagt werden wird: Weltenanfang hat abgelöst Weltenende.

Aus den Mysterienanfängen der Mitte strahlt heute schon Licht; dieses Licht leuchtet den Menschen aus dem Kräftequell von Geistwesen und befeuert sie zu heilsamen Taten – menschenwürdigen, kosmischen Zielen entgegen.»[185]

185 Aus: Ludwig Polzer-Hoditz, *Das Mysterium der europäischen Mitte,* Stuttgart, Den Haag, London 1928, S. 196 ff. Das Buch hat Polzer – aufgrund von mißverständlichen Abmachungen, die von Marie Steiner beanstandet wurden – selbst bald nach dessen Erscheinen aus dem Handel ziehen und einstampfen lassen. Bis heute ist es nicht wieder aufgelegt worden. Vgl. dazu auch: Thomas Meyer, *Ludwig Polzer-Hoditz. Ein Europäer,* Basel 1994, S. 265 ff.